授業者 研修主任 カリマネ担当者 の悩みを解決！

知的障害特別支援学校のカリキュラム・マネジメントと単元研究

「学習指導要領の着実な実施を目指して」

著　福島県立相馬支援学校
（令和元年度～令和４年度）

ジアース教育新社

福島県では「第２次福島県障がい者計画」（平成16年９月策定）から、法令上やむを得ないもの等を除き「障害」を「障がい」と表記している。そのため、本書においても、学習指導要領や文部科学省の通知の表記と異なる箇所がある。

はじめに

福島県立相馬支援学校は、福島県の浜通りにあり、昭和46年に相馬市立養護学校として創立し、令和４年で52年目を迎えた知的障がいの児童生徒を対象とした県立の特別支援学校です。

本書は、令和２年度から「資質･能力を育むための単元研究会からのカリキュラム･マネジメントの充実」をテーマとして行ってきた３年間の研究を基に、教職員が日々の授業実践で気付いたことや学んだことを誰もが分かりやすく、活用できるようにまとめたものです。

前任の鈴木龍也校長（以下、鈴木校長）が、老朽化した校舎の新築移転（令和２年４月）を契機として、新しい土地、新しい校舎、新しい時代に見合った教育ができるよう、教職員と共に「学校として育成を目指す資質・能力」を掲げ、「学校教育目標」を見直しました。また、学習指導要領を根拠とした授業実践や単元づくりを進め、現在、本校で定着した単元案や単元研究会などの形が作られました。

私が相馬支援学校に着任した時には、鈴木校長が築いた土台があったので、ほとんど校長としてやることはありませんでした。やったことは、授業を見守ること、そして、その素晴らしい数々の実践を本校にとどめるのではなく、外部に積極的に発信することを指示したくらいです。

本校の教職員は、校長の言葉をとても大切にしてくれます。職員会議や職員打合せでの指示事項、全校集会や行事等で児童生徒に向けた言葉などを授業や別の生活場面で再び使うなど、校長が喜ぶことをさりげなくやってくれます。そのような優しく人間味のある教職員と共に仕事ができる日々がとても楽しく、ワクワクします。また、授業の中で生徒が、「あの教科で学んだ考え方にヒントがある。」など、教科の学びを他教科の学びと関連付ける姿があり、「学ぶことが楽しい。」「勉強したことが別の場面で役に立った。」など、いきいきと嬉しそうに話す生徒の姿を見るととても嬉しくなります。

本校の実践は、まだ完成とは言えず、道半ばです。今後も児童生徒を中心に据え、一人一人の資質・能力の育成を図るために、日々の授業や単元を大切にしていきたいと考えています。

最後に、本校の取組が、知的障がいのある児童生徒を教育する特別支援学校で、日々、一生懸命に授業づくりをされている先生方の参考となり、少しでもお役に立てれば幸いです。

令和５年３月

福島県立相馬支援学校長　**和知　学**

目　次

第６章　これからに役立つ研究紹介 ～未来のマネジメントのヒントに～

終　章　単元研究やカリキュラム・マネジメントの成果

特別寄稿

“「シン」カリキュラム・マネジメント”の真（シン）の意味を本書から

公益財団法人兵庫県青少年本部兵庫県立山の学校　校長　田中 裕一
（元文部科学省初等中等局特別支援教育課特別支援教育調査官：2014 ～ 2019 年）

1 「これは、ぜったいにおもろい！」

当時の相馬支援学校の鈴木校長先生に、知的障害のある子どもが通う特別支援学校での教育実践を大切にしたカリキュラム・マネジメントの研究に協力してほしいとお声かけいただき、その方向性をお伺いしたときの第一の感想だ。

誤解のないように補足をしておくが、関西弁の「おもろい」は、「originality（独創的）」「Interesting（興味深い）」「Sounds cool!（楽しそう）」などの複合的な意味を持っている。

その後、新型コロナの感染が広がり、学校訪問が実現したのは 2020 年（令和２年）11 月。単元研究会を見学させていただき、教員グループが、教科指導や合わせた指導の中で、子どものためにどんな授業が展開できるかについて、楽しそうで、かつ真剣なやりとりを見せていただいた。

「おもろかった！」。その日、学校を後にするときの率直な感想だった。

その日、私は、知的障害のある子どもたちが通う特別支援学校で、子どもの力を最大限度まで伸ばすために何ができるのか、何をしなければならないのかについて、学習指導要領改訂の内容や教育課程編成や学習評価などの基本的な方向性や考え方について講義をさせていただいた。併せて、学校で取り組んでおられた単元研究会に参加させていただいた感想とその意味を私の知識と経験から整理し、お伝えさせていただいた。

そして 2022 年（令和４年）12 月。最終形態が明らかにされる場にお招きいただき、授業を参観し、講義をさせていただいた。そのときにいただいた講義テーマが「学習指導要領の着実な実施とは～「シン」カリキュラム･マネジメント～（仮）」だった…。

2 なぜ「シン」なのか？

講義テーマに「シン」と付けるからには、学校として外部に向けて発信する意味を持たせている言葉、そう考えて、頭をひねった。ここは、本書を読んでからでも、読む前でもいいと思うが、読者のみなさんにも「シン」と付けた意味を想像していただきたい。「想像する？」と思われた方は、私が研究会に参加されているみなさんに出した問いかけと同じ問いかけを。

「“シン”に当てはまる漢字を思い浮かべてください。」

私は当日までに、「新」「真」「深」「進」「親」「伸」の６つの漢字を当てはめて講義をする予定で相馬に向かった。

今回の取組の新しさを示すという意味で「新」。
カリキュラム・マネジメントの真実を探し求めたという意味で「真」。
学校の教育課程のあるべき姿を追い求め深化させようとしたという意味で「深」。
学校の教育課程をよりよいものに進化させようとしたという意味で「進」。
子どもたち、保護者、地域、そして教員自身に教育課程に親しみを持ってもらおうという意味で「親」。
子どもたちを最大限度まで伸ばすことを考えた実践研究という意味で「伸」。
「でも、何か足りない」。
当日、授業参観をしてから、この思いが、ずっと頭の中で浮かび続けていた。講義まで約１時間。これまでの学校の取組を振り返りながら、何が足りないのか必死で考えた。

3　教員同士が「信頼し合う」ことの大切さ

「信」。
このカリキュラム·マネジメントの中で行われている「単元研究会」や「組織学研修」、「教師寺子屋」、「単元案のCK作戦」、そして地域の学校に対して開かれた公開研究会の根底にあるものは、この「シン」ではないか、と。
教員同士が少々の考え方の違いがあったとしても、話し合いの中でベクトルを合わせて授業を行う。全国のどの学校でも行っていることを、これだけ丁寧に行えていることの原点は、ここではないかと感じた。
しかし、これこそ「言うは易し。行うは難し」である。この部分を学校が乗り越えてきたことに、管理職や部長クラスの方々の教員への日々の働きかけと、教員同士がどれだけやりとりと授業を重ねてきたかという、研究の難しさが詰まっている。それを感じるには、やはり相馬支援学校を訪ねてもらいたいと強く思う。

4　“「シン」カリキュラム・マネジメント”をそれぞれの学校で

2022年12月に学校を後にする私の感想は読者のみなさんの想像通りである。「むちゃくちゃ、おもろかった！全国の人に知ってもらいたい！」。本書の出版を知ったときの思いも同じだ。学校公開参加者がこう思うのだから、それを創ってきた学校の先生方は、大変なこともあっただろうけど、「おもろかった」に違いない。
最後に、特別支援学校の教育課程編成や学習評価の手順は、学習指導要領、特別支援学校学習評価参考資料に詳しく書かれているが、あくまで一般的な方法であり、それを踏まえて各学校に合ったアレンジをすることが大切であることは言うまでもない。
全国の特別支援学校で「おもろい」カリキュラム・マネジメントに取り組むアレンジのヒントが相馬支援学校、本書には盛りだくさんである。そして、「おもろい」カリキュラム・マネジメントが実施できる学校は、障害のある子どもたちを最大限度まで伸ばし、保護者や地域から信頼される学校を生み、教員の働きがいのある職場に違いない。
ぜひ、全国の特別支援学校でこんな取組があふれてほしい。

本書の目的と内容

それぞれの立場での悩みがある。

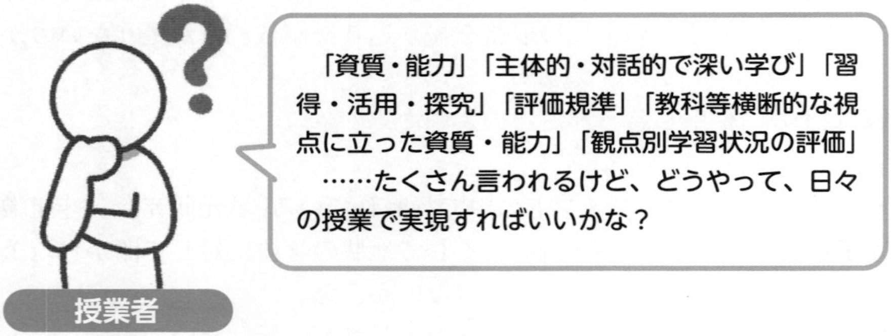

「資質・能力」「主体的・対話的で深い学び」「習得・活用・探究」「評価規準」「教科等横断的な視点に立った資質・能力」「観点別学習状況の評価」……たくさん言われるけど、どうやって、日々の授業で実現すればいいかな？
授業者

「授業の充実」「カリキュラム・マネジメント」と言われているけど、何から手をつければいいかな。
学校の雰囲気が難しいんだよなぁ。
研修のイメージも悪いし……
…どうする？
研修主任や教務主任等の
ミドルリーダー

1　目的

「学習指導要領の着実な実施」について、授業者としての悩み、研修主任や教務主任等のミドルリーダーとしての悩みがそれぞれあると思う。令和元年度から令和４年度まで取り組んできた本校の単元研究やカリキュラム・マネジメントの方法、働き方改革につながる研修構築の考え方などについて、現場の実践から得た知見を基に紹介する。本校の取組が、同じ悩みを抱える全国の特別支援学校の先生方の授業づくりやカリキュラム・マネジメントの一助となれば幸いである。

2　内容と活用ポイント

本書は、以下のような内容で構成されている。

○知的障がい教育におけるカリキュラムを理解したい。
○必要なカリキュラムを知りたい。マネジメントの方法を知りたい。
○どうやって、そのように取り組めたのか、研修の方法や考え方を知りたい。

そんな先生方のための

序章、第１章～第４章

○資質・能力を育むってどういうこと？これまでの授業と何が変わるの？
○たくさんの内容をどう押さえて授業すればいいの？
○学習評価ってどうやるのかな？

そんな先生方のための

第５章

○これから、どんなところが研究の視点になるかな？
○これから、本校の研究では、何に焦点を当てていこうかな？

そんな先生方のための

第６章

それぞれの視点で本校の取組を紹介する。

また、本書は本校の実態に応じながら、「学習指導要領の着実な実施」に向けた挑戦そのものである。読者の皆さんが情報を取捨選択して、自分に必要な情報を得ることができる内容となっている。

序章

課題解決のための考え方

～OJL 組織学の視点と育成～

課題解決のための思考とチームの在り方
～OJL組織学～

1　本校の取組の土台となったOJL組織学

研究の方法や取組を紹介する前に、なぜ、組織学の重要性を伝えるのか。

それは、研修主任や教務主任等のミドルリーダーの多くが、取り組むべき課題に対応するために、その改善の糸口の見つけ方や組織をどのように導いていけばよいのだろうかという壁にぶつかったり、「うちの学校の雰囲気では・・・」という職場風土の壁にもぶつかったりするからである。

また、平成27年12月の中央教育審議会「これからの学校教育を担う教員の資質能力の向上について（答申）」（以下、平成27年中教審答申とする。）の中では、「教員一人一人が他の教員と協働しつつ、学び続けるモチベーションを維持できる仕組みを構築することが重要」と示し、向き合う課題として指摘されている。

そこで、私たちは福島県で生まれたOJL組織学を学び、課題解決のための思考の仕方とチームの在り方について学ぶことで、課題に対応する糸口を見つけ、職場風土の改善を図り、この後の各章で紹介するような取組に発展させることができた。

だからこそ、全ての考え方の土台であるOJL組織学の紹介から始める。

2　職場風土を改善し、個人個人と組織の成長を促す学習プロセス

OJL組織学は、遠藤哲哉・小野寺哲夫（2007）が、ピーター・M・センゲ（2011）の提唱した「学習する組織」を土台として、職場風土の改善を促進するためのポイントである福島パラダイムの５つを追加し、考え出した組織学である。

「OJL」とは、On the Job Learningの略で、OJTの“Training”を“Learning”に替えたものである。「職場における、共感に基づく自律的相互学習を通じて、職場風土を改善し、個人個人と組織の成長を促す学習プロセス」と定義されている。

「職場風土」とは、いわゆる職場の価値観や慣習、雰囲気などのことを指す。

つまり、OJLとは、職場風土を良くし、「個人」と「組織」の成長を促すための、学習過程を追究していく学問である。

この学問については、福島県特別支援教育センターの平成28·29年度教育研究「特別支援学校教員の協働による専門性の向上・継承と校内組織の活性化～学び合う学校組織（OJL）への取組～」や令和２年３月に出された「もっといいチームになるヒント～OJL～」を参考にした。

3　OJTとOJLの違い

私たちがよく聞くOJTとOJLの違いについて、遠藤・小野寺（2007）を参考に以下のように考える。

名　称	OJT（On The Job Training）	OJL（On The Job Learning）
対　象	「個人」 （個人の能力開発）	「個人」及び「組織」 （学習する組織文化の創造）
関　係	上司から部下 （先輩から後輩）への教育	メンバー間の対等な学び合い
対　話	モノローグ （教える側と教えられる側）	ダイアログ （双方向対話）
学び方	教育＝訓練 （トレーニング）	自律的相互学習 （ラーニング）

遠藤・小野寺（2007）を参考に作成

今回の学習指導要領の改訂を受け、従前までに行われていた教員の個人の経験に基づく知的障がいのある児童生徒への教育の取組の継承では、学習指導要領の着実な実施では十分ではなく、私たちが変化に柔軟に対応し、「個人」も「組織」も成長をしていかなければならない状況にあった。

そのために、時代の変化に柔軟に対応し、様々な情報や知見を共有し合いながら、高め合っていくために、OJL組織学を学び、取り入れる必要があった。

4　課題解決の視点・組織が自ら動く10の視点

以下に示す10の視点が、課題解決のために必要な知識・技能である。

<ピーター・M・センゲのオリジナル５要素>	
①自己マスタリー	・継続的に私たち個人のビジョンを明確にし、それを深めることであり、エネルギーを集中させること、忍耐力を身に付けること、そして、現実を客観的に見ること
②共有ビジョン	・私たちが創り出そうとする未来の共通像であり、組織全体で深く共有されるようになる目標や価値観や使命のこと
③システム思考	・現実の複雑性を理解するために、ものごとのつながりや全体像を見て、その本質について考えること
④メンタル・モデル	・私たちがどのように世界を理解し、どのように行動するかに影響を及ぼす、深く染みこんだ前提、一般概念であり、あるいは創造やイメージを指す
⑤チーム学習	・グループで一緒に、探求、考察、内省を行うことで、自分たちの意識と能力を協働で高めるプロセスのこと

＜遠藤・小野寺（2007）によるプラス５要素＞（参考）	
⑥ポジティブシンキング	・物事をポジティブに前向きに考えること ・人や物事に潜むプラスの側面を見出すこと
⑦遊び心・ユーモア・笑い	・仕事の中に遊び心・ユーモア・笑いを取り入れること
⑧ソーシャル・キャピタル	・人々の協調行動を促進することにより、その社会の効率を高める働きをする社会制度であり、具体的には「信頼」「互酬性の規範」「社会的ネットワーク」などのこと
⑨エンパワーメント	・権限委譲したり、相手を信頼して意思決定などを任せて、責任意識の自覚ややる気を引き出したりする働きかけのこと
⑩ OJL コーチング	・個人および組織の潜在能力を最大限に引き出し、課題解決や創造的な取組に向けて行われる全ての働きかけ

遠藤・小野寺（2007）を参考に作成

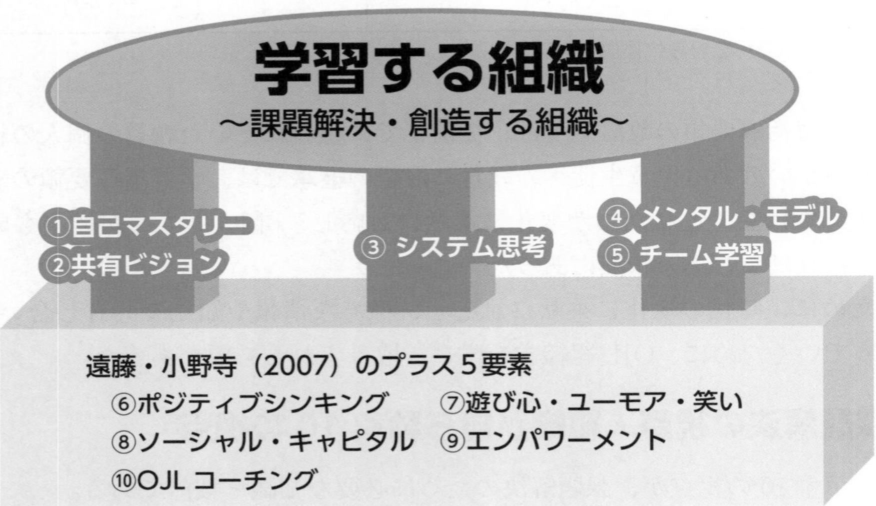

図１：OJL 組織学の学習するプロセスの体系図

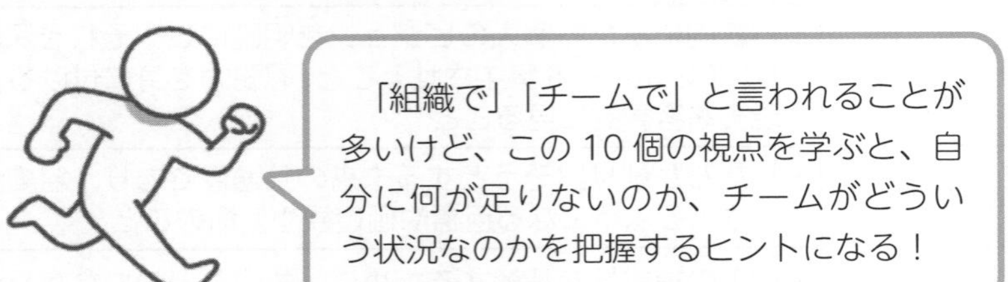

「組織で」「チームで」と言われることが多いけど、この 10 個の視点を学ぶと、自分に何が足りないのか、チームがどういう状況なのかを把握するヒントになる！

第１章～第６章までの取組は、このOJL組織学の考えに基づいて仕掛けられたもの、または自ら学ぶ機会を設定したことにより、職員同士が、組織風土を改善するための課題解決の見方・考え方を用いて突破してきたものである。

この後の章からは、これら紹介した基本用語も使いながら、教育課題に向けてどのように組織学の見方・考え方を活用しながら取り組んできたのかも紹介していく。

第1章

カリキュラムとマネジメント

～全体像と方法をつかむ～

第1節 「生きる力」から「授業まで」
～つながりから見えてくること～

1　学習指導要領の着実な実施のためのキーワード

特別支援学校学習指導要領解説総則編小学部・中学部（以下、「解説各教科等編」も含めて、学習指導要領とする。）には、「生きる力」「確かな学力」「豊かな心」「健やかな体」「自立活動の指導」「資質・能力」「知識・技能」「思考力・判断力・表現力等」「学びに向かう力・人間性等」「教科等横断的な視点に立った資質・能力」「主体的・対話的で深い学び」「観点別学習状況の評価」「カリキュラム・マネジメント」等の重要なキーワードが多くある。

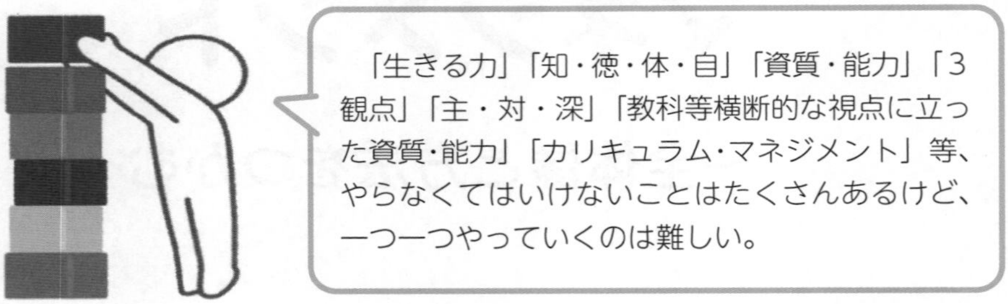

「生きる力」「知・徳・体・自」「資質・能力」「3観点」「主・対・深」「教科等横断的な視点に立った資質・能力」「カリキュラム・マネジメント」等、やらなくてはいけないことはたくさんあるけど、一つ一つやっていくのは難しい。

2　対処法ではなく、システム思考を発動！

一つ一つのワードに反応して、毎年対処法的に取組を変えていては、いつまで経っても現場で働く教員にとって不安と負担、新しい業務が追加される感覚になる。だからこそ、システム思考*[1]を用いて、学習指導要領が示す「生きる力」までの全体像をつかみ、それぞれの関係性を明確にし、その後の戦略を立てる必要があった。

＊1：OJL 組織学に関する用語等の意味は、序章参考。以下同様とする。

学習指導要領からは、「生きる力」の実現のために必要なことが以下のように整理される。

■「生きる力」を育むための「知・徳・体・自」

学習指導要領においては、「生きる力」を育成するために「確かな学力（知）」「豊かな心（徳）」「健やかな体（体）」と、特別支援学校においては「自立活動の指導（自）」

も含めて、この４つの実現を図ることで「生きる力」を育むとしている。

■「知・徳・体・自」を実現するための「資質・能力」

この４つの実現を図るために、資質・能力を明確にして、教育活動の充実を図ることを示している。この資質･能力とは、「各教科等の枠組みの中で育む資質･能力」と、教科等の枠を越えて育む資質・能力である「教科等横断的な視点に立った資質・能力」の２つに大別される。

■「資質・能力」を偏りなく育むための３つの観点

資質･能力をバランスよく育むことができるように「知識･技能」「思考力･判断力･表現力等」「学びに向かう力・人間性等」の３つの観点をしっかりと育んでいくことを示している。だからこそ、今回の学習指導要領では、知的障がいのある児童生徒の各教科の目標や内容についても３つの観点で整理している。

■「３つの観点」を偏りなく実現するための「主・対・深」「習得・活用・探究」

３つの観点を偏りなく実現するために、子どもたちが「どのように学ぶか」に着目し、「主体的な学び」「対話的な学び」「深い学び」の場面を設定し、その実現を図ることでバランスよく資質・能力が育まれる。

また、子どもたちの学びの過程にも着目しており、「習得・活用・探究」の流れの中で「深い学び」につながっているとも言及している。つまり、「主体的・対話的で深い学び」と「習得・活用・探究」の双方を押さえることで実現と言える。

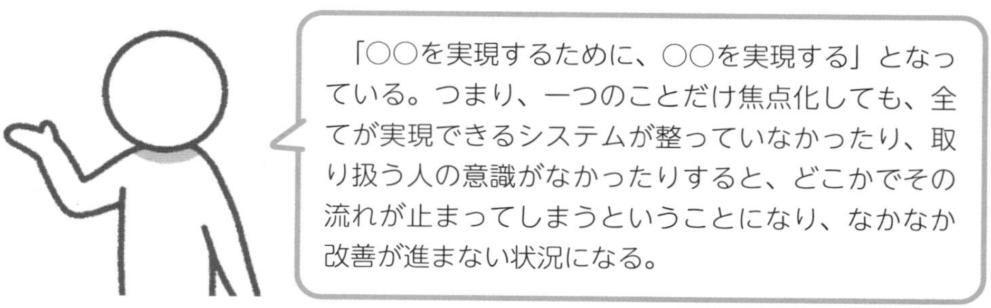

「○○を実現するために、○○を実現する」となっている。つまり、一つのことだけ焦点化しても、全てが実現できるシステムが整っていなかったり、取り扱う人の意識がなかったりすると、どこかでその流れが止まってしまうということになり、なかなか改善が進まない状況になる。

学校全体で取り組む必要があるから、研修部ではこれ！教務部ではこれ！という形では実現しない。
全ては連動している。

「生きる力」からの流れをつかむ！

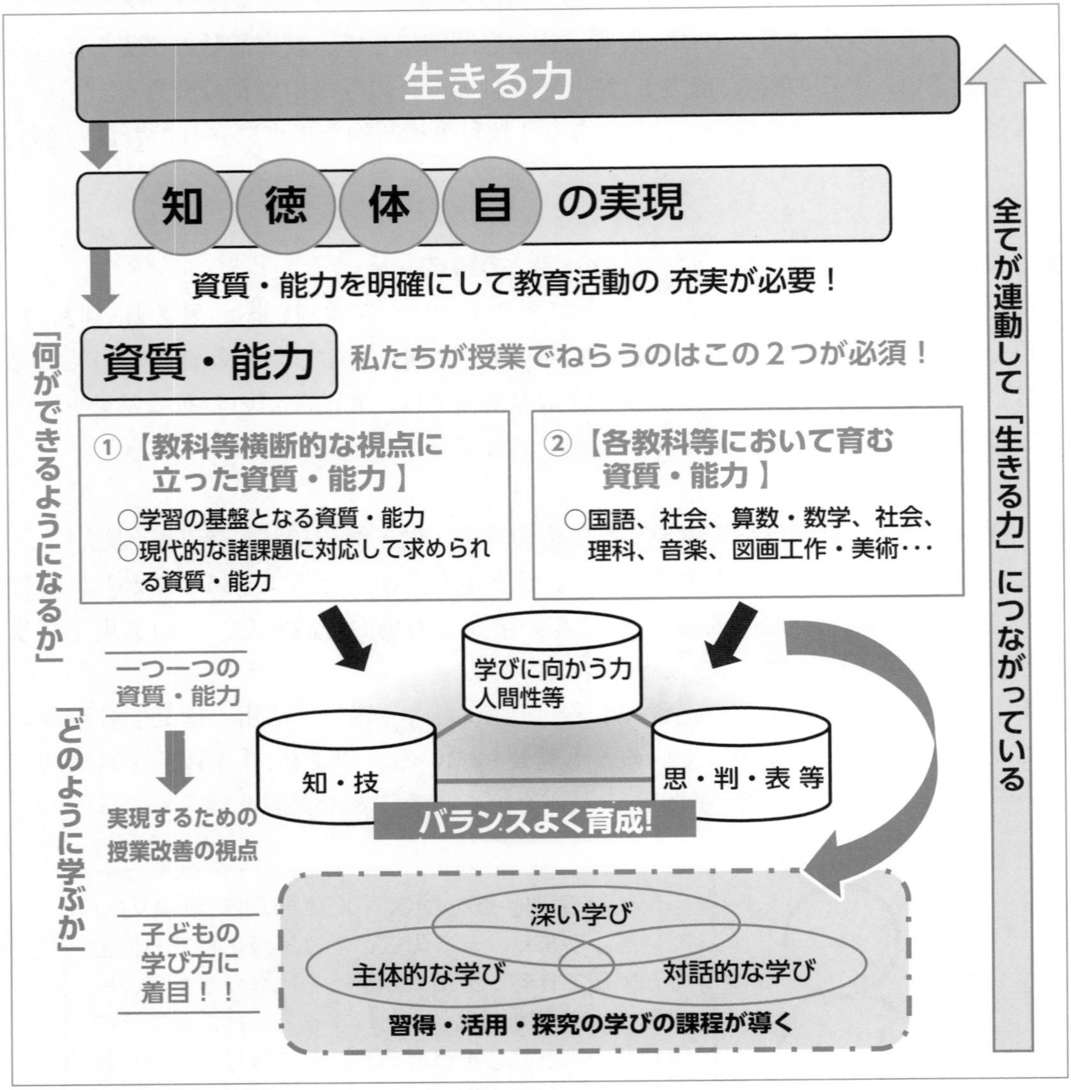
生きる力
知 徳 体 自 の実現
資質・能力を明確にして教育活動の 充実が必要！
資質・能力
私たちが授業でねらうのはこの２つが必須！
①【教科等横断的な視点に立った資質・能力】
○学習の基盤となる資質・能力
○現代的な諸課題に対応して求められる資質・能力
②【各教科等において育む資質・能力】
○国語、社会、算数・数学、社会、理科、音楽、図画工作・美術・・・
「何ができるようになるか」
一つ一つの資質・能力
実現するための授業改善の視点
「どのように学ぶか」
子どもの学び方に着目！！
学びに向かう力 人間性等
知・技
思・判・表 等
バランスよく育成！
深い学び
主体的な学び
対話的な学び
習得・活用・探究の学びの課程が導く
全てが連動して「生きる力」につながっている

図２：「生きる力」を実現するための 関係図

カリキュラム・マネジメントを始める前に、本当に、ここに示していることが学校として着実に実現できるように明確になっているか、授業の指導案に反映されているか、教科等のカリキュラム（指導内容や時数等）が整っているかを考える必要がある。

皆さんの学校はどうですか？

第2節 学校教育目標の見直し
～資質・能力の明確化と各種書式の改訂～

1　令和元年度にプロジェクト開始

平成 31 年（令和元年度）、新学習指導要領に対応した資質･能力を育む学校として、教育課程等を含めた改革を本格的にスタートさせた。

当時の鈴木校長により平成 31 年４月に「新しいカリキュラムを創造するプロジェクトチーム（以下､プロジェクトチーム）」を任命（教頭､学部主事､特別支援教育コーディネーター、教務主任、研修主任等）し、学校教育目標の見直しや教育課程、各種様式の大幅な改善、解決に向けた方向性等の提案を求める諮問を行った。

任期は４～８月とし、そこでまとめた結果を答申として校長に提出し、その後の改革に大きく舵を切ることになった。まず、何に取り組んだのか、紹介する。

2　学校として育成を目指す資質・能力の明確化

学習指導要領では、学校教育目標を設定する際の留意事項として「学校として育成を目指す資質・能力が明確であること」を示している。つまり、この目指す資質・能力を実現するために、学校教育目標があるという流れである（図３）。

図３：学校教育目標を設定する前の留意点

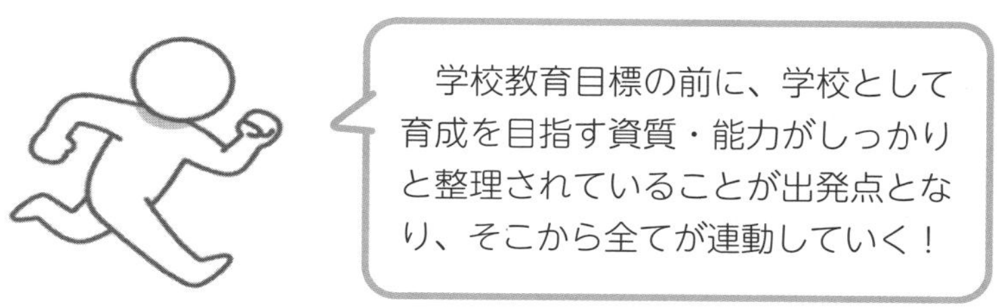

学校教育目標の前に、学校として育成を目指す資質・能力がしっかりと整理されていることが出発点となり、そこから全てが連動していく！

この点に着目し、平成 30 年度、全教職員に「育てたい力のアンケート」を実施し、意見を集約した。その内容をもとに「確かな学力」「豊かな心」「健やかな体」「自立活動の指導」において、学校として目指す資質・能力として示し、全教職員で修正等を図りながら明確にすることができた（図４）。

相馬支援学校の育成を目指す資質・能力
【思考力・判断力・表現力等】
学びを活用し、協働して、
課題を解決していく力
確かな学力
【学びに向かう力・人間性等】
自ら課題に向き合い、
進んで学ぼうとする力
【知識・技能】
物事の基礎・基本を理解し、
生活で活用できる力
豊かな心
【学びに向かう力・人間性等】
自らの生き方と社会とのかかわりを考え、
主体的に学ぼうとする力
【知識・技能】
ルールやマナー、きまりなどを
理解し、活用できる力
健やかな体
【学びに向かう力・人間性等】
健康・安全で活力ある生活を
送ろうとする力
【知識・技能】
健康・安全な生活の基礎を理解し、
様々な運動に親しみ、習慣化できる力
自立活動
【知識・技能】
自らの学習上や生活上の困難に対応する
力を身に付け、活用できる力
【学びに向かう力・人間性等】
自分や他者と向き合い、
困難を改善・克服しようとする力
具現化するための学校教育目標
○基礎的・基本的な知識・技能を習得し、活用できる力の育成
○自ら考え、協働し、課題を解決していく力の育成
○自ら進んで考え、学ぼうとする力の育成
学部目標
〈小学部〉
○身近な生活で扱う基礎的・基本的な知識・技能を習得し、活用できる力の育成
○自ら考え、友達と一緒に課題を解決していく力の育成
○自ら学ぼうとする力の育成
〈中学部〉
○基礎的・基本的な知識・技能を身に付け、生活につなげようとする力の育成
○自ら考え、協働し、課題に気付いて改善しようとする力の育成
○自ら進んで学ぼうとする力の育成
〈高等部〉
○自立と社会参加のために必要な基礎的・基本的な知識・技能を習得し、活用できる力の育成
○自分の考えを持ち、他者を理解し、課題を解決していく力の育成
○自ら進んで考え、学ぼうとする力の育成
9年間を見通した
資質・能力の育成
小・中との
円滑な接続
3年間を見通した
資質・能力の育成

図４：本校の育成を目指す資質・能力と学校教育目標

■２つのポイント
①「知・徳・体・自」について、資質・能力をバランスよく育むことができるように３つの観点で整理
②本校の特徴として、思考力・判断力・表現力等は全てをつらぬく柱として、「学びを活用し、協働して、課題を解決していく力」を育むことを重視

■明確にした成果

この取組の結果、改めて実感したのは、学校教育目標がどんな理由でできているのかという視点をもつことができたことである。学習指導要領の着実な実施によって、学校教育目標の意味や授業で大事にする視点を改めて考えることができるきっかけとなった。

また、作成した図４を職員室や廊下に掲示し（図５）、教職員だけでなく、保護者や地域の方々もいつでも見ることができるようにすることで、開かれた学校として、学校が目指す姿を共有することができた。

図５：職員室や廊下に掲示

実際に、職員室に掲示された図を見て、
「あの木の幹の部分（思考力・判断力・表現力等）がやっぱり、大事だよなぁ。」
と、授業に直結した話題になるなど、学校が目指す方向性の共通言語となった。

つまり、共有ビジョンが高まり、資質・能力の育成を目指すというゴールに向かって、それぞれが問題意識や課題意識をもって取り組みやすくなったと考える。

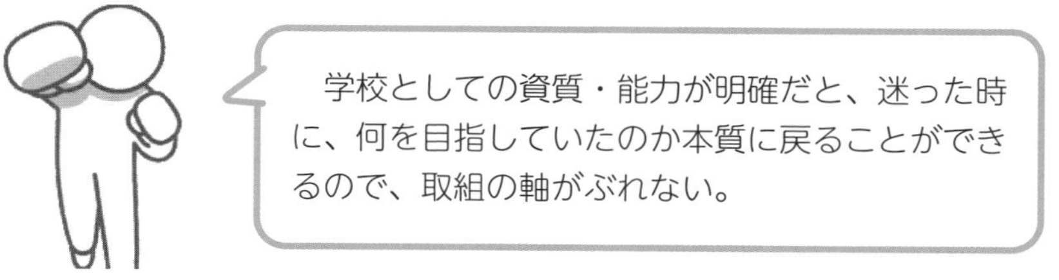

学校としての資質・能力が明確だと、迷った時に、何を目指していたのか本質に戻ることができるので、取組の軸がぶれない。

３　各種書式の大幅改善から意識変化へ

令和元年度以前の各種書式（個別の指導計画等）は、各教科等の資質・能力をベースとした学習評価が曖昧な書式であることや各教科等の目標設定と自立活動における目標設定の違いが明確ではない等の課題があったり、一人一人のキャリア発達を促すキャリア教育の位置付けも曖昧であったりした。

学校で明確にした資質･能力を育むための各種書式改訂は、教員の意識（メンタル･モデル）に働きかけ、全ての授業と連動し大きな役割を果たすことが期待できる。また、学習指導要領で求められていることが本音と建て前にならないようにし、着実な

実施に向けて、シンプルでも確実に押さえることができるように改善を図った。一部を紹介する。

■個別の指導計画

※目標設定の違いがあることから、自立活動とその他の教科等の様式は別に整理

＜自立活動の個別の指導計画＞

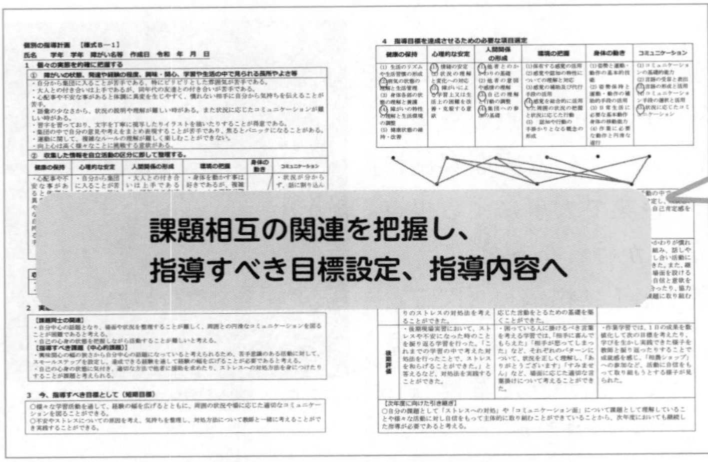

課題相互の関連を把握し、
指導すべき目標設定、指導内容へ

自立活動については、学習指導要領の解説自立活動編にある「流れ図」を用いて、目標設定を明確にし、指導と評価ができるようにした。

＜各教科等の個別の指導計画＞

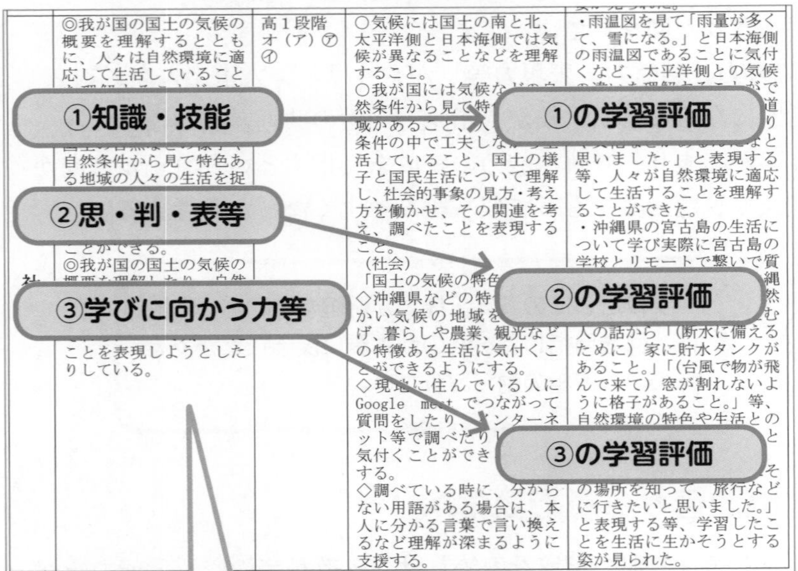

バランスよく資質・能力を育むために、3観点に向き合うことは必須になる！
それが着実な実施！

基本は学習指導要領の内容で整理している3観点をベースにした目標設定にしている。したがって、これまでの**考える負担が軽減**されるだけでなく、学校として確実に資質・能力を育むための枠組みが安定してくる。また、各教科等を合わせた指導はあくまでも指導形態であって、**「生活単元学習」で学習評価をせずに、あくまでも各教科等の中の目標で学習評価**をする。
＊詳しい学習評価の仕方、考え方は、第5章の授業実践に記載。

■個別の教育支援計画

※支援内容（合理的配慮）を明確に引き継ぐ

支援目標（◎支援　○指導）

◎様々な経験を通して、達成感や自信を得る等、自己肯定感を高めるための支援。
◎自己の状態に注目できるような支援。
○実際の場面や再現した場面を活用した具体的なコミュニケーションの図り方や行動
○自己の心身の状態に気付き、欲求やストレスへの対処の仕方に関する指導。

支援内容・方法（個別に必要とする合理的配慮等）

支援内容・方法	
【教育内容・方法】	
支援する側の内容と責任を明確にする 保障。	・継続
・学習活動においてスモールステップを設定し、成功体験を増やす。	・継続
・理解しやすい言葉での指示や説明を行う。場合によっては、視覚教材などを用いる。	・継続 ・継続
・難しい漢字には振り仮名を振ること。	・継続
・本人の話を聞く時間の確保。	・継続
【支援体制】	
・[redacted]クリニックへの定期通院。	
・放課後等デイサービス事業所の利用 [redacted]	
【施設設備（学校、教室等）】	
・不安定になった時にクールダウンできる場所の確保。	・継続

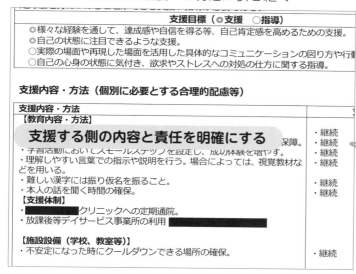

支援の目的と支援の内容（合理的配慮）を記載する。

支援の評価は、その支援が継続して必要かどうか、児童生徒の実態から、シンプルに記載する。たくさん書いて支援内容が伝わらないなどの問題を回避し、大事な合理的配慮が確実に伝わるようにする。

■キャリアガイダンスシート（キャリアパスポート）

※一人一人のキャリア発達を促す教育をつなげていく

キャリアガイダンスシート　【様式C】

生徒名　　作成年月日　令和　年　月　日　　担任氏名

将来の生活や社会、職業などについての考え	
【本人】 ○漫画家の仕事に就きたい。 ○一人暮らしをするための力を身につけたい。 ○自分の好きな東京で仕事をしたい。	【保護者】 ○機械関係や工場の仕事に就かせたい。

将来への本人の見通し・実現に向けて必要なこと

学校としてキャリア発達を促す教育

特に育てたい力（基礎的汎用能力から）＊特に力を意識して働きかける項目に○

○人間関係形成・社会形成能力 ＊多様な他者の考えや立場を理解し、相手の意見を聴いて自分の考えを正確に伝えることができるとともに、自分の置かれている状況を受け止め、役割を果たしつつ他者と協力・協働して社会に参画し、今後の社会を積極的に形成することができる力	○自己理解・自己管理能力 ＊自分が「できること」「意義を感じること」「したいこと」について、社会との相互関係を保ちつつ、今後の自分自身の可能性を含めた肯定的な理解に基づき主体的に行動すると同時に、自らの思考や感情を律し、かつ、今後の成長のために進んで学ぼうとする力
○課題対応能力	○キャリアプランニング能力

実現に向けて、学校では、どのように働きかけるのか

●前期：特別活動（HR）…学級での係活動に取り組み組織の一員であることへの意識を高め小集団での役割を果たし、責任を果たすことができるように働きかける。
●後期：（進路指導）…自分の得意なことや苦手なことなどの自己理解を深め、自己実現のために将来どんな進路選択が考えられるかを働きかけていく。

取組の様子	
前期 ・紙す…って協…他者と…ことがで…ることができた。HRにおいては、学級委員長としてクラスの意見をまとめたり、中心的役割としての責任を果たしたりしようとすることができた。	…の学習に取り組…イムで働き、慣…考えるなど、自己…ことができた。また、どうしたら卒業後にフルタイムで働けるか課題解決の方法を考える活動では、「色々な人とコミュニケーションを図り、誰とでも接すること。」と考えることができた。

どうだったのか（評価）

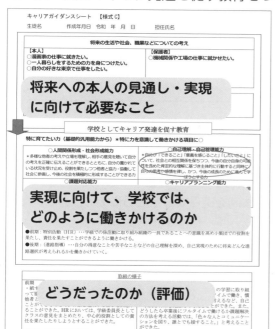

一人一人のキャリア発達を促すために、キャリアガイダンスシートを新たに起こした。基礎的・汎用的能力を育みやすいように明記し、教師が本人の将来の考えや見通しに合わせて、その児童生徒に働きかけるキャリア発達の支援を考えやすいようにした。

キャリア発達をどう授業化するかは、第６章第５節を参照！

もっと詳しく！

＊「相馬支援学校の教育課程の抜本的見直しに係る改善及び必要な方策等について（答申）」はこちら

＊令和元年度の取組の詳細についてまとめ、「福島県教職員研究論文」にて特選をいただいた内容はこちら

第3節 「資質・能力」と「カリキュラム」にこだわる
～マネジメントまでの道筋～

1　カリキュラム・マネジメントを着実に実施するとは

学習指導要領では、そのゴールを以下のように、明確に示している。

> 各学校においては、児童又は生徒や学校、地域の実態を適切に把握し、教育の目的や目標の実現に必要な教育の内容等を教科等横断的な視点で組み立てていくこと、教育課程の実施状況を評価してその改善を図っていくこと、教育課程の実施に必要な人的又は物的な体制を確保するとともにその改善を図っていくことなどを通して、教育課程に基づき組織的かつ計画的に各学校の教育活動の質の向上を図っていくこと（以下「カリキュラム・マネジメント」という。）に努める。その際、児童又は生徒に何が身に付いたかという学習の成果を的確に捉え、第３節の３の（３）のイに示す個別の指導計画の実施状況の評価と改善を、教育課程の評価と改善につなげていくよう工夫すること。

さらに、カリキュラム・マネジメントを<u>**実現していくための４つの側面**</u>として、以下のように整理している。

■カリキュラム・マネジメントの４つの側面

（ア）教育の目的や目標の実現に必要な教育の内容等を教科等横断的な視点で組み立てていくこと
（イ）教育課程の実施状況を評価してその改善を図っていくこと
（ウ）教育課程の実施に必要な人的又は物的な体制を確保するとともにその改善を図っていくこと
（エ）個別の指導計画の実施状況の評価と改善を、教育課程の評価と改善につなげていくこと

学習指導要領では、各教科等で育まれた資質・能力が、さらに育成されて教育活動の質が高まるように、①教科等の内容を関連付ける視点で組み立てたり、②実施状況を学習評価して改善を図ったり、③カリキュラム等を改善したりすることが重要と示されている。

「カリキュラム・マネジメント」をどう捉えて、どのように迫っていくかについて、学校の実態に応じて様々な取組があると考える。本校では、様々なことに手を出して、仕事がビルド＆ビルドすることを防ぎ、教員が日々の業務の範囲の中で浸透できるように、システム思考で探っていくことが重要となると考えた。そのためにはシンプルである必要がある。つまり、この４つの側面にどう向き合い、その本質に最短距離で迫ることがゴールとなる。

2　「教育課程」から「授業」までの構造

学習指導要領には、「教育課程に基づき組織的かつ計画的に各学校の教育活動の質の向上を図っていくこと」とある。実際に、教育課程と私たちの授業がどのようにつながっているのか、その点を明確（図６）にしていくことで、実現を図るための問題点が見えてきた。

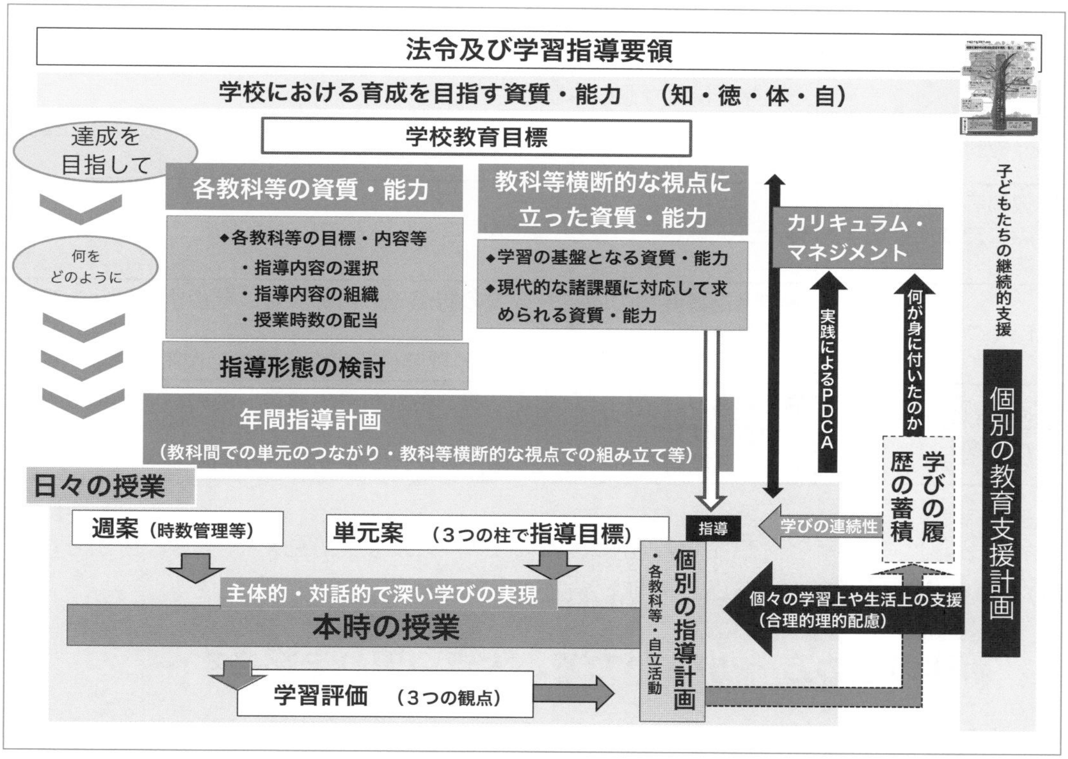

図６：「教育課程」から「授業」までの構造

ここで示しているカリキュラムにおいて、曖昧な部分や不足があれば、そもそもマネジメントすることができない。また、日々の授業においても、学習指導要領に沿った着実な実施がなければ、カリキュラムを評価することもできない。全てが連動している。

3　見えてきた問題点

令和元年度に学校教育目標や各種書式の改訂を行い、教育課程の改善も行ってきたが、令和２年度の研究当初、以下のような課題が見えてきた。

問題点	令和元年度までの状態
①指導内容の選択、指導内容の組織、授業時数の配当 ②年間指導計画等	●学習指導要領に示す各教科等の内容について、全てを履修（特に必要な場合を除いて）できるカリキュラムが、学校として整っているとは言い切れない状態 ●各教員が考えた年間指導計画であり、学校として12年間を見通したカリキュラムが弱い状態 ●各教科等を合わせた指導において、特に理科や社会などの教科の指導と学習評価が曖昧な状態
③他教科との関連	●教科等横断的な視点で、教育内容を組み立てたいが、他教科等の単元が分からず、教員が個人で工夫する状態
④教科等横断的な視点に立った資質・能力	●どう実現していくか、授業に落とし込んでいくか明確ではない状態
⑤日々の授業	●学習指導要領の内容や３つの観点での目標設定、観点別学習状況の評価が分からない状態 ●「資質・能力」より、「本時の授業」に焦点化された授業研究の状態
⑥各教科等を合わせた指導	●活動ありきで目標が設定され、各教科等の資質・能力が明確になっていない状態 ●「各教科等を合わせた指導」ありきになっている状態

令和２年度の研究を構想する段階で、この６つの問題点が見えてきて、何から取り組んでいくといいのか、という問題に直面していた。

4　研究の進め方 ～小さい力で、大きい流れを起こす～

上記６つの問題点に示した①～④については、そもそも学校としてカリキュラムが整っていないことが考えられた。また、⑤、⑥については、学習指導要領に沿って、各教科等の資質・能力の内容をベースに実践し、学習評価をしていくことが必要であり、従来の活動ベースでの目標設定や考え方から脱却しなければならなかった。

令和２年度の研究の始まりの時点で、①～④については、**その当時は、明確なゴールや解決策が見えない中で、取り組むことに危険性があった。**なぜなら、システム思考で全体のつながりを把握しない一手は、対処法的な解決になり、後から使えないシステムになり、形骸化を招く恐れがあった。

そこで、着目したのは、学習指導要領の次の記述である。

> 各授業の個別の指導計画（Plan）－実践（Do）－評価（Check）－改善（Action）のサイクルの中で蓄積される児童生徒一人一人の学習評価に基づき、教育課程の評価・改善に臨むカリキュラム・マネジメントを実現する視点が重要である。

つまり、⑤、⑥の資質・能力に向き合った授業づくりが重要であると本校では結論づけた。

この資質・能力に向き合った授業づくりとは、１単位時間で育成されるものではない。内容のまとまりごとに、知識・技能、思考力・判断力・表現力等、学びに向かう力・人間性等が、バランスよく育まれるものである。つまり資質・能力に向き合った授業づくりというのは、“単元のまとまり”を見通した単元研究が必要である。そこから「全体を見渡す感覚」が芽生え、それによってカリキュラムやマネジメントにつながると考えた。

5　授業は、カリキュラム・マネジメントの４つの側面の塊

単元研究がカリキュラム・マネジメントの４つの側面と、どうつながりがあるのかは、それぞれの側面と関係性について、以下のように考える（図７）。

＜カリキュラム・マネジメントの４つの側面と授業との関係性＞

（ア）教育の目的や目標の実現に必要な教育の内容等を教科等横断的な視点で組み立てていくこと

【授業との関係性】　学習指導要領では、各教科等の指導に当たって、他教科との関連を図ることが示されている。単元を研究する中で、その視点を取り入れることで、教育の内容を教科等横断的な視点で組み立てていく場面を意識したり、改善したりできる。その取組が全体のシステムの必要性につながるきっかけとなる。

（イ）教育課程の実施状況を評価してその改善を図っていくこと

【授業との関係性】　学習評価を積み重ねていくことで、教育の内容や授業時数、各教科等の年間指導計画について、「何が身に付いたのか」という確かな根拠のもとに、授業改善を図ることにつながっていくことが考えられる。さらに、この取組が学校全体のカリキュラムの改善へとつながっていくきっかけとなる。

（ウ）教育課程の実施に必要な人的又は物的な体制を確保するとともにその改善を図っていくこと

【授業との関係性】　各教科等の内容を取り扱うための必要な教材等や指導体制、もしくは、実施に必要な人材育成（教員の指導技術の育成）などの視点で改善を図ることができる。

（エ）個別の指導計画の実施状況の評価と改善を、教育課程の評価と改善につなげていくこと

【授業との関係性】「何が身に付いたのか」という個別の指導計画の実施状況の評価から、各教科等の年間指導計画や単元配列表などの改善につながっていくことが考えられる。

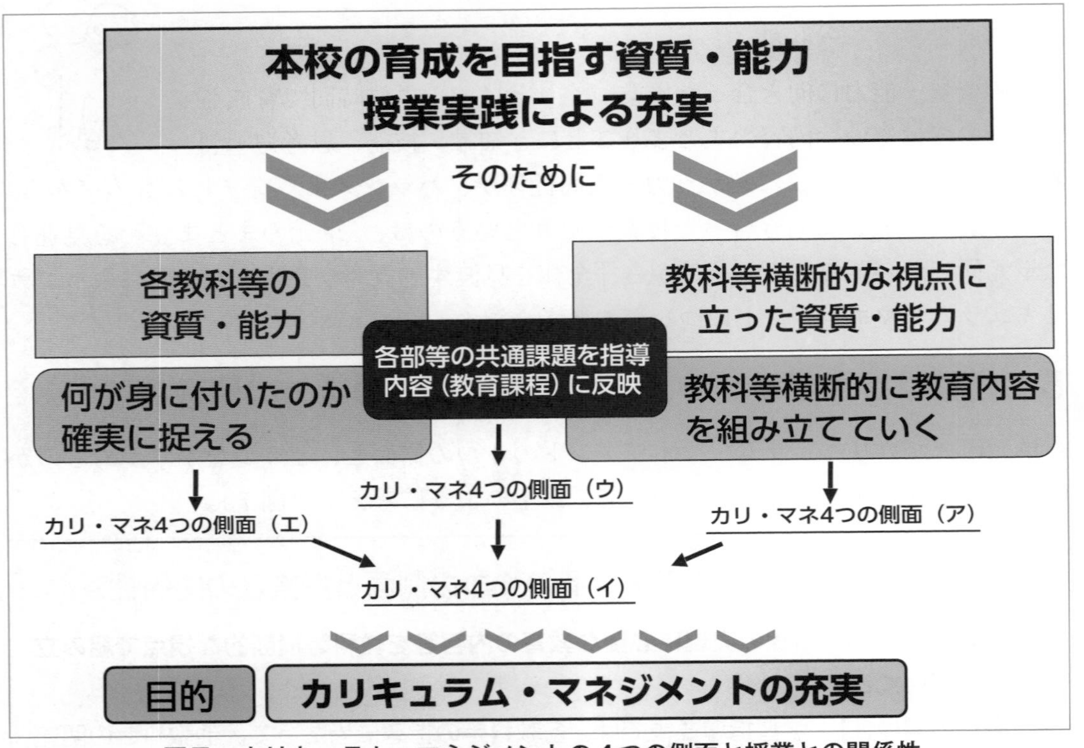

図7：カリキュラム・マネジメントの４つの側面と授業との関係性

このように資質・能力を育む単元研究を追究することで、実はカリキュラム・マネジメントにも、無意識的に関わることになり、教員一人一人が考えるきっかけになると考えた。６つの問題点とカリキュラム・マネジメントが同時に解決できる可能性が見えた瞬間だった。

カリキュラム・マネジメントのために「～をする。」といった対処法的なビルドアップではなく、システム思考で捉え、日々の取組がつながり、業務多忙な中でも持続可能であり、実現可能な方法を考えて取り組めるように考えた。

こうして令和２年度から令和４年度までの３年間、「資質・能力を育むための単元研究会からのカリキュラム・マネジメントの充実」を研究テーマとし、学校全体で取り組んできた。

6　研究日程

　これまで説明してきた内容を、どのように３年間で定着させるかを考えたのが図８である。焦らずじっくりと展開していき、単元研究で得た改善等の知見をカリキュラムに生かし、少しずつベターを積み重ねることによって、本校の育成を目指す資質・能力が確実に育まれていくよう、カリキュラムを整え、マネジメントできるように計画した。

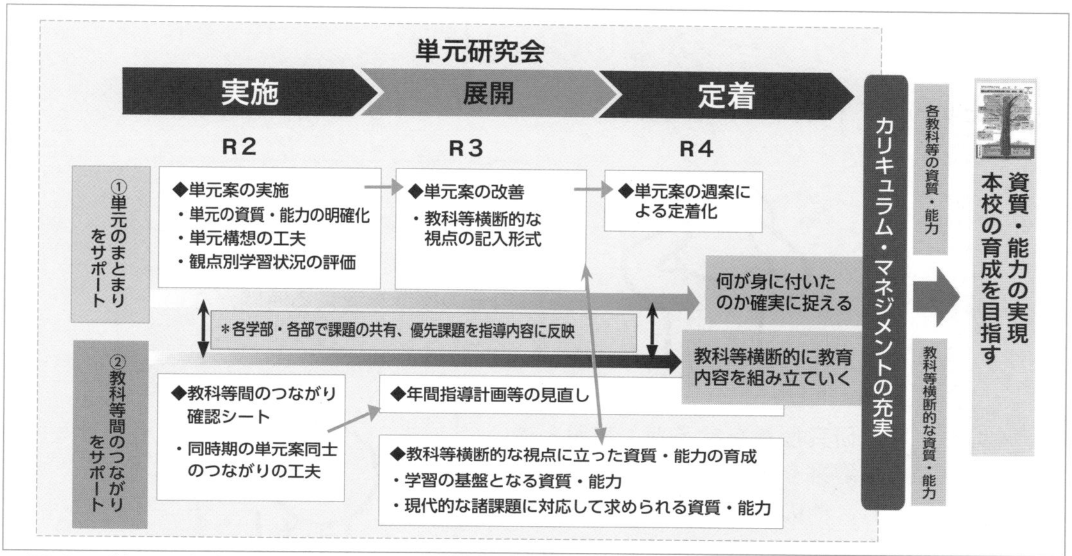

図８：単元研究を中心に据え、カリキュラム・マネジメントの充実を目指す３年間の計画

　一方で、教員の単元研究から導き出されたニーズや新たな視点での「これがあったら楽なのに･･･」などのつぶやきに応じて、柔軟に計画の変更を加えながら取り組んだ。

　実際には、単元研究をしていく中で、年間指導計画の見直しと教科等横断的な視点に立った資質･能力について、単元を充実していくための改善や開発が必須になった。計画を前倒しし、令和２年度の後半に教育課程検討委員会と連携を組み、最短距離で取り組める作戦を立てながら目の前の課題を突破し、令和３年度から運用し始めるなど、想像以上のスピードで進んだことは事実である。日々の授業、単元という小さい力で、大きい流れが起きたことを実感した瞬間であった。

　ここでも、ＯＪＬ組織学で学んだことを活かせば、私たちは無意識的にメンタル・モデル（この場合で言うと計画）に縛られて行動する。しかし、本質目標に迫るために、教員が困っている状態であり、解決に向けた共有ビジョンの高まりがあり、自己マスタリーが高まっている流れがあれば、それを逃さずに、一気にその課題に対して突破を図った。

　ミドルリーダー側が、本質目標を中心に据え、メンタル・モデルにこだわらず、いかに柔軟に対応していくかが鍵となる。

第4節 従来にとらわれない研修の取り組み方を探る
～自らの授業を考える・自ら学ぶスタイル～

1 「研修」のイメージが悪いのはなぜか

研修というと、「負担」や「大変」というイメージが少なからずある。

いろいろな業務で忙しいのに、さらに「提出」を求められる。自分の授業を考える時間がない。
研究授業をすると、普段と違う指導案を書かされ、細かく指導され、他の業務をしたり、他の授業を考える時間がなくなったりしてきつい。
「研修」といっても、自分が学びたい「内容」と違って、その時間が無駄になる。結局その後に、業務や授業準備をすることになる。
グループの代表で授業すると、みんなから言いたいことを言われる。そこまでしてやりたくない。あの雰囲気が嫌だ。

このような思いをしたことは、皆さんあるのではないだろうか。

第３節で示した研究の進め方や方法を考えても、うまく進まなかったのは、これらの思いに対して、具体的な解決策を講じなかったからなのではないだろうかと考えた。

<u>＊システム思考・メンタルモデルの視点で考えを深めていく。</u>

どの教員も「自分の授業をしっかりと考えたい」という思いは共通してあった。それは、本校の育成を目指す資質・能力に向かって授業をしたいという本質的な目標に向かっている。

変わらなければいけないのは、研修の在り方である。

「研修のための、研修はやめる」。そこからのスタートであった。

2　自ら学ぶ研修スタイルの確立

従前まで行っていた研修スタイルを次のように改善し、研修が抱える問題について対応してきた。

●研修中間発表会

大事なのは「これからの授業や単元の構想及びこれまでの学習評価」という考えで、スクラップ（廃止）。

●グループで授業提供

大事なのは「自分の授業」。自分の授業、単元をしっかりやる時間を作るため、スクラップ（廃止）。

●研究授業のための指導案

大事なのは「日々の単元をどう追究するのか」。単元案を追究する方が授業力向上にそのままつながるので、スクラップ（廃止）。

●年度末に事例提出

大事なのは「学習指導要領で述べられている単元で必要な視点を押さえて授業すること」。様々な視点をコントロールするための単元案は必須。授業力向上のために、やるかやらないかは授業者次第。事例提出に意味はないので、スクラップ（廃止）。

何が本質かを見定め、大事な時間を確保する！

連携して　時間削減！

★研修日と教育課程検討日を合体

　教育課程編成が始まった時、研修日と教育課程検討日が別日だと負担が増す。そもそも資質・能力に向き合う本質は同じなので、日程を合体し、時間を削減。

★進路指導部・生徒指導部との連携

　進路指導や生徒指導において大切にしたいことは、授業中に育むことになる。そこで、授業において何が大事な資質・能力となるかを、月１回の研修日の情報提供の 10 分間で伝える。

　それぞれの部から別日で集めて研修を行うことがなくなり、時間を削減。

削減されれば、授業を考える時間、余裕の確保へ

やったことが　無駄にならない

■月１回の研修日

・最初の 10 分は全体へ情報提供
残り 25 分程度、自分の授業づくり（単元案等）に向き合う。
＊単元案については第１・５章参照

■単元研究会

・悉皆研修等の研究授業の事後研究会**途中参加、退席 OK の自由参加**
・ファシリテーターを配置し、**授業者が安心・安全にできる仕組み**
＊単元研究については第２章参照

■教師寺子屋

・「実は、〇〇を学びたい」という先生方のために、校内のその分野が得意な教職員（＝プロ）に依頼し、**学ぶ機会を設定。もちろん、自由参加。**
＊教師寺子屋については第４章参照

■書式と連動

・単元案の学習評価は、そのまま**個別の指導計画の学習評価とつながっている。**取り組んでいる**授業者は損をしない。**

自分の授業を安心して追究できる環境の確保へ

以上のように、思い切って廃止したり、連携して日程削減を図ったりしながら、教員が「自分たちの授業を考えたい」という本来の思いが叶うように、システムや時間をマネジメントし、自ら学ぶスタイルに重点を置き、改善を図ってきた。

予想していた以上に、教員が自分たちの授業や単元に向き合い、第３節で計画した以上のスピードで単元案が広まり、単元研究会や「教師寺子屋」（第４章で詳述）に参加して学ぶ人が増えるなど、学びに向かう力が高まっていった。

その結果として、授業力向上やカリキュラム・マネジメントの充実、新しい取組に向けた研究などにつながっていった。これらについては、第２章以降で詳しく述べる。

<発動！ OJL 組織学の考え方、取組をサポート>

もはや「研修」ではなく、学校が育成を目指す資質・能力を育成していくために、研修部が中心となって、各部と連携をしながら授業を通して、学校づくりをしていくイメージ。

進める時に大事なのは、ポジティブシンキングとユーモア！

主体的な学びがなければ楽しい学びにならず、力にならない！

でも、あまり取り組まない先生はどうするの？

学習指導要領を着実に実施する単元案の実践を繰り返す教員ほど校内ではプロと言われ、尊敬される雰囲気がある。また、単元案が個別の指導計画の学習評価に連動しているので、業務が早くなる。**しっかりとやっている人は損をしないシステムを作ることが大事。**

プロになりたいかどうかは、本人次第なので、無理に誘わない。教員は、いい授業をしたいという気持ちがあるので、取り組むタイミングは本人に任せている。強制された学びに持続性はないのだから。

第2章

単元研究に迫る

～単元案と単元研究会～

第1節

「単元」を作る要素を実現する「単元案」

～シンプルに押さえ、実践から深い気付きへ～

1　学習指導要領の着実な実施のためのキーワード

学習指導要領の着実な実施のために、まず私たちがすべきことを押さえてみる。

今回の学習指導要領の総則編や各教科等編の中には、教科等の指導において、押さえてほしい点や考えてほしい点の記載がまとまって示されているのではなく、様々な場所に「～な場合は、××すること」等の表記で散らばっている。

その一つ一つを集めた。それが、以下の８つの点である。

■学習指導要領で示されている単元づくりで押さえるべき点

①　本校の育みたい資質・能力から、教科等の資質・能力へのつながり
②　単元において育む資質・能力の明確化
③　単元における評価規準と評価計画（いつ、どの資質・能力を育んでいくのか）
④　授業改善の視点
（主体的・対話的で深い学びの単元構想における意図的な設定場面）
⑤　子どもたちの学びの過程（習得、活用、探究）をデザイン
⑥　単元間のつながり（教科内、教科等間）
⑦　教科等横断的な視点に立った資質・能力を育む視点
⑧「何が身に付いたのか」観点別学習状況の評価と授業改善

これらを実現することが、資質・能力を最大限に引き出し、児童生徒の力を最大限まで伸ばすことができ、本校の育成を目指す資質・能力を育成するというゴールに近づくことができると考える。

だが、この①～⑧までを、現在行っている単元等で、曖昧ではなく、明確に一つ一つ口頭で答えることができるだろうか。これだけの要素を単元の中でコントロールすることは、ベテランであっても難しい。

しかし、これらの視点の実現を図っていかなくては、学習指導要領の着実な実施とは言えず、その先にあるカリキュラム・マネジメントにはつながらない。

2　学習指導案にあった問題点と解決策

研究が始まる前の問題として、次のようなことがあった。

①表現バトルによるやる気減退問題

　教材観、指導観が、真っ赤になって戻ってきたよ。もはや、誰の指導案か分からない。
　指摘された表現って、前の表現でも伝わると思うよ。あぁ、授業の構想までいかない。
　それどころか、明日の授業の準備もやばい。

　書き方が分かっていない。表現がイマイチだなぁ。どう指導すればいいか、時間がかかるなぁ。授業できないかもね。

その議論は、資質・能力を引き出す単元のために、本質的な議論なのか！？
これによって授業力が向上するのか？！

【なぜ、表現バトルによって、やる気がなくなるのか】
　根拠のない訂正や修正は、OJL 組織学で考えると、自分が大事に思っていた表現を言い換えられることで、授業の現場で励んでいる教員が「ソーシャル・キャピタル」や「エンパワーメント」を受けていない感覚を受け、阻害されたことによりやる気を失っていくと考えられる。

■問題への対応

問題にぶつかったら、本質的に何をする必要があるのかに戻る。

ここでは、「学習指導要領に示されている単元づくりで押さえる視点をいかに着実に押さえ、その実施をしていくのか」これが本質目標となる。

例えば、前に示した着実に実施するための①〜⑧の中で、「教材観」「指導観」という文言があるだろうか。学習指導要領上には見当たらない。つまり、指導案の指導する根拠が曖昧になり、授業者との議論の尺度が経験則になりやすい。また、根拠がないことから、学校としての方向性が、その時の研修主任や研修を進める側で決定され、揺らぎが発生し、いつまでたっても不安な状況から解放されない。これが、研修が「負担」とされる要因の一つとも考える。

単元づくりで着実に必要な①〜⑧にないことは、

思い切って
スクラップ！

●根拠なき表現バトルを巻き起こす教材観、指導観等を廃止

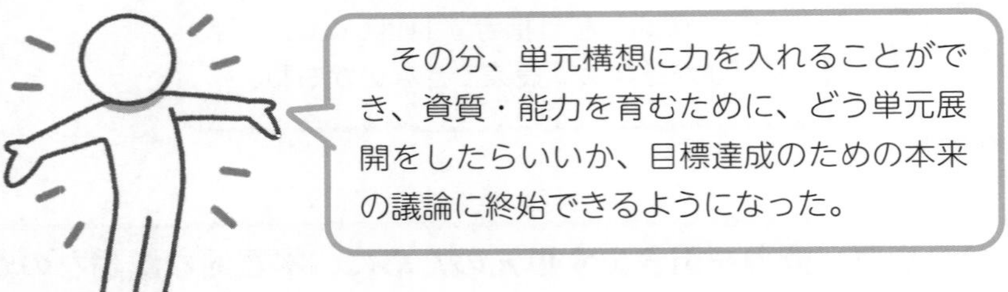

その分、単元構想に力を入れることができ、資質・能力を育むために、どう単元展開をしたらいいか、目標達成のための本来の議論に終始できるようになった。

② 研究授業の時だけ書く学習指導案

研究授業の時だけ作成する学習指導案は、第１章第４節で示したように、日常的にコントロールする必要があるので、廃止した。

●研究授業のための指導案

大事なのは「日々の単元をどう追究するのか」。単元案を追究する方が授業力向上にそのままつながるので、スクラップ（廃止）。

3　シンプルに全てを押さえる「単元案」

様々な問題点を解決しつつ、学習指導要領の着実な実施のための単元づくりでの①～⑧までを押さえ、日常的にすぐに使えるものを開発し、令和２年度より実践し、令和４年度までに少しずつ形を発展してきた。その形は、以下の通りである。

ここでは概要を説明するが、第５章の実践で活用した単元案を見ると、より深く理解できる。

１枚目：資質・能力、評価規準等を明確化

相馬支援学校　単元案

本校の学校教育目標		
知識・技能	思考力・判断力・表現力	学びに向かう力・人間性
基礎的・基本的な知識・技能を習得し、活用できる力	自ら考え、協働し、課題を解決していく力	自ら進んで考え、学ぼ…
高等部		
知識・技能	思考力・判断力・表現力	学びに向か…力…
自立と社会参加のために必要な基礎的・基本的な知識・技能を習得し、活用できる力	自分の考えを持ち、他者を理解し、課題を解決していく力	自ら進んで考え、学ぼ…

①対応
学校教育目標、学部目標の見える化。常に意識できる。

【資質・能力の育成のための教育活動として】

理科　単元案	単元・題材名	「流れる水の働きと土地の変化」

【単元・題材での目標】知的障害者教科等編（上）（高等部）　理科１段階Ｂ地球・自然

知識・技能	思考力・判断力・表現力等	学びに向かう力
流れる水の働き、気象現象の規則性についての理解を図り、観察、実験などに関する初歩的な技能を身に付けるようにする。	流れる水の働き、気象現象の規則性について調べる中で、主に予想や仮説を基に、解決の方法を考える力を養う。	流れる水の働き…規則性について進…んだことを生活に…る態度を養う。

②対応
各教科等の単元における資質・能力の明確化。段階の目標を明記している。

知的障害者教科等編（上）（高等部）　理科１段階Ｂ地球・自然ア流れる水の働きと土地の変化

	知識・技能	思考・判断・表現	主体的に学習に取り組
内容のまとまりごとの評価規準	・流れる水には、土地を浸食したり、石や土などを運搬したり堆積させたりする働きがあることを理解している。 ・川の上流と下流によって、川原の石の大きさや形に違いがあることを理解している。 ・雨の降り方によって、流れる水の速さ…量は変わり、増水より土地の様子が大きく変化する場合があることを理解している。 ・観察、実験などに関する初歩的な技能を身に付けている。	・流れる水の働きについて調べる中で、流れる水の働きと土地の変化との関係についての予想や仮説を基に、解決の方法を考え、表現してい…る。	

③対応
文部科学省の学習評価参考資料に基づいて、評価規準を設定して指導ができるようにした。

単元構想のためのメモ欄
＊校庭を活用して実験に取り組む。
＊トレイ、洗浄びん等を使った実験に取り組み、実体験を…りも考える。
＊予想、実験方法を考える、検証、結果、考察等の見方・…構想する。その際、授業の展開が上記の流れになるように…考が流れるようにする。
＊各教科等の学習の文脈の中で、教科等横断的な視点に…に育成・発揮されること

授業者のための欄
単元構想メモ欄を設定し、自由に記述。教員によって、使い方は様々。発想を広げることができる。

2枚目：“単元構想”

⑦対応

この単元では、どの教科等横断的な視点に立った資質・能力を育んでいくのかを考え、学習評価していく。

【教科等横断的な視点に立った資質・能力】

学習の基盤となる資質･能力			現代的な諸課題に対応して求められる資質･能力			相馬支援学校ならでは力
言語能力	情報活用能力	問題発見・解決能力	地域で起こる災害等への緊急時に対応する力の育成	生活力や地域力の育成	感染症、肥満、運動不足等の自身の健康・安全に関する力の育成	自己理解･自己実現の育成

「何を、いつ、どのように」育んでいくのか】

展開	時数	知・技	思・判・表	主	横断的な力	●どのように【学習活動】 どのような指導で（習得、活用、探究）
第一次	1		○			●川の上流・中…いに気付く。 主：実際に身近…流、下流によって、川の様子が…こうとする見通しをもてるように…ある 習得
	2	○				●川のおよそ上…。 対：最初は、自分達で調べた後、その後、友達とグループになって話し合う場を設けながら、気付きをグループ事にまとめていくようにする。
第…	2	○	○		問	●流れる場所と水の関係について話し合い、流れる水の働きを予想する。 主：写真等を使っ…等の映像を使ったりしながら、どんな働きがあるのかを…したことをどのように、検証していく…く。 習得
	3		○	○		●斜面に水を流し…。 ・斜面に水を流し…るのかを調べることができる。主・対…人での観察、グループでの実験結果を…ートにまとめていくようにする。 活用 探究
						●流れる水の働きについてまとめる。 ・流れる水にはどのように働きがあるのかを実験をもとにしてまとめることができる。準備物：実験セット、ワークシート
						●学んだことをもとに、川を観察し、流れる水の働きについて調べる。 ○川の水が増えるとどのような災害が起きるのかを予想する。
…とめ	8		○	○	災	●流れる水の働きについてまとめ、自分なりの考えをもつ。 深：これまでの学びから、自分の身近な生活場面でどのように生かしていくかを考える場面を設定する。 探究

④対応

「主体的・対話的で深い学び」の設定場面について考えていく。

⑤対応

「習得・活用・探究」の学びの過程を意識した単元構想をする。

③対応

教科のどの力を育むのか、評価計画を設定し、意識して指導し、見取っていく。

【他の単元とのつながり】

	「過去の単元」７月 ○教科等横断的な教育内容の検討・考察	「現在の単元」９月 ○教科等横断的な教育内容の検討・考察	「今後の単元」１０月 ○教科等横断的な教育内容の検討・考察
社会科	「我が国の国土と地形」		
総合		「南相馬市の防災について」	

⑥対応

他教科等の関連を考える。

【内容のまとまりごとの評価規準と観点別学習状況の評価】

	① 知識・技能 ② 思考・判断・表現 ③ 主体的に取り組む態度	観点別学習状況の評価
[redacted]	**①知識・技能** ・流れる水には、土地を浸食したり、石や土などを運搬したり堆積させたりする働きがあることを理解している。 ・川の上流と下流によって、川原の石の大きさや形に違いがあることを理解している。 ・雨の降り方によって、流れる水の速さや量は変わり、増水より土地の様子が大きく変化する場合があることを理解している。 ・観察、実験などに関する初歩的な技能を身に付けている。 **②思考・判断・表現** ・流れる水の働きについて調べる中で、流れる水の働きと土地の変化との関係についての予想や仮説を基に、解決の方法を考え、表現している。 **③主体的に取り組む態度** ・流れる水の働きと土地の変化についての事物・現象に進んで関わり、学んだことを学習や生活に活かそうとしている。	①知識・技能 ・実験の結 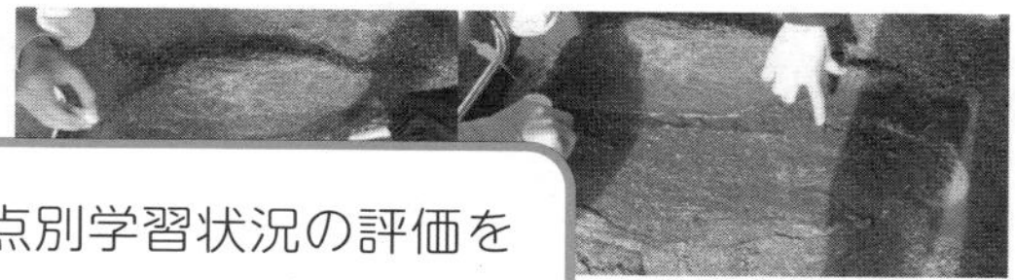 とができた。 つとして大きい。」、下 たい。」と考えるなど、 ことができた。 川が増水し中洲や河原な の様子が変化することを ・流れる水の様子を調べる実験において、比較検討するためには、変化させない条件として「山の傾斜」変化させる条件として「水の量」と考えるなど、条件を制御して実験に取り組むことができた。また、観察する時には、事実を客観的に見取る必要があることを理解することができた。 ②思考・判断・表現  ・流れる水の働きはどんな力があるか調べる学習においては、川の水が増える大雨や台風の時には「土地が普段よりも削れ、川の幅が広がり、川の近くの物が流されてしまう。」と予想を立てることができた。また、「砂で山を作ることは前回と同じ。」「初めは前回の実験と同様に水を流し、その後に水の量を増やして比べて考える。」と実験方法を考えることができた。 ③主体的に取り組む態度 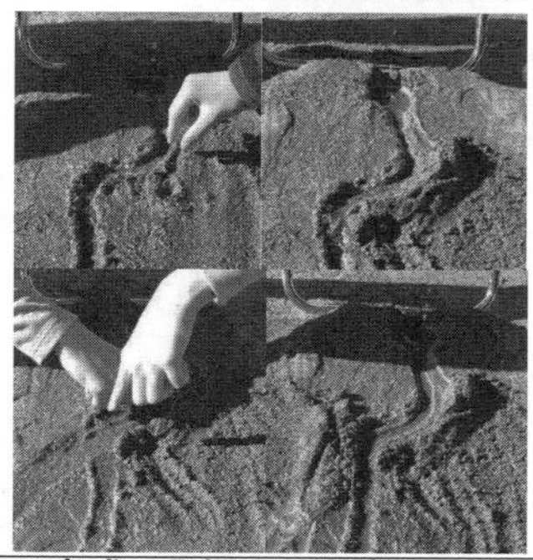 ・実験の中で曲がりくねった川の様子から、水の量を増やすとカーブの部分が決壊するのではないかと考えたり、カーブの部分に堤防が必要ではないかと考えたりすることができた。実際の川と関連付けながら川が増水すると「堤防を削ってしまい川が氾濫し災害に繋がってしまう。」と実社会と結び付けて考えていた。
	各教科等の学習の文脈の中で、これらの資質・能力が横断的に育成・発揮された姿 ＜教科等横断的な資質・能力＞：問題発見・解決能力 ○実験の中から問題を発見し解決する力の育成を図っていく。 【評価】実験から、「川が増水すると、カーブの部分などから決壊してしまう。だから土を盛って堤防を作る必要がある。」と考えるなど、問題を発見し解決しようとしていた。 ＜教科等横断的な資質・能力＞：地域で起こる災害等への緊急時に対応する力の育成 ○地域の実態に応じた各種災害に対する「緊急時に対応する力」の育成を図る。 【評価】下流に行くほど川幅が広がることが分かり、さらに「大雨などで増水すると川が決壊し危険が増すため、堤防が必要となる。だから下流に近い学校の近くの川は堤防が高いんだ。」と表現するなど、実社会と結びつけながら考えることができた。	

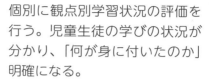

⑧対応

個別に観点別学習状況の評価を行う。児童生徒の学びの状況が分かり、「何が身に付いたのか」明確になる。
＊詳しくは第５章で

⑦対応

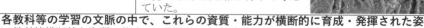

教科等横断的な資質・能力についても学習評価をすることで、どのように資質・能力に授業者が向き合うのか、指導感覚がさらに磨かれる。

4　さらに「単元案」のポイント

（1）段階の目標は、どうやって書いているの？

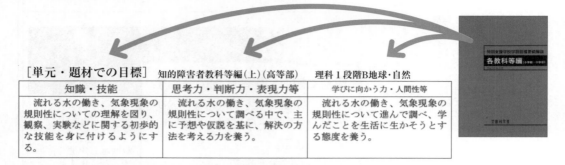

［単元・題材での目標］　知的障害者教科等編（上）（高等部）　理科１段階B地球・自然

知識・技能	思考力・判断力・表現力等	学びに向かう力・人間性等
流れる水の働き、気象現象の規則性についての理解を図り、観察、実験などに関する初歩的な技能を身に付けるようにする。	流れる水の働き、気象現象の規則性について調べる中で、主に予想や仮説を基に、解決の方法を考える力を養う。	流れる水の働き、気象現象の規則性について進んで調べ、学んだことを生活に生かそうとする態度を養う。

学習指導要領からそのまま転記するだけ

（2）評価規準はどうやって作成しているの？

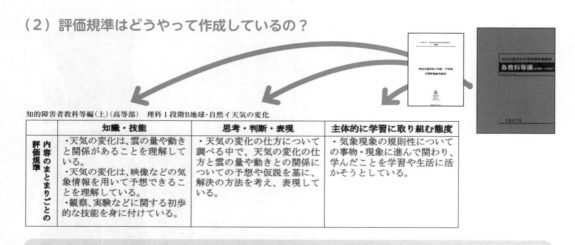

知的障害者教科等編（上）（高等部）　理科１段階B地球・自然イ天気の変化

	知識・技能	思考・判断・表現	主体的に学習に取り組む態度
内容のまとまりごとの評価規準	・天気の変化は、雲の量や動きと関係があることを理解している。 ・天気の変化は、映像などの気象情報を用いて予想できることを理解している。 ・観察、実験などに関する初歩的な技能を身に付けている。	・天気の変化の仕方について調べる中で、天気の変化の仕方と雲の量や動きとの関係についての予想や仮説を基に、解決の方法を考え、表現している。	・気象現象の規則性についての事物・現象に進んで関わり、学んだことを学習や生活に活かそうとしている。

学習指導要領の整理された内容をベースに、
文部科学省の学習評価参考資料に基づいて設定するだけ

目標の語尾を変えて評価規準を作成するのは時間がもったいない。

段階の目標に向かって指導していることを忘れず、今回の内容のまとまりでは、この評価規準で育んでいきますよという考え方で設定している。

根拠が明確なので、従前とは違い「何を教えるか」を考える時間が大幅に削減され、どう単元を構想するかということに時間が使えた。

（３）学ぶ段階の違う児童生徒が同じ学習集団の場合はどうしたの？

例えば、高等部１段階を学んでいる生徒と高等部２段階を学んでいる生徒がいて、同じ理科等の教科を指導している時は、目標を合わせて指導していいの？

各教科等の目標と段階の目標、内容について以下のように整理して考えた。

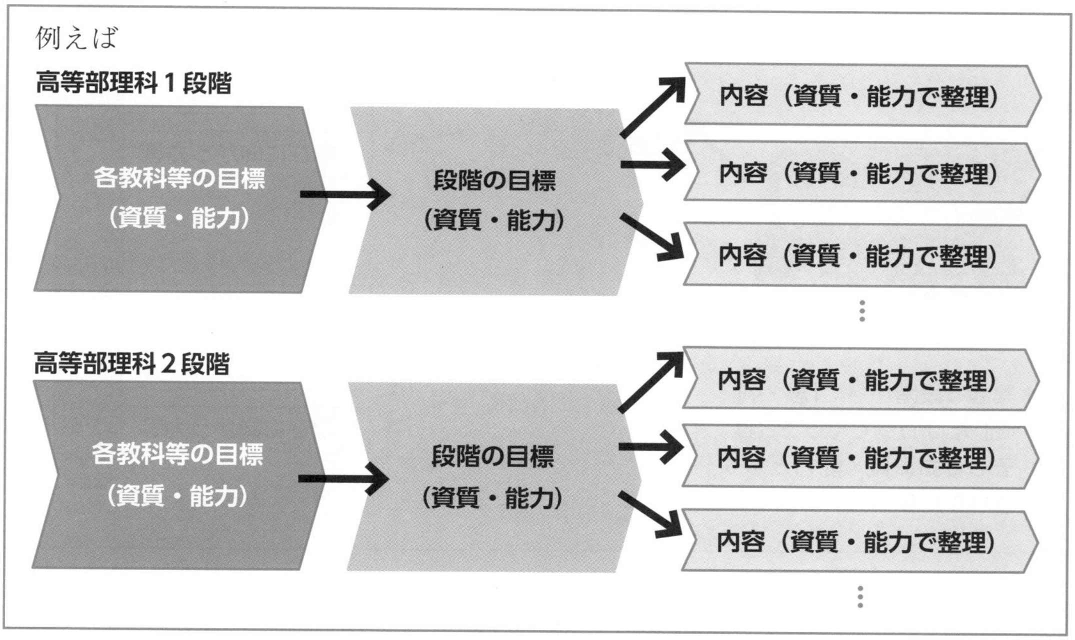

各教科等の目標や段階の目標の関係性を考えると、異なる段階の目標を合わせること自体が、個人の感覚の文章表現に陥る危険性があり、新しい表現バトルを生む可能性があるので、合わせない。

段階が違う生徒は、３枚目以降の個別の評価規準の学習評価の欄に、その生徒の段階の内容に合わせた評価規準を設定し、指導と学習評価をしていく。

（4）同じ教科内でも、知識・技能、思考力・判断力・表現力等の段階が違う場合はどうしたの？

例えば、小学部の児童で、ある教科で、知識・技能は２段階、思考力・判断力・表現力等は１段階のような児童がいるけど、そういったことはあるの？

各教科等が示している内容は、さらに以下のように整理して考えた。

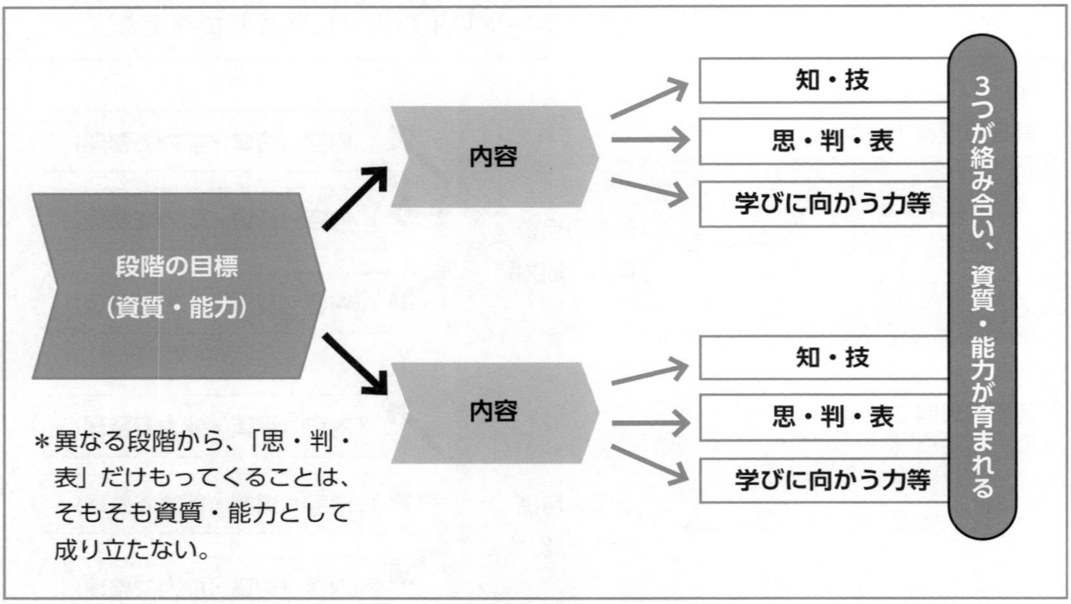

学習指導要領ではこのような構造が示されており、内容の資質・能力の一部を、別な段階から組み合わせても、バランスよく、ということにならない。むしろ、知識・技能が２段階で、思考力・判断力・表現力等は１段階だと思える児童は、その知識・技能がバランスよく育まれておらず、ただの暗記等で意味をなしていない可能性がある。その場合は、１段階の内容のまとまりに戻って確認する必要がある。

また、何らかの障がいによる困難さがある場合は、２段階の思考力・判断力・表現力等を考えやすいような合理的な配慮をしながら、２段階の内容を指導していくことも考えられる。

（５）学習評価はどうしているの？

観点別学習状況の評価は難しいイメージがあるけど、どうすればいいの？

学習評価の構造は、以下のように整理して考えた。

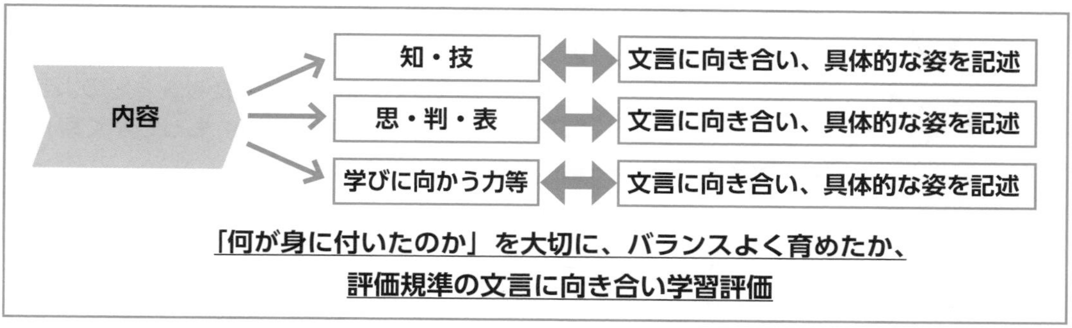
内容
知・技
思・判・表
学びに向かう力等
文言に向き合い、具体的な姿を記述
文言に向き合い、具体的な姿を記述
文言に向き合い、具体的な姿を記述
「何が身に付いたのか」を大切に、バランスよく育めたか、
評価規準の文言に向き合い学習評価

単元案の学習評価までしている教員は、評価規準の文言に向き合い学習評価することで、「指導と評価の一体化」について、実感をもって理解する。繰り返し実践する教員は、経験年数に関係なく、授業力、単元構想力、単元全体を通した指導力がものすごいスピードで向上していくのを目の当たりにしている。

５　「単元案」を活用している教員の実際の声

単元案や単元配列表を活用したことで、迷わず単元を展開することができた。自分自身が授業の見通しをもてるので、教科の準備等をねらいにそってシンプルに作ることができ、迷って考える時間が減った！！

単元ごとに学習評価を行ったことで、個別の指導計画の評価に時間がかからなくなった。大変な評価の時期、すぐに終わった！！

前年度は単元案の作成に取り組めていなかったので、今年度は頑張るぞという気持ちで取り組んできた。単元案を作ることで目標が明確になり、達成のための展開についてよりしっかり考えられたように思う（行きあたりばったり・・・のようなことがなくなった気がする）。もっと早く取り組んでいればと前年の自分に言いたい。

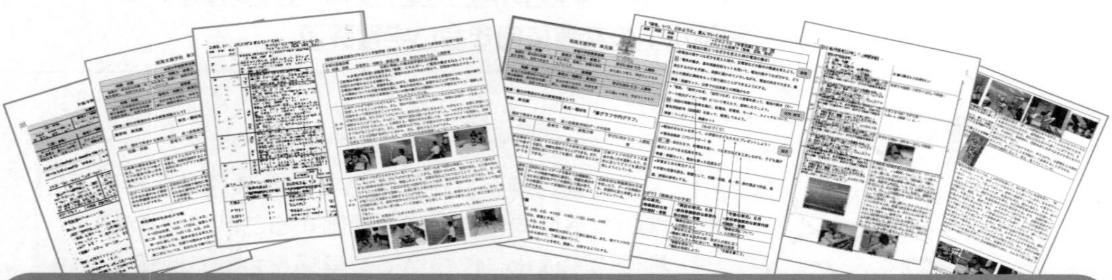

蓄積された単元は 420 以上！！

6 「単元案」が活用されれば活用されるほど・・・

学習指導要領を着実に実施するための①～⑧を押さえて、一度でも単元をコントロールして取り組み、児童生徒の資質・能力を育むことを経験すると、繰り返し取り組む教員が多い。さらに「単元案がないと不安になる」という声さえも聞かれる。学習指導要領の内容をベースにしているので、同じ段階であれば、汎用性も高く、他の教員も活用しやすい。

単元案を活用している様子

このような状況から、さらに単元研究を促進し、カリキュラムの改善へと確かにつながっていった。

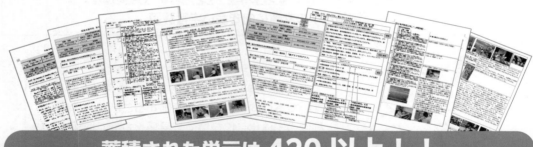

コラム1　進路指導部と研修部の連携した取組

■こんな思いで、進路指導部と研修部が連携した！

・生徒だけではなく教師も、実習の期間だけ進路指導という考えではなく、**日々の生活、日々の授業が進路指導につながっているという意識**が高まってほしい。

・進路指導部の個としての力ではなく、**学校全体がチームとなり、進路指導**を進めたい。

■進路指導部と研修部との連携内容

①月１回の研修日（全体で集まって行う情報提供タイム 10 分間）にて実施
「将来の進路に向けて大切にしたい力について」
「キャリアガイダンスシートの活用方法について」

②教師寺子屋にて実施
「地域の進路の現状と進路の手引きの活用方法について」

■生徒の変容

・令和３年度までの卒業生を振り返ると面接練習の時に、初めての質問に対して簡単に「分かりません。」と答える生徒が多くいた。しかし、令和４年度の３年生は、初めての質問に対しても「少し考える時間をください。」と言ったり、これまでの学習の経験に関連した意見を答えたりすることができ、考える力、自分の思いを伝える力が高まっていると感じる。これは**普段の学習で、答えを教えられるだけではなく、自分で考えて答えを出す思考力が高められてきた成果**ではないかと感じる。

・挨拶や報告の場面では、「○○先生」をつけて挨拶や報告をする生徒の姿が見られるようになった。これは研修日の進路指導の話の中で「将来の進路に向けて大切にしたい力」の一つとして伝えていた。先生方も意識して授業の中で取り組み、日々の指導の効果が見られてきたのではないかと考える。

■まとめ

進路指導部だけで進路指導を進めると、生徒には生徒向けの進路指導、保護者には保護者向けの進路指導、教師には教師向けの進路指導の話をそれぞれしていたが、生徒・保護者・教師の考え方を一つにまとめることが難しい現状があった。

研修部と連携することで、進路指導は学校全体で取り組むべきことであるということが意識され、これまで進路指導部で行っていた実習や説明会などの取組の効果も高まってきていると感じる。令和４年度の卒業生に関しては、全員が進路希望調査の希望に沿った進路に進むことができた。

（進路指導主事　勝倉 康平）

第2節

単元のまとまりを研究する「単元研究会」
～視野を広げて、技術向上へ～

1　学習指導要領の着実な実施のためのキーワード

学習指導要領や平成28年中央教育審議会「幼稚園、小学校、中学校、高等学校及び特別支援学校の学習指導要領等の改善及び必要な方策等について（答申）」（以下、「平成28年中教審答申」とする。）に、研究授業の後に行われる一般的に事後研究会と言われていた研究会に関する重要な事項が散りばめられている。

【学習指導要領】
- ○　学習評価を授業改善や組織運営の改善に向けた学校教育全体に位置付けて組織的かつ計画的に取り組むことが必要であること
- ○　学習評価の妥当性や信頼性を高めることができるように、評価結果について教師同士で検討すること
- ○　授業研究等を通じ評価に係る教師の力量の向上を図ること
- ○　児童生徒に必要な資質・能力を育むための学びの質に着目し、授業改善の取組を活性化していく視点として「主体的・対話的で深い学び」を位置付けていること
- ○　児童生徒一人一人の学習状況を多角的に評価するため、各教科の目標に準拠した評価の観点による学習評価を行うことが重要であること

【平成28年中教審答申】
- ○　授業研究の対象が一回一回の授業における指導方法という狭い範囲にとどまりがちであり、単元や題材のまとまりを見通した指導の在り方や、教科等横断的な視点から内容や教材の改善を図っていく視点が弱いのではないかとの指摘があること

上記の内容を大きく分類すると、以下の３つである。

○「複数の視点による学習評価」
○「授業改善の視点の活用」
○「単元構想」
（単元のまとまりを見通した指導の在り方・教科等横断的な視点からの改善）

つまり、これらに向き合い、事後研究会にその内容を設定し、単元研究をしていくことが、本校の目指す資質・能力を育成するというゴールに近づくことができると考える。また、単元全体を見ていくことで、その先にあるカリキュラム・マネジメントにつながっていくと考えた。

「事後研究会が盛り上がるように、何をやる？」と言うのは、本質的な目標ではない。
あくまでも、必要最小限で、最大の効果を上げることができる視点はどこか、システム思考から探る！

2　シンプルかつ多角的に押さえる「単元研究会」

上記の内容を踏まえて、協議の対象が授業研究の１時間という狭い範囲にとどまらない事後研究会であることから、名称を「単元研究会」とし、次のような流れで行った。

① 授業での学びの姿を見取る　→　学びの質を捉える
② 学習評価及び授業改善の実施　→　指導と評価の一体化
③ 単元の構想の改善及び教科等横断的な視点に立った資質・能力等の視点　→　単元のまとまり等の指導力向上

「事後研究会」から「単元研究会」と名称を変えることで、この研究にある「単元」を見ていくという“共有ビジョン”を繰り返し伝えて、学校全体に浸透するようにしてきた。

自由参加形式：途中参加、途中退席 OK

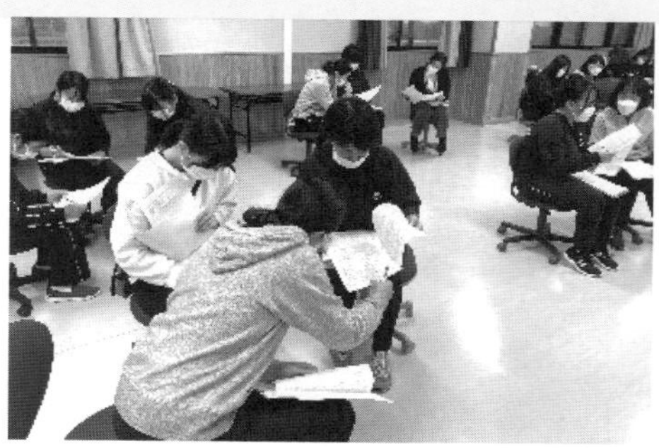

実際の要項

5年経験者研修・中堅教諭等資質向上研修

単　元　研　究　会

令和４年１１月２２日（火）
場所：視聴覚会議室

【日程】
[redacted]　教諭
[redacted]　教諭　（１６：００～１６：３５）

途中参加、途中退席もOK。みなさんでアイディアを出し合い、自分の授業も考える機会としましょう！

【単元研究会の３つのコンセプト】

本時の授業力向上　**単元全体の構成力・授業力向上**　**枠を越えた力の指導力向上**

「教育活動の質」の向上を目指す→日々の単元から始まるカリキュラム・マネジメント

＊ファシリテーター・記録　[redacted]

１　授業者の自評（１分）
　＊ 授業目標に対しての今回の授業に絞った振り返り

２　授業での学びの姿を見取る（８分）　（黙読２分、ＶＴＲ４分、共有２分）　**学びの質を捉える**
　＊　目標に対してどう学んでいるのか、対象児童生徒を決め、グループごとに①知識・技能、②思考力・判断力・表現力などの本時の個別の目標で挙げられている内容を、子どもの様子から、その事実を見取る。
　＊　経験者等が記録した学びの記録も補助資料に活用する。

３　学習評価及び授業改善（主体的・対話的で深い学びになるための）ブレインストーミングでのアイディアの出し合い（８分）　**指導と評価の一体化**
　＊　時短のため、授業者がある程度、学習評価をしておき、ビデオを見て、多角的な視点で、複数の目線での学習評価を行う。それを生かし、どのように学ぶとさらに目標（資質・能力）が実現できたのか、自由にアイディアを出し合う。

４　単元の構想、教科等横断的な視点に立った資質・能力について、ブレインストーミングでのアイディアの出し合い（７分）
単元のまとまりで深める！
枠を越えた力を深める！
　＊　単元のまとまりで、授業の深まり、教育活動の質の向上を考える。
　＊　年間指導計画と「本校の教科等横断的な視点に立った資質・能力」を活用する。

New!!
以下のポイントで自由にアイディアを出し合う。
○単元構成の在り方　○年間指導計画を見て、その関連でのアイディア
○教科等横断的な視点に立った資質・能力について（目標にある場合には、学習評価等も踏まえながら）

５　まとめ（２分）
　・全体進行者が簡潔にまとめる。

広い視野で、“授業”を捉え、資質・能力を育成する教員の資質・能力の向上

３　さらに「単元研究会」のポイント

（１）どうやって、学習評価をしているの？

研究授業を見ていなかったし、学習評価を話し合うって言われても・・・。

本校では、研究授業の際に、同じ悉皆研修者同士で協力し合って、児童生徒の授業中における言動を記した「学びの記録」を作成する。

この学びの記録や学習評価ができるポイントとなる瞬間の映像を見て、評価規準に照らし合わせて、どうだったかの事実を見取り、参加者で学習評価を話し合った。その確かな事実を基に、授業改善や単元のまとまりの話し合いの土台にすることができた。

動画①

T：花火見ただけじゃなくて何かしなかった？何か食べたって言ってなかった？
H：これと、これやめて、これとこれ。
T：これなに？
H：たこ焼き。（お腹ポンポン）
T：食べたんだね。
H：（食べたと書く）（参観にきていた）先生みてください。
T：食べたんだね。
H：腹いっぱいなった。（お腹ポンポン）
T：全部一人で食べたの？
H：（Tのホワイトボードに手を伸ばす）わけたい。思った。
T：分けたいと思ったんだ。誰と？
H：お母さん！
T：思っただけ？
H：分けて、Hとお母さん食べた。
T：分けてお母さんと食べた。伝わりました。丁寧に言ってくれたから分かりやすかった。
H：（連絡帳に）書いといて。
T：連絡帳に書いとくから。
T：お母さんと分けて食べたって書いとくか。
H：書いて。
T：（ホワイトボードに手本を書く）
H：発表したい。
T：書いたら先生呼んでね。
H：（読みながら書く）
T：書きました？なんて書いたんですか？
H：お、、ははとわけて食べました。おいしかったです。（おしかったと書く）
T：これ読んでみて。
H：また行きたいです。
T：色んな気持ちあったんだね。伝わりました。しゃべりたかったんだよね。
H：うん。
T：今日書いた３つ、読んでみよう。
H：（にっこり。読む練習をする。）

学びの記録

＜さらに一工夫＞

「黙読タイム」

学びの記録について「黙読タイム」（２分間）を取って情報を素早く入れる。

「共有タイム」

学びの記録から、評価規準と照らし合わせて、どの言動が評価できるかを参加した隣の席の人と伝え合い、評価の視点を学び合う。

グループに分かれて、学習評価をする時でも、一旦考えを出しているので、全体でも考えが出やすくなる。

（2）誰が進めているの？雰囲気は？

事後研究会って、いつも雰囲気が重苦しく、どうやって進めたらいいか・・・。

話し合いにはファシリテーターをおいて、学習評価、授業改善の視点、単元構想の順で話し合いを促進していく。令和２年度、令和４年度にファシリテーションの「教師寺子屋」を開催して学んだり、OJL 組織学の小野寺先生からチーム学習を進める方法を学んだり、個々人の話し合いを進める技術も向上する機会を提供し、さらに雰囲気を作っていく教員の人材育成を図っている。

あえて、立って話し合いを行うことで、自由な雰囲気を演出して、思考をアクティブ化、さらに心理的安全性を確保できるようにしている。

4 「単元研究会」実施後の授業者の声

目標を立てた時点での生徒の姿と評価後の生徒の姿では、若干の違いがあった。単元のまとまりの中で生徒の姿を明確に捉えながら授業を行わなければならないことを実感できた。

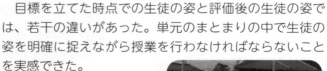

「何をいつ学び、何ができるようになるのか」を意識すること、「単元の中をコントロールする必要があるってこのことか」を改めて考えることができた。

　あくまでも先に「活動」を決めるのではなく、どのような学習指導要領の「内容」を生徒に学習させたいのかを考え、「活動」に入っていけるかが大切だと実感した。そのためにも「学びの履歴[*2]」を活用して、履修状況を確認していきたい。
　また、単元の構成が曖昧だと、どのような授業をしたいのかがブレると感じる。生徒自身が授業を受けて、どの部分に向かっているのか分かるように、単元の目標から外れないように授業をしていくことが大切だと考え、次に生かしていきたい。

＊２：「学びの履歴」とは、児童生徒の習得状況や履修状況が分かるシートのこと。

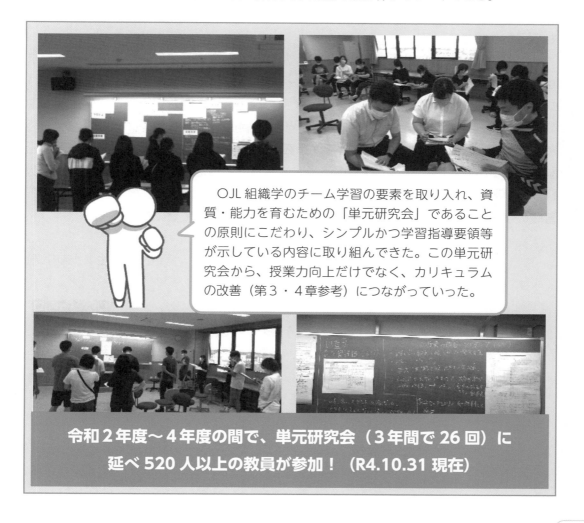

　OJL 組織学のチーム学習の要素を取り入れ、資質・能力を育むための「単元研究会」であることの原則にこだわり、シンプルかつ学習指導要領等が示している内容に取り組んできた。この単元研究会から、授業力向上だけでなく、カリキュラムの改善（第３・４章参考）につながっていった。

令和２年度～４年度の間で、単元研究会（３年間で 26 回）に延べ 520 人以上の教員が参加！（R4.10.31 現在）

コラム2　生徒指導部と研修部の連携した取組

成人年齢の引下げなど、日々急速に変化する社会において、児童生徒一人一人が多様な社会的資質・能力を獲得して現在・将来において自己実現を図っていくことができるために、日々の学習活動と関連付けて社会変化を踏まえながら、知識のみではなく適切な行動選択ができる「思考力や判断力」を育むことで、本人にとってより豊かな自立と社会参加ができると考えている。

しかし、生徒指導部のみで学習活動と関連付けて授業の充実を進めていくことは困難であるため、研修部と連携することで、全体研修の機会に生徒指導部として社会生活に向けた視点や学校生活等の視点で育んでほしい「資質・能力」について、全体で共通理解を図り、研修部が進めてきた「資質・能力に向き合った授業づくり」に先生方が取り組む中で、授業に向けた単元構想の際の一つの視点として意識をもってもらいながら、日々の授業で、育みたい資質・能力を明確にした授業の実践に取り組んでもらえたと感じている。

その成果として、令和３年度は情報モラルなどの指導場面では、簡単に「分かりません。」と答えていた生徒たちが今は一人一人が自分なりに考えている様子が見られたり、自分の考えを発言したりすることが多くなった。また、生徒の普段の生活の中では、「これは駄目なことではないか。」「それは間違っているのではないか。」「やめた方がよいと思う。」など生徒同士で注意を促す様子が見られたり、教師へ早期に相談したりできるようになってきている。研修を基盤とした授業実践と生活指導（学級経営）が思考力や判断力を育み、実際に問題行動の減少や生徒同士での未然防止など、普段の学習の成果が確実に積極的生徒指導という形で表れてきている。

（生徒指導主事　菊田 源）

＊ホームページに掲載した
連携の様子（研修コラム）
はこちら

コラム3　本校の研修のイメージ ～令和４年度に相馬に来ました！～

前任校では、相馬支援学校は研修の最先端を行っている、研修に熱心な学校だと聞いていました。それを聞いて、「自分は大丈夫かな」「ついていけるかな」と不安に感じていたのが正直な気持ちでした。

実際に様々な研修に参加してみると・・・「あれ、これまで経験してきた研修とは雰囲気が違うぞ」「先生方がざっくばらんに意見をしている」などと思うことが多く、授業者と参加者がよりよい学習を計画していくための場だと感じました。また、授業計画をするための単元案というものがあります。過去に作成された単元案を参考にしながら各教科、合わせた指導の単元案を作成してみると、授業の目標が明確になり授業がやりやすくなると感じました。さらには、こまめに学習評価を行うことで、授業改善が図れたり目標への到達度なども把握できたりするので、すごくいいものだと感じました。

これまでは、研修は大変だなと感じていたのですが、本校へ来てそのイメージが変わり、様々な研修に参加してみたいと思うようになりました。

（西村 祐司）

相馬支援学校は研修に力を入れている学校と聞いていて、初任者の私はついていけるか不安でした。しかし、実際に研修に参加するとそんなことは全くなく、短時間で効率的で、参加者も含めて次の授業力につなげたり、日々の単元から「教育活動の質の向上」を図ったりできるものだと感じました。相馬支援学校の研修は強制参加ではありません。「初任者だから参加しないと・・・」ではなく、「知りたい、学びたい、参加したい」と思える、学ぶことが楽しい研修でした。

また、研究授業は、すごく考えて辛い思いをして授業をやるというイメージが最初はありました。相馬支援学校に来て、４回授業があり、考えるのは大変でしたが、４回ともすごく楽しく取り組むことができました。先輩にいろいろと教えていただき、“こういうふうに授業をつくる”“こういうふうにやっていくと、生徒の成長や生徒の学びの姿を見ることができる”ということをたくさん教えてもらい、私自身この一年間で学びを引き出す喜びを味わうことができました。

相馬支援学校の研修は大変ではなく、年齢関係なくアイディアを出し合える、一人一人の疑問や“知りたい”を学べる研修だと感じました。

（村木 亮太）

第3章

カリキュラムとマネジメントに向けた開発

～システム化して日常へ！～

第1節 各教科等の年間指導計画

～12年間を見通した計画で、学びをつなぐ～

1　従前までの本校の年間指導計画の問題点

（1）各教員が作った次年度の年間指導計画の集まりという現状

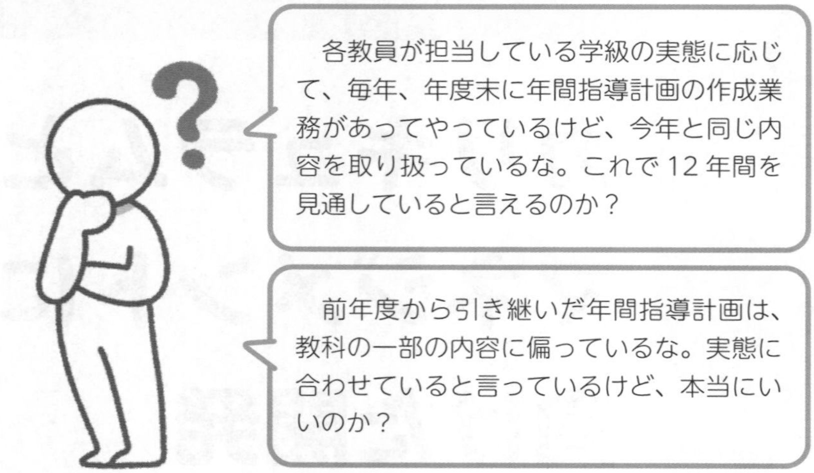

各教員が担当している学級の実態に応じて、毎年、年度末に年間指導計画の作成業務があってやっているけど、今年と同じ内容を取り扱っているな。これで12年間を見通していると言えるのか？
前年度から引き継いだ年間指導計画は、教科の一部の内容に偏っているな。実態に合わせていると言っているけど、本当にいいのか？

（2）高等部２段階までの全ての内容が履修できるように整っていない現状

学習指導要領の内容をベースにした単元研究を積み重ねていくと、次のような問題点が明確に見えてきた。

高等部の社会１段階オ「我が国の国土の様子と国民生活」を学んでいた生徒Ａが、ふと、「先生、川ってどこから流れてくるのですか？」と質問をした。改めて学級の生徒に聞くと、半数以上が分からない、もしくははっきりしないとの答えがあった。比較的障がいの程度が軽度の生徒であり、十分に高等部１段階の内容を学ぶことができる実態であった。

生徒Ａは、高等部の理科１段階の「流れる水の働きと土地の変化」の内容や中学部の理科２段階の「雨水の行方と地面の様子」の内容を十分に学習していないことが分かってきた。これでは、川や平野、山地などを覚えたとしても、知識が断片的であり、本質をつかめないまま偏った資質・能力を育むことになる。

つまり、この場合で言うと社会の既習事項とのつながりだけでなく、社会における学びは、理科で習得した内容を活用したり、考え方を土台にしたりすることが見えてきた（図９）。

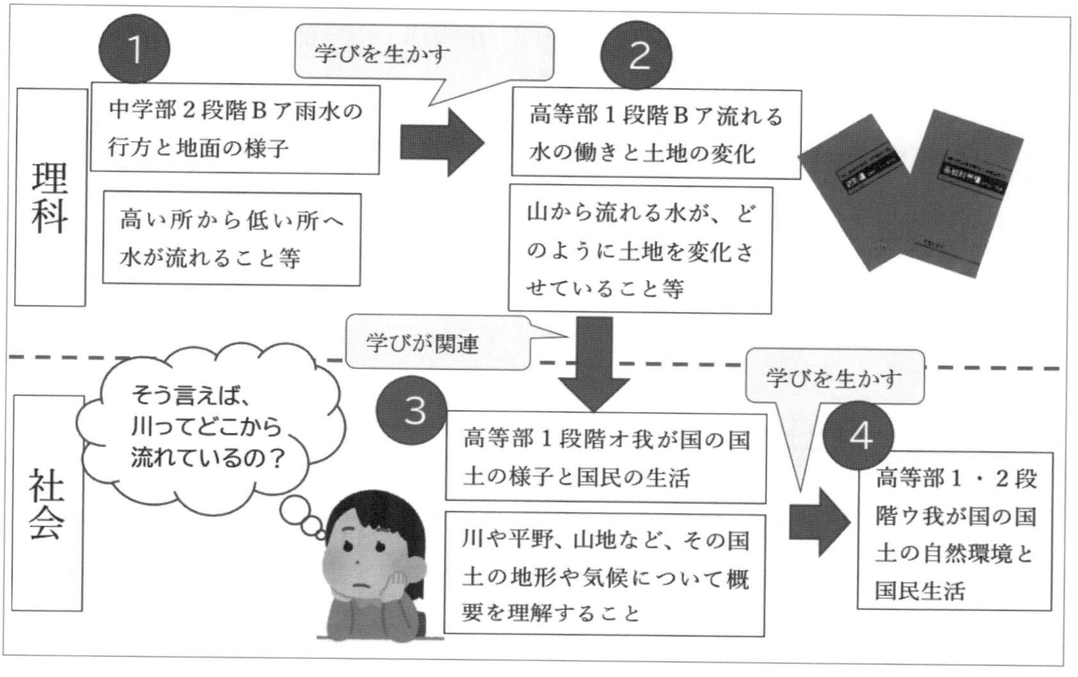

図９：単元同士の学びがつながっている関係性

2　学習指導要領の着実な実施のためのキーワード

では、どのようにしていくといいのだろうか。
学習指導要領の着実な実施のために、まず私たちがすべきことを押さえてみる。
学習指導要領には次のように記載されている。

【小・中学部】
知的障害者である児童又は生徒に対する教育を行う特別支援学校において、各教科の指導に当たっては、各教科の段階に示す内容を基に、児童又は生徒の知的障害の状態や経験等に応じて、具体的に指導内容を設定するものとする。その際、小学部６年間、中学部は３年間を見通して計画的に指導するものとする。
【高等部】
知的障害者である生徒に対する教育を行う特別支援学校において、各教科の指導に当たっては、各教科の段階に示す内容を基に、生徒の知的障害の状態や経験等に応じて、具体的に指導内容を設定するものとする。その際、高等部３年間を見通して計画的に指導するものとする。

知的障がいのある児童生徒が学ぶ各教科等の段階は、小学部３段階、中学部２段階、高等部２段階である。これら段階に示す内容を基に、具体的な指導内容を見通して計画的に指導する必要がある。つまり、本校は、小学部・中学部・高等部があることから、12 年間を見通した計画が必要となってくる。

3　12 年間を見通した年間指導計画の作成・運用

まず最初にとりかかったのは、学習指導要領の示している内容について、小学部６年間で３段階、中学部や高等部では３年間で２段階の学びが積み重なるようにした（図10）。

相馬支援学校　「算数」「数学」　12 年間を見通した全体計画

＊あくまでも、全体計画であり 12 年間で高等部２段階達成までのカリキュラムを示している。個々の知的障がいのある児童生徒の習得状況に応じて、次の段階での指導、同じ段階での繰り返し指導となる。
＊獲得する知識・技能を明確にするために指導要領で示されている「㋐～○」の形で明記。思考力・判断力、表現力等は、（イ）を用いること。

小１		小２	小３		小４	小５		小６
小学部１段階　P109～			小学部２段階　P116～			小学部３段階　P124～		
A 数量の基礎	□ア(ア)(イ) □イ(ア)(イ)	□ア(ア)(イ) □イ(ア)(イ)	A 数と計算	□ア(ア)㋐㋑㋒㋓㋔㋕㋖ (イ)	□ア(ア)㋗㋘㋙ (イ)	A 数と計算	□ア(ア)㋐㋑㋒㋓(イ) □イ(ア)㋐㋑㋒㋓	□ア(ア)㋓(イ) □イ(ア)㋓㋔㋕(イ)
B 数と計算	□ア(ア)㋐㋑㋒(イ)	□ア(ア)㋓㋔㋕(イ)	B 図形	□ア(ア)㋐㋑(イ)	□イ(ア)㋐㋑㋒ (イ)	B 図形	□ア(ア)㋐㋑(イ)	□ア(ア)㋒(イ) □イ(ア)㋐(イ)
C 図形	□ア(ア)㋐㋑㋒(イ)	□ア(ア)㋓㋔㋕(イ)	C 測定	□ア(ア)㋐㋑㋒(イ)	□ア(ア)㋐㋑㋒ (イ)	C 測定	□イ(ア)㋐㋑(イ)	□ア(ア)㋐㋑(イ)
D 測定	□ア(ア)㋐㋑(イ)	□ア(ア)㋐㋑(イ)	D データ活用	□ウ(ア)(イ)	□ア(ア)(イ) イ(ア)(イ)	D データ活用		□ア(ア)㋐㋑(イ)

中１		中２		中３		高１		高２		高３	
中学部１段階　P306～			中学部２段階　P316～			高等部１段階　P109～			高等部２段階　P140～		
□ア(ア)㋐㋑㋒(イ) □イ(ア)㋐㋑㋒㋓(イ)	A 数と計算	□ア(ア)㋓㋔(イ) □ウ(ア)㋐㋑㋒㋓(イ)	□ア(ア)㋐㋑㋒(イ) □イ(ア)㋐㋑㋒(イ)	A 数と計算	□ウ(ア)㋐㋑(イ) □エ(ア)㋐㋑㋒㋓㋔(イ) □オ(ア)㋐㋑(イ) □カ(ア)(イ) □キ(ア)㋐㋑㋒(イ)	□ア(ア)㋐㋑㋒(イ) □イ(ア)(イ) □ウ(ア)㋐㋑㋒(イ) □エ(ア)㋐㋑(イ) □オ(ア)㋐㋑㋒(イ) □カ(ア)㋐㋑㋒㋓(イ) □キ(ア)㋐㋑㋒㋓(イ) □ク(ア)㋐㋑㋒㋓(イ) □ケ(ア)㋐㋑㋒㋓㋔(イ)	A 数と計算	□コ(ア)㋐㋑㋒㋓(イ) □サ(ア)(イ)	□ア(ア)㋐㋑(イ) □イ(ア)㋐㋑㋒㋓(イ)	A 数と計算	□ウ(ア)(イ) □エ(ア)㋐㋑㋒(イ) □オ(ア)(イ)
□ア(ア)㋐㋑㋒(イ)	B 図形	□ア(ア)㋓㋔㋕㋖(イ)	□ア(ア)㋐㋑㋒㋓㋔(イ) □ウ(ア)㋐㋑㋒(イ)	B 図形	□イ(ア)㋐㋑(イ)	□ア(ア)㋐㋑㋒㋓㋔(イ) □イ(ア)㋐㋑㋒㋓(イ)	B 図形	□ウ(ア)(イ) □エ(ア)(イ)	□ア(ア)㋐㋑(イ) □イ(ア)(イ)	B 図形	□ウ(ア)(イ) □エ(ア)㋐㋑㋒(イ)
□イ(ア)㋐㋑(イ)	C 測定	□ア(ア)㋐㋑㋒㋓(イ)	□ア(ア)(イ)	C 変化と関係	□イ(ア)(イ)	□ア(ア)(イ)	C 変化と関係	□イ(ア)(イ) □ウ(ア)㋐㋑(イ)	□ア(ア)㋐㋑㋒(イ) □イ(ア)(イ)	C 変化と関係	□ア(ア)㋐㋑㋒(イ) □イ(ア)(イ)
□ア(ア)㋐(イ)	D データ活用			D データ活用	□ア(ア)㋐㋑㋒(イ)	□ア(ア)㋐㋑㋒(イ)	D データ活用	□イ(ア)(イ)	□ア(ア)㋐㋑㋒(イ)	D データ活用	□イ(ア)(イ)

図 10：12 年間を見通した全体計画（算数・数学）

この 12 年間をベースとして、<u>研修部で示されている内容を各学年の教科で作成し、年間指導計画の叩き台を作り上げた。</u>

いきなり全職員で行いましょうということになると、負担状態になることを危惧していた。しかし、「今やらないでいつやるの！」と令和２年度の研修部メンバーから声が挙がり、自己マスタリーが高い状態になり、一気に作り上げ、その後の全職員での検討につなげることができた。

各教科等の年間指導計画の叩き台ができた後に、教育課程検討日と連動し、教科会（縦割りで全ての学部が参加）に分かれて次のような手順で話し合った。

① 叩き台となる年間指導計画を見て、学年で配当した内容を改めて検討、必要があれば指導学年を変更する。ただし、学習指導要領の内容がベースになっているため、教師の勝手な判断で削減をしない。
② 指導学年が決まったら、年間で指導する時期を決める。

このような手順で進め、各教科等の年間指導計画及び単元配列表が完成することとなった（単元配列表については第３章第３節で詳述）。

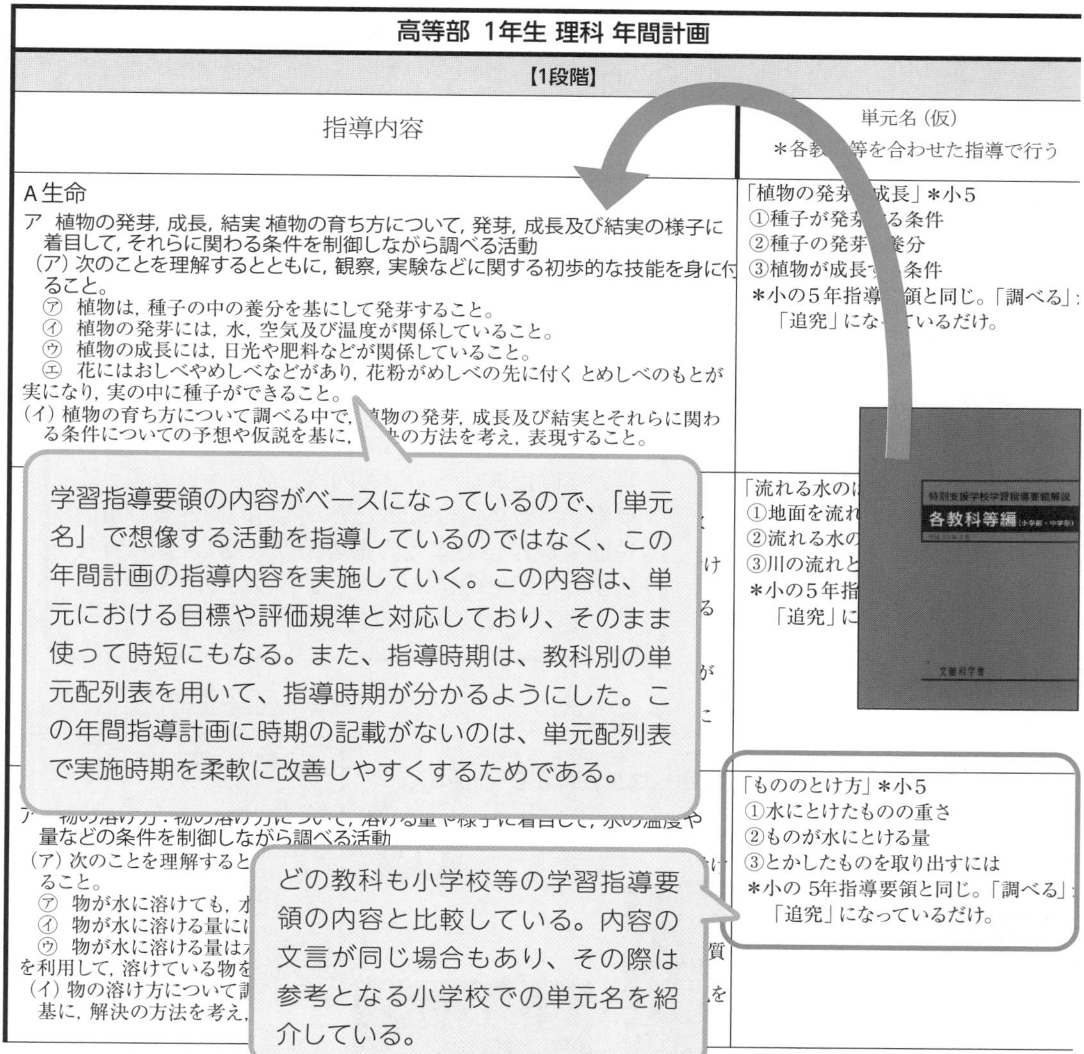

高等部 1年生 理科 年間計画
【1段階】
指導内容
単元名（仮）
A生命
ア 植物の発芽，成長，結実 植物の育ち方について，発芽，成長及び結実の様子に着目して，それらに関わる条件を制御しながら調べる活動
（ア）次のことを理解するとともに，観察，実験などに関する初歩的な技能を身に付けること。
㋐ 植物は，種子の中の養分を基にして発芽すること。
㋑ 植物の発芽には，水，空気及び温度が関係していること。
㋒ 植物の成長には，日光や肥料などが関係していること。
㋓ 花にはおしべやめしべなどがあり，花粉がめしべの先に付くとめしべのもとが実になり，実の中に種子ができること。
「植物の発芽」＊小5
①種子が発芽する条件
②種子の発芽と養分
③植物が成長する条件
＊小の5年指導要領と同じ。「調べる」が「追究」になっているだけ。
「流れる水の
①地面を流れ
②流れる水の
③川の流れと
＊小の5年指
「追究」に
特別支援学校学習指導要領解説
各教科等編
文部科学省
学習指導要領の内容がベースになっているので、「単元名」で想像する活動を指導しているのではなく、この年間計画の指導内容を実施していく。この内容は、単元における目標や評価規準と対応しており、そのまま使って時短にもなる。また、指導時期は、教科別の単元配列表を用いて、指導時期が分かるようにした。この年間指導計画に時期の記載がないのは、単元配列表で実施時期を柔軟に改善しやすくするためである。
量などの条件を制御しながら調べる活動
（ア）次のことを理解すると
ること。
㋐ 物が水に溶けても，
㋑ 物が水に溶ける量に
㋒ 物が水に溶ける量は
を利用して，溶けている物を
（イ）物の溶け方について
基に，解決の方法を考え，
「もののとけ方」＊小5
①水にとけたものの重さ
②ものが水にとける量
③とかしたものを取り出すには
＊小の 5年指導要領と同じ。「調べる」が「追究」になっているだけ。
どの教科も小学校等の学習指導要領の内容と比較している。内容の文言が同じ場合もあり、その際は参考となる小学校での単元名を紹介している。

本校ホームページで公開中

4　さらに「年間指導計画」のポイント

（1）この計画通りに段階の学び、習得状況が進まない時はどうするの？

高等部２段階まで学びきることができる生徒は、知的障がいの特別支援学校では多くはない。**<u>これまで通り、習得状況に応じて、本人の段階に合わせて指導することは変わらない。</u>**各教科等の年間指導計画について、本人の段階に合わせた学年を当該学年に変更し、着実に内容を実施できるようにした。また、授業者が毎年度末等に年間指導計画を作成する多忙化を解消できるだけでなく、学習指導要領の内容から考えるので、指導者が悩まないようになり、“どう教えるか”という本質的なところで時間を使うことができるようになった。

令和３年度には、特別の教科道徳や特別活動、総合的な学習（探究）の時間等についても改善を図り、現在に至る。

課題だったのは、高等部２段階までを学びきるシステムがなく、学びが連動していないことにあった。「子どもたちの実態が〜」という理由で、その基礎となるカリキュラムがないこと自体が問題だった。

（2）全教員で各教科等の年間指導計画・単元配列を作るのにどれくらいの時間・日数がかかったの？

各教科等会に分かれて行った。さらに、各教科等の年間指導計画の指導内容をあらかじめ切って準備し、教科会の時間でその内容のまとまり毎の短冊を操作して単元の指導時期を話し合ったり、決まったらそのまま貼って提出したりするようにし、最短で取り組める方法を常に考えた。

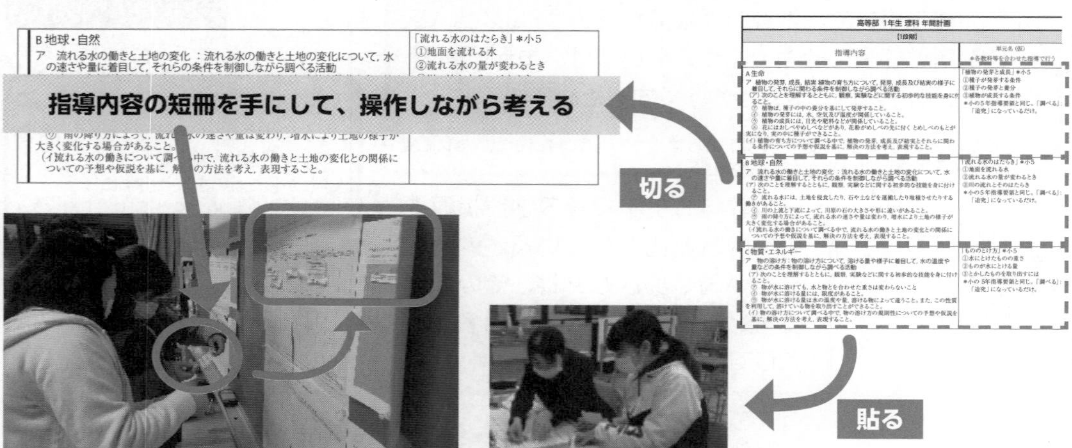

第2節 教科等横断的な視点に立った資質・能力の明確化 ～曖昧にせず、しっかりと育む～

令和２年度の単元研究会の中で、子どもの学びを見取り、学習評価を行っている際に、何度か、教科の目標を超えて、共通して出てくる大事な子どもの姿の話になった。また、各教科の関連を図る中で、教科等横断的な視点に立った資質・能力について実感するような場面を感じた授業者もいた。そこで、改善が始まった。

1　学習指導要領の着実な実施のためのキーワード

学習指導要領の着実な実施のために、まず私たちがすべきことを押さえてみる。

改めて、教科等横断的な視点に立った資質・能力について確認し、学習指導要領から関係するところを集めた。

■学習指導要領で示されている点

○学習の基盤となる資質・能力

各学校においては、児童又は生徒の障害の状態や特性及び心身の発達段階等を考慮し、言語能力、情報活用能力（情報モラルを含む。）、問題発見・解決能力等の学習の基盤となる資質・能力を育成していくことができるよう、各教科等の特質を生かし、教科等横断的な視点から教育課程の編成を図る。

【努めていくこと】

各学校においては児童生徒の実態を踏まえ、学習の基盤づくりに向けて課題となる資質・能力は何かを明確にし、カリキュラム・マネジメントの中でその育成が図られるように努めていくことが求められる。

○現代的な諸課題に対応して求められる資質・能力

各学校においては、児童又は生徒や学校、地域の実態並びに児童又は生徒の障害の状態や特性及び心身の発達の段階等を考慮し、豊かな人生の実現や災害等を乗り越えて次代の社会を形成することに向けた現代的な諸課題に対応して求められる資質・能力を、教科等横断的な視点で育成していくことができるよう、各学校の特色を生かした教育課程の編成を図る。

【実施していくために】

各学校においては、児童生徒や学校、地域の実態並びに児童生徒の障害の状態や特性及び心身の発達の段階等を考慮して学校の特色を生かした目標や指導の重点を計画し、教育課程を編成・実施していくことが求められる。

2　本校の問題点に対応する解決策

学校で「学習の基盤づくりに向けて課題となる資質・能力は何かを明確にし、カリキュラム・マネジメントの中でその育成が図られるようにする努めていくこと」としている以上、まずは、この資質・能力が明確なのか、何となくの議論がずっと続いていないか、その点に着目し、教育課程編成全体会の論点にして、みんなで話し合った。

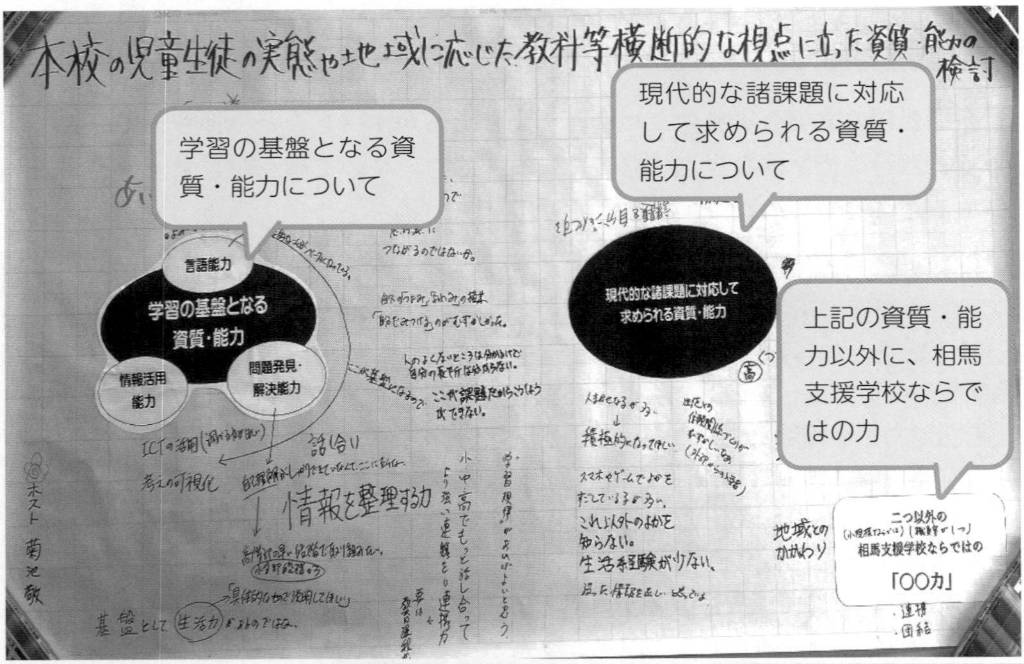

自由に、大切だと思うことを出し合う!!

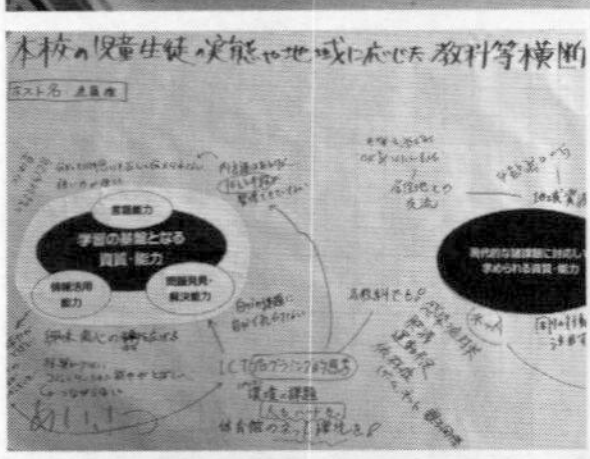

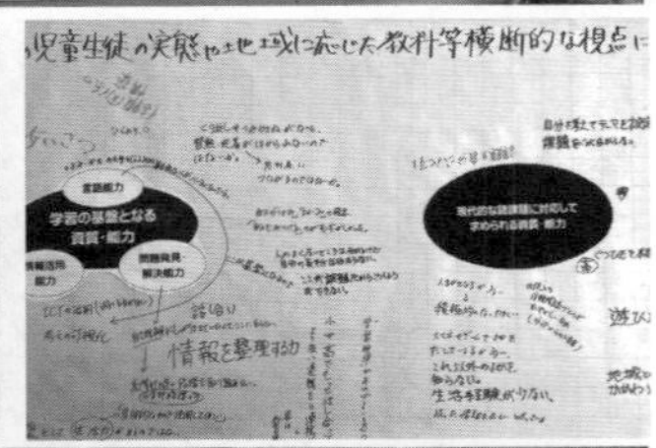

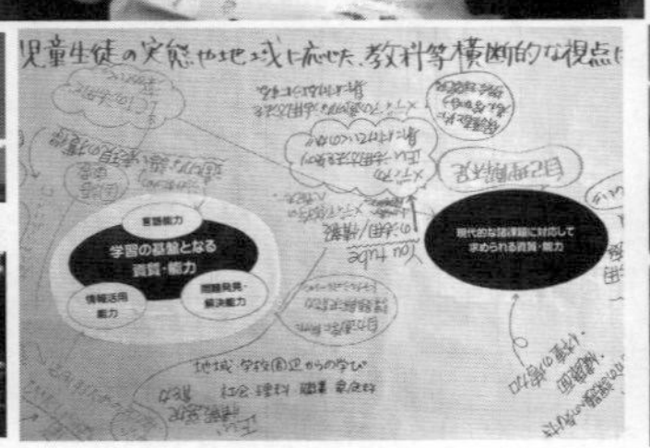

情報を整理し、全教員で修正。学部毎に段階を踏んで明確化！次ページ以降紹介。

参考資料・教科等横断的な視点に立った資質・能力

<table>
<tr><th colspan="4">書き出された文言・キーワードから、各学部の力　素案</th></tr>
<tr><td rowspan="3">学習の基盤となる資質・能力</td><td colspan="3">○言語能力の育成
　国語科を要として、全ての教科等のそれぞれの特質や児童生徒の発達の段階に応じながら、「語彙の段階的な獲得」「言語理解」「情報整理」「感性・情緒の表現」「聞く・読む・書く」等の言語能力の育成を図る。また、年間指導計画及び単元案等で、国語科を中心とした教科等横断的な視点に立って教科等同士の関連を図ることで、言語能力の確実な育成や問題解決に必要な「コミュニケーション能力（挨拶、返事、やりとり等）、「知識を活用した表現や思考」「創造的・論理的思考の表現」等の言語能力の育成も図っていく。</td></tr>
<tr><td>【小学部】
　国語科を要として、全ての教科等のそれぞれの特質や児童の発達の段階に応じながら、「語彙の段階的な獲得」「言語理解」「聞く・読む・書く」等の学んで活用できる言語能力の育成を図る。また、年間指導計画及び単元案等で、国語科を中心とした教科等横断的な視点に立って教科等同士の関連を図ることで、言語能力の確実な育成や教科等の枠を越えた必要な力として「コミュニケーション能力（挨拶、返事、やりとり等）」等の言語能力の育成も図っていく。</td><td>【中学部】
　国語科を要として、全ての教科等のそれぞれの特質や生徒の発達の段階に応じながら、「語彙の段階的な獲得」「情報整理・読解力」「感性・情緒の表現法」等の学んで活用できる言語能力の育成を図る。また、年間指導計画及び単元案等で、国語科を中心とした教科等横断的な視点に立って教科等同士の関連を図ることで、言語能力の確実な育成や教科等の枠を越えた必要な力として「コミュニケーション能力」、「知識を活用した表現や思考」等の言語能力の育成も図っていく。</td><td>【高等部】
　国語科を要として、全ての教科等のそれぞれの特質や生徒の発達の段階に応じながら、「語彙の段階的な獲得」「情報整理・読解力」「感情表現」等の学んで活用できる言語能力の育成を図る。また、年間指導計画及び単元案等で、国語科を中心とした教科等横断的な視点に立って教科等同士の関連を図ることで、言語能力の確実な育成や教科等の枠を越えた必要な力として「コミュニケーション能力」「知識を活用した表現」「創造的・論理的思考の表現」等の言語能力の育成を図っていく。</td></tr>
<tr><td colspan="3">○情報活用能力の育成
　「生活科」「職業科（職業・家庭科）」「情報科」「総合的な学習の時間」「総合的な探究の時間」等を要として、各教科等の特質に応じて、ICT 等の情報手段を適切に用いて情報を得たり、情報を整理したりする力の育成を図る。また、この学習を遂行するために、「必要となる情報手段の基本的な操作（スマートフォン、タブレット端末、コンピューター等）の習得や情報モラル等の生きた知識・技能を身に付ける。これらの資質・能力を確実に育んでいくために、年間指導計画及び単元案等で、「自立活動」「生活科」「職業科（職業・家庭科）」「情報科」等を中心した教科等横断的な視点に立って教科等同士の関連を図り、情報活用能力を一層発揮できるようにする。</td></tr>
</table>

<table>
<tr>
<td rowspan="3">学習の基盤となる資質・能力</td>
<td>【小学部】
「生活科」等を要として、各教科等の特質に応じて、情報機器（タブレット端末、コンピューター等）の簡単な操作に慣れ親しむ力を育む。小学部段階で目指す情報機器の操作に慣れ親しむ力とは、写真を撮って学習に活用すること、タブレット端末等を使った学習、簡単なゲーム等の扱い方等、児童の興味・関心に合わせて取り入れていく。
これらの資質・能力を確実に育んでいくために、年間指導計画及び単元案等で、「生活科」等を中心とした教科等横断的な視点に立って教科等同士の関連を図り、情報活用能力を一層発揮できるようにする。</td>
<td>【中学部】
「職業・家庭科」「総合的な学習の時間」等を要として、各教科等の特質に応じて、ICT 等の情報手段を適切に用いて情報を得たり、情報を整理したりする力の育成を図る。また、この学習を遂行するために、基礎的な情報モラルの知識及び情報手段の基本的な操作の技能を身に付ける。中学部段階における知識及び操作の技能としては、生徒の発達の段階に応じながら、情報モラルでは「SNS について」、コンピューター等の基本的な操作では「キーボード等の操作・入力」等について取り扱うこととする。これらの資質・能力を確実に育んでいくために、年間指導計画及び単元案等で、「数学科」「職業・家庭科」等を中心とした教科等横断的な視点に立って教科等同士の関連を図り、情報活用能力を一層発揮できるようにする。</td>
<td>【高等部】
「職業科」「情報科」「数学科」「総合的な探究の時間」等を要として、各教科等の特質に応じて、ICT 等の情報手段を適切に用いて情報を得たり、情報を整理したりする力を育成する。また、この学習を遂行するために、実践的な情報モラルの知識及び情報手段の基本的な操作の技能を身に付ける。高等部段階における知識及び操作の技能としては、発達の段階に応じながら、情報モラルでは「ルールやマナーを守った情報機器の正しい使い方」、情報手段の基本的な操作では「キーボード等の操作・入力」「スマートフォン等での情報活用」「アプリケーションやソフトウェアの活用による情報デザイン」等について取り扱うこととする。これらの資質・能力を確実に育んでいくために、年間指導計画及び単元案等で、「職業科」「情報科」「数学科」等を中心とした教科等横断的な視点に立って教科等同士の関連を図り、情報活用能力を一層発揮できるようにする。</td>
</tr>
<tr>
<td colspan="3">○問題発見・解決能力の育成
各教科等において、物事の中から問題・疑問を見出し、学習で得た知識から解決方法を探して、結果を予測しながら実行して振り返り、試行錯誤等をしながら、各教科等のそれぞれの分野における問題の発見・解決に必要な力を身に付けられるようにする。これらの資質・能力を確実に育んでいくために、年間指導計画及び単元案等で、「特別活動」「総合的な学習の時間」「総合的な探求の時間」等、各教科等で身に付けた力が統合的に活用できる場面を設定していく。
また、児童生徒自身の学習上又は生活上の課題に対して、「自立活動」「職業（職業・家庭）」「特別活動」を要として、自己の理解を深め、自身の長所を知り生かすとともに、自身の課題を理解し、その改善や解決に向けて行動できる力を育成する。</td>
</tr>
<tr>
<td>【小学部】
各教科等において、物事の中から問題・疑問を見出し、学習で得た知識から解決方法を探し、試行錯誤等をしながら、各教科等のそれぞれの分野における問題の発見・解決に必要な力を身に付けられるようにする。小学部段階では、各教科の特質に応じた取り組みの他に</td>
<td>【中学部】
各教科等において、物事の中から問題・疑問を見出し、学習で得た知識から解決方法を探して、結果を予測し試行錯誤等をしながら、各教科等のそれぞれの分野における問題の発見・解決に必要な力を身に付けられるようにする。中学部段階では、「知識を活用した表現</td>
<td>【高等部】
各教科等において、物事の中から問題・疑問を見出し、学習で得た知識から解決方法を探して、結果を予測し試行錯誤等をしながら、各教科等のそれぞれの分野における問題の発見・解決に必要な力を身に付けられるようにする。高等部段階では、論理的思考で考え、</td>
</tr>
</table>

	も、「生活科」を中心としながら簡単なゲーム等を通した手順や操作などプログラミング的思考を取り入れ、問題発見・解決能力の一層の充実を図る。 　これらの資質・能力を確実に育んでいくために、年間指導計画及び単元案等で、各教科等での学んだ資質・能力を発揮できるように各教科等横断的に教育の内容を組み立てていくようにする。	や思考」などの言語能力を活用したり、情報活用能力を活用したりしながら「数学科」、「社会科」、「職業・家庭科」等においてプログラミング的思考を取り入れ、問題発見・解決能力の一層の充実を図る。 　これらの資質・能力を確実に育んでいくために、年間指導計画及び単元案等で、各教科等での学んだ資質・能力を発揮できるように各教科等横断的に教育の内容を組み立てていくようにする。また、「特別活動」「総合的な学習の時間」等、各教科等で身に付けた力が統合的に活用できる場面を設定していく。	課題解決に向けた表現をしていく力などの言語能力を活用したり、情報活用能力を活用したりしながら「数学科」「社会科」「職業科」「情報科」等においてプログラミング的思考を取り入れ、問題発見・解決能力の一層の充実を図る。 　これらの資質・能力を確実に育んでいくために、年間指導計画及び単元案等で、各教科等で学んだ資質・能力を発揮できるように各教科等横断的に教育の内容を組み立てていくようにする。また、「特別活動」「総合的な探究の時間」等、各教科等で身に付けた力が統合的に活用できる場面を設定していく。
現代的な諸課題に対応して求められる資質・能力	○現代的な諸課題に対応して求められる資質・能力（相馬支援学校の地域・児童生徒の実態から） 　●地域で起こる災害等への緊急時に対応する力の育成　●地域と連携した「生活力」や「地域力」の育成　●感染症対策、肥満、運動不足等の自身の健康・安全に関する力の育成		
	【小学部】 ●地域の実態に応じた各種災害に対する「緊急時に対応する力」の育成を図る。 　小学部段階において、「生活科」「特別活動」を要として災害の種類（地震、洪水等）を理解し、誰と一緒に避難するかを知ったり、身を守る方法を理解したりする。 ●地域の人々と触れあい、共に学ぶ経験や地域行事への参加等を通して、互いに尊重し、共に生きていく力を育む。 　小学部段階では、「特別活動」「生活科」を要としながら、居住地校交流等の交流及び共同学習や地域にある身近な施設等の学習と関連させながら育んでいけるようにする。 　また、これらの資質・能力を確実に育んでいくためには、年間指導計画及び単元案等で、教科等横断的な視点に立って教科等同士の関連を図ったり、ICT 等の情報機器を活用したりしながら、「生活力」及び「地域力」の育成の充実を図る。 ●感染症対策、肥満、運動不足等の自身の健康・安全に関する力の育成を図る。 　小学部段階において、「自立活動」「体育科」等	【中学部】 ●地域の実態に応じた各種災害に対する「緊急時に対応する力」の育成を図る。 　中学部段階において、「社会科」「特別活動」「総合的な学習の時間」等を要として、災害の種類（地震、洪水等）を理解し、どのようにすれば身の安全を確保できるのか考えたり、周囲に助けを求める方法を身に付けたりする力を育む。 ●地域の人々と連携・協力したり、地域での体験活動等、共に活動する経験をしたりしながら、互いに尊重し、共に生きていく力を育む。 　中学部では、「社会科」「職業・家庭科」「特別活動」「総合的な学習の時間」等を要としながら、居住地校交流等の交流及び共同学習や南相馬市について学び体験する活動、地域の人材からの学び（地域の出前講座）を積極的に設定し、生活力、地域力を育んでいけるようにする。 　また、これらの資質・能力を確実に育んでいくためには、年間指導計画及び単元案等を中心とした教科等横断的な視点に立って教	【高等部】 ●地域の実態に応じた各種災害に対する「緊急時に対応する力」の育成を図る。 　高等部段階において、「社会科」「特別活動」「総合的な探究の時間」等を要として、ICT 等を活用した適切な情報収集をして、避難場所、避難方法を判断し、自ら行動できる力を育んでいくようにする。 ●地域の人々と連携・協力したり、地域での体験活動等、共にアイディアを出し合い創造する経験をしたりしながら、互いに尊重し、共に生きていく力を育む。 　高等部では、「社会科」「職業科」「特別活動」「総合的な探究の時間」等を要としながら、地域との交流及び共同学習において、共に創造して活動する機会や、卒業後に地域で過ごすために必要な「主権者教育」「消費者教育」等、情報活用能力と連携を図りながら設定し、育んでいけるようにする。 また、これらの資質・能力を確実に育んでいくためには、年間指導計画及び単元案等を中心とした教科等横断的な視点に立って教科等同士の関連を図り、ICT 等の情報機器を活

	を要として、健康・安全に対しての基本的な知識を知り、予防に取り組むようにする。	科等同士の関連を図り、ICT 等の情報機器を活用したりしながら、「生活力」及び「地域力」の育成の充実を図る。 ●感染症対策、肥満、運動不足等の自身の健康・安全に関する力の育成を図る。 中学部段階において、「自立活動」「保健体育科」等を要として、健康・安全に対しての基本的な知識を知り、どのように予防すればいいのか実生活上で考え、生きた知識・技能を身に付けていくようにする。	用したりしながら、「地域の力になる生徒」や「地域に貢献する力」を育む。 ●感染症対策、肥満、運動不足等の自身の健康・安全に関する力の育成を図る。 高等部段階において、「自立活動」「保健体育科」等を要として、健康・安全に対しての生活上必要な知識を知り、どのように予防すればいいのか実生活上で考えたり、予防方法を実践したりして、習慣化を図っていけるようにする。
相馬支援学校ならではの力	○自己理解・自己実現力の育成 児童生徒自身の学習上又は生活上の課題に対して、「自立活動」「職業（職業・家庭）」「特別活動」を要として、自己の理解を深め、自身の長所を知り生かすとともに、自身の課題を理解し、その改善や解決に向けて行動できる力を育成する。		
	【小学部】 ○自己理解・自己実現力の育成 自分自身の学習上又は生活上の課題に対して、「自立活動」「特別の教科道徳」を要として、自分の得意な事を知ったり、良さを生かして学級での活動（係、児童会等）に取り組んだりしながら、発達段階に応じた自己実現を図っていくようにする。	【中学部】 ○自己理解・自己実現力の育成 自分自身の学習上又は生活上の課題に対して、「自立活動」「職業・家庭科」「特別の教科道徳」等を要として、キャリアガイダンスシート等を活用しながら、自分自身を見つめ、学校生活の中での自分の役割を果たしながら、自分らしい生き方を実現していくために努力し、発達段階に応じた自己実現を図っていくようにする。	【高等部】 ○自己理解・自己実現力の育成 自分自身の学習上又は生活上の課題に対して、「自立活動」「職業科」「特別の教科道徳」等を要とし、キャリアガイダンスシート等を活用しながら、自己のキャリア形成の方向性と関連付けながら、生徒が自己理解を深めるとともに、自己と社会との関わりについて深く考え、将来の在り方生き方、進路を選択決定して、将来の生活において望ましい自己実現を図っていくようにする。

3　さらに「教科等横断的な視点に立った資質・能力」のポイント

（1）どうやって実践につなげたの？

単元案で紹介したように、その単元で意図的に育む教科等横断的な視点に立った資質・能力があれば、明記して単元構想に取り入れた。

【教科等横断的な視点に立った資質・能力】

学習の基盤となる資質・能力			現代的な諸課題に対応して求められる資質・能力			相馬支援学校ならでは力
言語能力	情報活用能力	問題発見・解決能力	地域で起こる災害等への緊急時に対応する力の育成	生活力や地域力の育成	感染症、肥満、運動不足等の自身の健康・安全に関する力の育成	自己理解・自己実現の育成

<u>教科等横断的な視点に立った資質・能力（以下、「枠を越えた力」とする。）は、各教科等の学習の文脈の中で育成・発揮される力とされている。</u>

理科の学びで例を挙げると、下のように整理される。

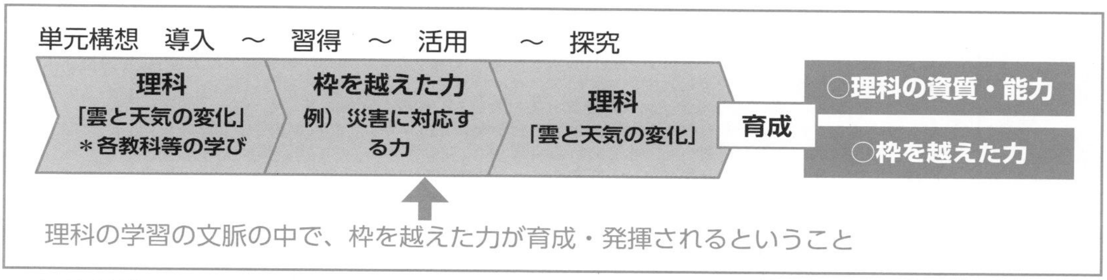

各教科等の学習の文脈の中で、情報機器の扱い方や地域の実態に応じた現代的な諸課題に対応した場面などは想像がつきやすい。

教科等の枠を越えて、明確にした資質・能力を育む意識をすることで、単元構想の段階で意図的に変わる教員も増え始めた。

（2）実際の単元での実施と学習評価の事例

＜教科等横断的な資質・能力＞　地域で起こる災害等への緊急時に対応する力の育成

地域の実態に応じた各種災害に対する「緊急時に対応する力」の育成を図る。

【評価】　台風 19 号と関連させながら学習を進める。自分にできることとして、「事前に台風がくる前に天気予報を見て避難の準備をする」など知識を活用する姿が見られた。また、「避難をする道と避難場所を事前に調べておく」と気付いたことを表現し、そのためにハザードマップを調べたり、水害で避難する時に膝の上まで水がたまっている状態での移動しにくさを学んだりすることができた。

例えば、今年の研修は「情報活用能力」や「言語能力」に特化して取り組む研修ではなく、教育課程と連動した取組なので、責任をもって、持続的に取り組める。繰り返すことで、新しい指導技術を得る先生方も増えてきた。

（3）話し合いの進め方

教科等横断的な視点に立った資質・能力を明確にする話し合いって、どのようにすすめたの？

〇JL 組織学のチーム学習の知識を使って、目的に合わせて、最良な形式で話し合いができるように仕組んだ。

（4）実際の話し合いの資料

教育課程編成に係る全体研修会について（10/2）

【目的】　本校の令和３年度相馬支援学校教育課程編成に向けた計画の中で「各教科等の資質・能力と各教科等横断的な視点に立った資質・能力を踏まえた編成」が示されており、これらの実現のためには、学習指導要領総則解説にある「各学校においては、児童生徒の実態を踏まえ、学習の基盤づくりに向けて課題となる資質・能力は何かを明確にし、カリキュラム・マネジメントの中でその育成が図られるように努めていくこと」等が大切であり、**学習指導要領の基準性**として求められています。

そこで、教科等横断的な視点に立った資質・能力として、本校の児童生徒にとって、地域や自校の実態を踏まえた教科等の枠組みを越えた必要な力とは何か、学習の基盤となる資質・能力及び現代的な諸課題に対応して求められる資質・能力等の視点から、何が必要かを考え、明確にして、次年度の教育課程に生かしていくことが目的です。

テーマ

本校の児童生徒の実態や地域に応じた、教科等横断的な視点に立った資質・能力の検討
～学習の基盤となる資質・能力と現代的な諸課題に対応して求められる資質・能力～

【方法】**ワールド・カフェ**

○　ワールド・カフェとは、その名のとおり「カフェ」のようなリラックスした雰囲気の中で、少人数に分かれたテーブルで自由な対話を行い、他のテーブルとメンバーをシャッフルして対話を続けることにより、参加した全員の意見や知識を集めることができる対話手法の一つです。

【話し合いの進め方】　全体ファシリテーター：教育課程検討委員会

1　職員室の通路に各長机を配置し、模造紙を置いておく。
2　テーブルホストを決め、そのホストを中心に、テーマに沿って、アイディアを出し合う。椅子に座らずに立ち上がって行う。
3　アイディアは、テーブルホストだけが記録するのではなく、グループメンバーが自由にマジックを使って書きながら話して良い。たくさんのアイディア、自由な発想を記録する。
4　７分を一ラウンドとして行う。

第一ラウンド　１５：５５～１６：０２（背中合わせのテーブルの間の机）
第二ラウンド　１６：０２～１６：０９＊ホスト以外は他学部のグループへ移動
第三ラウンド　１６：０９～１６：１６＊ホスト以外は他学部のグループへ移動
第四ラウンド　１６：１３～１６：２０
（最初のテーブルに帰り、話し合いの展開を共有しながら、最後のアイディアを深める）

本日のゴール

地域や実態に応じた本校の
◇学習の基盤となる資質・能力（言語能力、情報活用能力、問題発見・解決能力）
◇現代的な諸課題に対応して求められる資質・能力
◇相馬支援学校の独自性の「〇〇〇力」の発掘

大切な力は何か

アイディア拡散→これをもとに教育課程へ集約・実践

第3節 教育活動の質の向上を図る「単元配列表」
～効果的な関連を考える～

1　学習指導要領の着実な実施のためのキーワード

学習指導要領の着実な実施のために、まず私たちがすべきことを押さえてみる。

第１節では各教科等の年間指導計画のカリキュラムを整えることができ、第２節では教科等横断的な視点に立った資質・能力の明確化することができ、教育課程に明記することでカリキュラムとしての位置付けを得た。

次は、それらをどうマネジメントして、教育活動の質の向上を図っていくかという視点になる。

マネジメントの仕方については、学習指導要領では次のように示されている。

■学習指導要領で示されている点

指導に当たっては、教科等ごとの枠の中だけではなく、教育課程全体を通じて目指す学校の教育目標の実現に向けた各教科等の位置付けを踏まえ、教科等横断的な視点をもってねらいを具体化したり、他の教科等における指導との関連付けを図りながら、幅広い学習や生活の場面で活用できる力を育むことを目指したりしていくことも重要となる。

教科等の枠の中で指導を完結するのではなく、各教科等間の関連を図ることで、児童生徒が学んだ内容を使う瞬間が生まれ、それが学習や生活場面で活用できる力となっていく。

ポイントは、教科等の関連付けをいかに意図的に単元配列したり、改善したりして、教育活動の質を上げていくかという点になってくる。これが、カリキュラム・マネジメントの明確なゴール地点！

ただし、カリキュラムが整っていることが必須条件！！

2　単元配列表を活用して、教育活動の質の向上へ

学習指導要領を着実に実施、教育活動の質の向上を図っていくには、既存の各教科等の年間指導計画だけでは、マネジメントが不可能である。

しかし、本校では、各教科等の年間指導計画を作る段階で、指導の時期を考えていることから、そのまま単元配列表に落とし込むことができた。

各教科別に指導の時期を入れた単元配列を、そのまま組み合わせると全体の単元配列表になる！

各教科等の単元配列が出来上がれば、各学年での各教科等の単元が一覧で見えるようになった。ここからがスタートである。本校では、２月ぐらいに、研修日と教育課程検討日を合体させて、この最後のカリキュラム・マネジメントを行っている。

その視点として、以下の３つを伝えている。

> **【教育活動の質の向上を図るためのポイント】**
> ①他教科等の指導の関連付け
> ②他教科等の指導の関連付けから、単元の時期を組み立て直す
> ③教科等横断的な視点に立った資質・能力の明確化

令和２年度に作成し、令和３年度、令和４年度と毎年のように、今年より「ちょっとベター」の精神で、研修の時間内に各学年が、ちょっとした改善を図る検討が行われる。

まさに、これが今年度よりも「教育活動の質の向上」を図っている瞬間なのではないだろうか。単元配列表により、カリキュラムをマネジメントしやすくなり、児童生徒も、教員も学びをつなげる意識の高まりが大いに見られることになった。

（※ホームページ上で公開中）

まさに、カリキュラム・マネジメントの瞬間！

参考資料：学年の単元配列表　＊詳しくは本校のホームページをご覧ください。

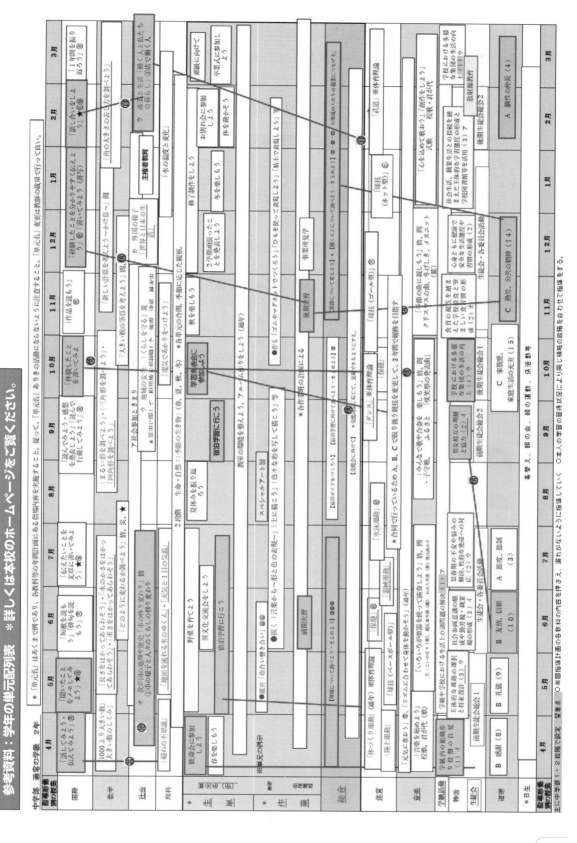

中学部　通常の学級　2年

＊「単元名」はあくまで例であり、各教科等の年間計画にある指導内容を実施すること。従って、「単元名」ありきの活動にならないように注意すること。「単元名」変更は教師の裁量で行って良い。

指導形態別の授業	4月	5月	6月	7月	8月	9月	10月	11月	12月	1月	2月	3月
国語	「話してみよう・伝えてみよう」	「聞いたことをメモしてみよう」★	「短歌を読もう」「俳句を読もう」	「伝えたいことを文章に書いてみよう」★		「読んでみよう・感想を発表しよう」「読んで行動してみよう」	「体験したことを書いてみよ	「作品を読もう」	「経験したことを分かりやすく伝えよう」「書いてみよう（書写）」		「話し合いをしよう」★	「1年間を振り返ろう」
数学	「1000より大きい数」「大きい数のしくみ」	「長さをはかってあらわそう」・「水のかさをはかってあらわそう」・「重さをはかってあらわそう」	「どのように変わるか調べよう」情、災、★			「まるい形を調べよう」・「三角形を調べよう」・「四角形を調べよう」	「大きい数の筆算を考えよう」関	「新しい計算を考えよう～かけ算～」関			「角の大きさの表し方を調べよう」	
社会		オ　我が国の地理や歴史「市の移り変わり」情 ①市の様子と人々のくらしの移り変わり				ア社会参加ときまり / ウ　地域の安全　「くらしを守る」災			カ　外国の様子「世界と日本の生活」	主権者教育	ウ　産業と生活「働く人と私たちの暮らし」②店で働く人	
理科	「磁石の不思議」	「地面を流れる水のゆくえ」・「天気と1日の気温」					「電気であかりをつけよう」			「水の温度と変化」		
理科（2段階）	2段階　生命・自然：「季節の生き物」（春、夏、秋、冬）＊各単元の合間、季節に応じた観察。											
＊生単　単元名（例）	歓迎会に参加しよう / 春を楽しもう	野菜を育てよう / 宿泊学習に行こう	異文化交流会をしよう		夏休みを振り返ろう	宿泊学習に行こう	学習発表会に参加しよう	秋を楽しもう	修了制作をしよう / 2学期頑張ったことを発表しよう	冬を楽しもう	お別れ会に参加しよう / 体を動かそう	進級に向けて / 卒業式に参加しよう
＊生単（通年）	教室の環境を整えよう、アルバム作りをしよう（通年）											
＊作業　美術	※単元の例示	●鑑賞「色合い響き合い」 / ●描く「言葉から～形と色の表現～」「土に描こう」「色々な形を写して描こう」等			スペシャルアート展		●作る「ゴムやマグネットでつくろう」「ひもを使って表現しよう」「粘土で表現しよう」等					
＊作業　作業学習	＊各作業班の計画による		前期実習					後期実習	事業所見学			
総合	【地域について調べよう・まとめよう】				【宿泊ガイドをつくろう】【宿泊学習に向けて調べよう・まとめよう】			【進路について考えよう】＊【働くことについて調べよう・まとめよう】※地域の人たちの職業につなげる。				
総合（通年）	【交流会に向けて】＊交流時期に応じて、実施できるようにする。											
体育	「体つくり運動」（通年）※体育理論 / 「陸上運動」	「球技（ベースボール型）」	「保健」 / 「器械運動」	「水泳運動」			「ダンス」※体育理論 / 「保健」	「球技（ゴール型）」		「球技（ネット型）」	「武道」※体育理論	
体育（備考）	＊合同で行っているためA、B、Cで取り扱う競技を変更して、3年間で履修を目指す											
音楽	「元気に歌おう」、「リズムに合わせて身体を動かそう」（通年） / 「音楽を始めよう」校歌、君が代（歌）	「いろいろな楽器を使って演奏しよう」情、関				「みんなで歌や合奏を楽しもう」情、関 ・子守歌、ふるさと「咲笑祭の発表曲」		「季節の曲に親しもう」情、関 クリスマスの曲、冬げしき、メヌエット（鑑）		「心を込めて歌おう」「創作をしよう」式歌　校歌・君が代		
学級活動	学級内の組織作り役割の自覚（1）イ	学級や学校における生活上の諸問題の解決（1）ア / 主体的な進路の選択と将来設計（3）ウ	社会参画意識の醸成や勤労観・職業観の形成（3）イ	思春期の不安や悩みの解決、性的な発達への対応（2）ウ		男女相互の理解と協力（2）イ	学校における多様な集団の生活の向上（1）ウ	食育の観点を踏まえた学校給食と望ましい食習慣の形成（2）オ	心身ともに健康で安全な生活態度や習慣の形成（2）	社会生活、職業生活との接続を踏まえた主体的な学習態度の形成と学校図書館等を活用（3）ア	放射線教育	学校における多様な集団の生活の向上（1）ウ
生徒会		前期生徒総会1	生徒会・各委員会活動			前期生徒総会2	後期生徒総会1	生徒会・各委員会活動			後期生徒総会2	
道徳	B　感謝（8）	B　礼儀（9）	B　友情、信頼（10）	A　節度、節制（3）			C　家族愛、家庭生活の充実（15）	C　勤労、公共の精神（14）			A　個性の伸長（4）	
＊日生	着替え、朝の会、朝の運動、係活動等											
指導形態別の授業	4月	5月	6月	7月	8月	9月	10月	11月	12月	1月	2月	3月

主に中学部1・2段階で設定　留意点　○年間指導計画の各教科の内容を押さえ、漏れがないように指導していく　○本人の学習の習得状況により同じ領域の段階を合わせて指導をする。

■ホームページに掲載している日々の研修コラムから

【日々の研修コラム～カリキュラム・マネジメント～】

１月中旬と２月中旬の２回に分けて、より子どもたちが学びやすくなるように、全ての教員が参加して、以下のように段階を踏んでカリキュラム・マネジメントに取り組んでいます。

改善・提案数65

①【各教科等の年間指導計画の内容及び実施時期の改善を行う】

学習指導要領で示されている内容を学ぶための１２年間のカリキュラムについて、実施学年や実施時期において、今年度の単元案を活用した授業実践・単元実践を通して気付いた改善点を教科会で検討し、赤筆で改善を図りました。

②【学年で、新しい単元配列表を見て、さらなる教育活動の質の向上を図る】

カリキュラム・マネジメント

各教科等の年間指導計画の改善内容を反映させた新しい単元配列表を見て、各学部の学年毎に集まり、教科等の関連を図ったり、教科等横断的な視点に立った資質・能力について育む時期を考えたりしました。

全職員で、本校にあるカリキュラムが、今年度よりもさらに、子どもたちが学びやすくなるように、より質が向上できるようにマネジメントに励む様子が見られました。

この取組を開始してから２年が経ちますが、高等部の生徒が次のような話をしてくれました。

前(本校に入学前)は、美術は美術で学べばいいし、理科は理科で学べばいいと思っていたけど、ここにきて（各教科等の）学びがつながっている。学びがつながっていると、振り返ることができる。そして、つながれば、つながるほど、学習が面白いです。

他の場面でも「あ、○○の教科で学んだことを使えばいいんだ。」等の声が多数聞こえてくるようになりました。子どもたち自身が学んだことを、教科等の枠を越えて活用する場面が確実に増えてきており、その成果や変化が見られて嬉しく思います。

今後も、子どもたちが学びやすくするために、教員一人一人がカリキュラム・マネジメントの意識をもち、子どもたちが学習を面白いと感じることができるように、教育活動の質の向上に取り組んでいきたいと考えています。

コラム4　本校の教育課程の作り方 ～教務部と研修部の関係～

「教育課程の編成」と聞くと、"主事や管理職が話し合って決めるもの" というイメージが浮かぶ。どうしてもトップダウンされるものというイメージが強く、そのために会議をしたり、アンケートをとったりして普段の業務にプラスして取り組む業務という印象がある。しかし、本校の教育課程の編成は、違う。日々現場で行われていることが、そのまま反映されるように、編成の流れも変わってきた。

基本的な軸は「普段行っている授業」である。教育課程を編成するには、毎日の授業をPDCAサイクルで回している現場の教員の声が重要となる。これが教育課程の大きな要であり、この部分に寄り添って研修に取り組んでいるのが、研修部である。研修部では普段の授業を大切にし、単元というまとまりを軸にして、実施し、単元研究会などで評価改善して、毎日の授業を最大限に生かした研修に取り組んでいる。ここと教育課程を別々に考える必要はあるのだろうか。そこで研修日と教育課程検討会を一緒に進める取組を始めた。日々の授業準備や校務分掌の業務に追われる中で、追加して取り組むのではなく、同じ主旨の業務は合わせて取り組もうという考え方への意識改革である。日々取り組んでいることが、教育課程という形になり、教育課程自体への理解にもつながり、現場の一人一人のモチベーションが高まっていくという良い成果となって表れていった。また、本校の週案にはカリマネの４つの視点を取り入れた反省記入欄があり、そこに指導の中で気付いたことをすぐに記入して残してもらうことで、主事や教務が確認し、意見を反映させていくようにしている。これで教育課程のためのアンケートを作成し、集計して意見を集約するという手間を省くことができた。

しかし、実施していく中で課題は見えてくる。そこを重点事項として検討する時間を、校内全体研修日とタイアップさせて実施した。また、教科会で教科の小学部から高等部までの縦の系統性を確認したり、学年で単元配列や年計を見直したりする機会も研修日に行い、教育課程の検討として行わなければいけないことと、研修として日々取り組んでいることを一緒に取り組めるようにした。現場で指導する教員の声が教育課程に反映される環境を整えることで、「教育課程の編成」自体への負担感が減少してきている。

このように、本校では、研修部の研修日と教育課程の編成を行う日を分けずに設定し、そこで話し合われた教育課程を実践している現場の教員の声が反映される実感を学校全体として得ることで、教育課程自体が、"トップダウンされたもの" ではなく、本校の児童生徒に合わせて "教員が作り上げていくもの" となってきている。別々に業務をこなすのではなく、大切なことほど、部や分掌の垣根を越えて取り組むことでよりよくなることを、教務主任となって一番に実感している。

（教務主任　岡 千愛）

第4節 各教科等を合わせた指導を考える

～指導形態ではなく、資質・能力にこだわる！～

1　学習指導要領の着実な実施のためのキーワード

各教科等を合わせた指導について、学習指導要領の着実な実施のために、学習指導要領から、特に着目すべき点を抜き出す。

■学習指導要領で示されている点

① 各教科等を合わせて指導を行う場合においても、各教科等の目標を達成していくことになり、育成を目指す資質・能力を明確にして指導計画を立てることが重要となる。

② 教科別の指導を行う場合や各教科等を合わせて指導を行う場合においても、各教科の目標に準拠した評価の観点による学習評価を行うことが必要である。

③ 個々の児童生徒の実態に即して、教科別の指導を行うほか、必要に応じて各教科、道徳科、外国語活動、特別活動及び自立活動を合わせて指導を行うなど、効果的な指導方法を工夫するものとする。その際、各教科等において育成を目指す資質・能力を明らかにし、各教科等の内容間の関連を十分に図ることができるよう配慮するものとする。

2　着実な実施のための解決策 ～資質・能力の明確化と学習評価～

従前から「活動ありき」と批判されることが多かった「各教科等を合わせた指導」である。今回の学習指導要領では、どの教科等を合わせているのか、その教科等の資質・能力を明確にして指導を行い、学習評価をしているのか、その視点がはっきりと示された。本校では、各教科等を合わせた指導においても、どの教科の資質・能力を育んでいるかを単元案に明確に示し、指導の時に意識できるようにしている。

また、これらの各教科等のどの資質・能力を、いつ育んでいるのか、明確に授業者が意識できるように、

【資質・能力の育成のための教育活動として】

作業学習　単元案	単元名	咲笑祭でいろいろな製品を売ろう。

【単元・題材で育成する資質・能力】主に高等部1段階で設定

	知識・技能	思考力・判断力・表現力等	学びに向かう力・人間性等
職業生活ア 勤労の意義	自分の能力や適性を発揮しながら、班の一員としての役割を果たすために、自ら作業に励む大切さなどを理解することができる。	分担した役割を果たすことで得られた成果等を振り返り、自分の役割を果たすことや協力することで得られる効率性や連帯感について	作業や実習等に達成感を得て、計画性をもって主体的に取り組もうとしている。
職業生活イ 勤労の意義	道具の特性を理解して正 い、確実性や持続性、巧緻性を 状況に応じて作業すること る。	業の こと	状況に応じた作業をしたり、作業効率の改善をしたりしようとしている。
数学 データの活用	数量の関係を割合で捉え、円グラフや帯グラフの意味や用い方を理解することができる。	目的に応じてデータを集めて分類整理し、データの特徴や傾向に着目し、問題を解決するためにグラフを読み取り、考察することができる。	数量の関係を割合で捉えたり、問題を解決するためにグラフを読み取ろうとしたりしようとしている。
国語A	相手を見て話したり聞いたりするとともに、間の取り方などに注意して話すことができる。	相手に伝わるように、言葉の抑揚や強弱、間の取り方などを工夫することができる。	相手を見て話そうとしたり、相手に伝わるように間の取り方などを工夫したりしようとしている。

目標設定

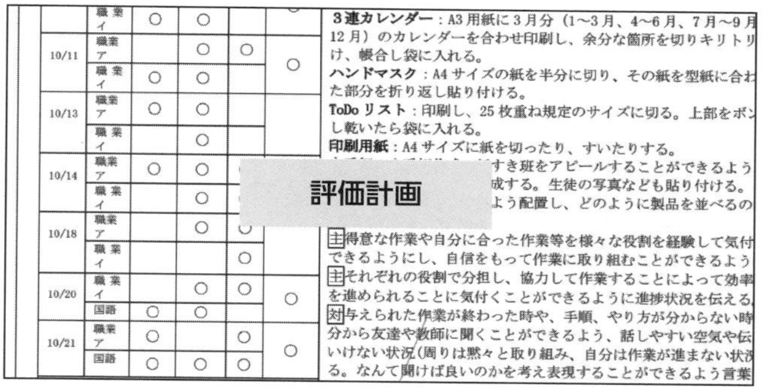

単元構想の部分でも明記している。

このことにより、この時間はどの教科のどの内容を指導するのかという教師側の意識の高まりが、「教科のスイッチ」を入れるという表現に変わっていった。教師が意識して指導することで、生徒も授業の中で、教科の特質に応じた見方・考え方を切り替える姿が見られるようになった。

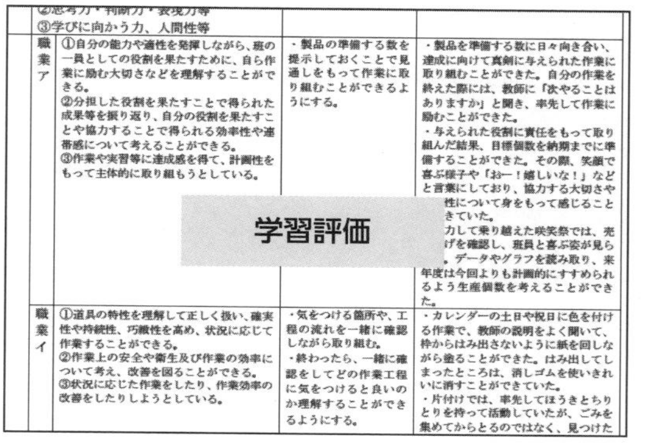

また、学習評価についても、単元で合わせている各教科等について、全ての教科等において、観点別に学習評価に向き合っていくようにしている。ただし、膨大な量になることから、学習評価の時間を確保することは課題として残っている。

各教科等を合わせた指導については、詳しくは第５章の単元案による実践をご覧いただきたい。

昨今、「教科別の指導」か「各教科等を合わせた指導」という対立軸のような形で議論されることがあるが、学習指導要領を着実に実施していくと「各教科等を合わせた指導」で効果的に育まれる瞬間が確実に見られた。単元案による確かな実践と学習評価から、これからの「各教科等を合わせた指導」について単元構想の在り方や目標としている教科等の資質・能力を育む時や別な教科に切り替える時などの指導感覚が見えてきたように思える。

3　着実な実施のための解決策 〜効果的な指導方法〜

本校では、各教科等の年間指導計画により、指導内容が明確になっている。

活動から教科等の指導内容を考えるのではなく、年間の指導内容から、最も効果的な指導方法を考え、指導形態を考えるようにした。そうすることで、教育課程から授業までの流れについて説明がつき、活動ありきで指導内容の履修に偏りが出ることを避けることができると考えた。

最初は、各教科会で年間の指導内容から教科別の指導なのか各教科等を合わせた指導なのか、最も効果的な指導形態を挙げてもらい、各教科等の年間指導計画には指導形態も明記して意識できるようにした。また、見やすいように各教科等を合わせた指導で取り扱う教科等の一覧を作成し、授業者が計画を立てて指導しやすくした。

■各教科等の年間指導計画の改善や効果的な指導方法を検討する

例１）中学部　数学科　１年生の年間指導計画から

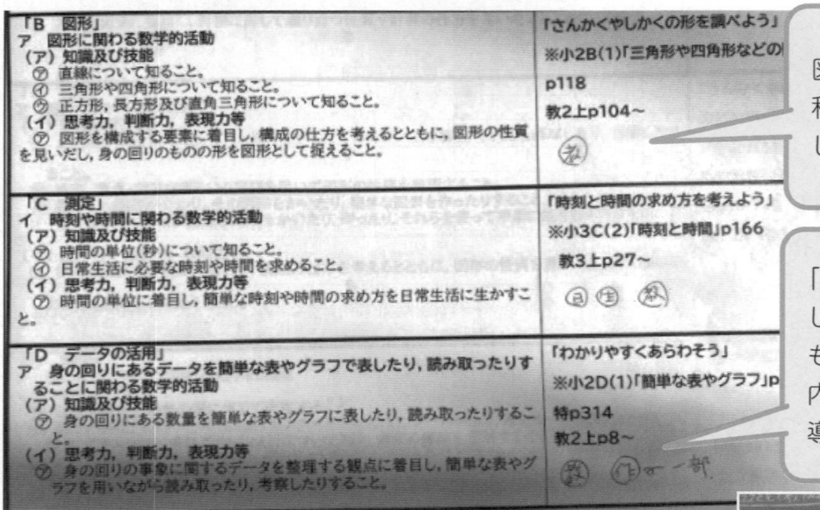

「B　図形」 ア　図形に関わる数学的活動 （ア）知識及び技能 ㋐ 直線について知ること。 ㋑ 三角形や四角形について知ること。 ㋒ 正方形，長方形及び直角三角形について知ること。 （イ）思考力，判断力，表現力等 ㋐ 図形を構成する要素に着目し，構成の仕方を考えるとともに，図形の性質を見いだし，身の回りのものの形を図形として捉えること。	「さんかくやしかくの形を調べよう」 ※小2B(1)「三角形や四角形などの p118 教2上p104～
「C　測定」 イ　時刻や時間に関わる数学的活動 （ア）知識及び技能 ㋐ 時間の単位(秒)について知ること。 ㋑ 日常生活に必要な時刻や時間を求めること。 （イ）思考力，判断力，表現力等 ㋐ 時間の単位に着目し，簡単な時刻や時間の求め方を日常生活に生かすこと。	「時刻と時間の求め方を考えよう」 ※小3C(2)「時刻と時間」p166 教3上p27～
「D　データの活用」 ア　身の回りにあるデータを簡単な表やグラフで表したり，読み取ったりすることに関わる数学的活動 （ア）知識及び技能 ㋐ 身の回りにある数量を簡単な表やグラフに表したり，読み取ったりすること。 （イ）思考力，判断力，表現力等 ㋐ 身の回りの事象に関するデータを整理する観点に着目し，簡単な表やグラフを用いながら読み取ったり，考察したりすること。	「わかりやすくあらわそう」 ※小2D(1)「簡単な表やグラフ」p 特p314 教2上p8～

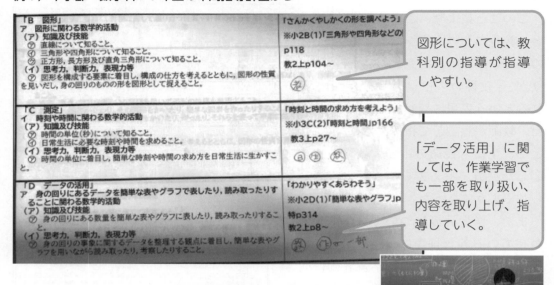

図形については、教科別の指導が指導しやすい。

「データ活用」に関しては、作業学習でも一部を取り扱い、内容を取り上げ、指導していく。

単元研究から、作業学習でデータ活用を取り扱うことが効果的であることが見えてきた。

例２）高等部　社会科

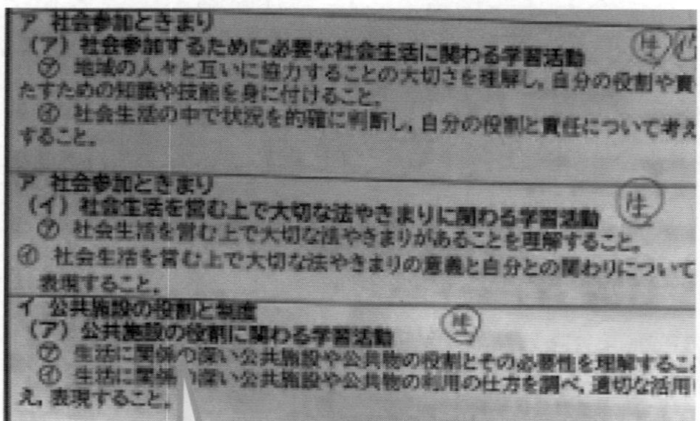

ア 社会参加ときまり
（ア）社会参加するために必要な社会生活に関わる学習活動
㋐ 地域の人々と互いに協力することの大切さを理解し，自分の役割や責任を果たすための知識や技能を身に付けること。
㋑ 社会生活の中で状況を的確に判断し，自分の役割と責任について考えすること。

ア 社会参加ときまり
（イ）社会生活を営む上で大切な法やきまりに関わる学習活動
㋐ 社会生活を営む上で大切な法やきまりがあることを理解すること。
㋑ 社会生活を営む上で大切な法やきまりの意義と自分との関わりについて表現すること。

イ 公共施設の役割と制度
（ア）公共施設の役割に関わる学習活動
㋐ 生活に関係の深い公共施設や公共物の役割とその必要性を理解すること
㋑ 生活に関係の深い公共施設や公共物の利用の仕方を調べ，適切な活用え，表現すること。

「社会参加ときまり」については、教科別の指導よりも、生活単元学習で実際に校外に出る経験、現場実習等に係る学習等で、関連させて学んだ方が資質・能力が効果的に育める。

日々の単元研究がカリキュラムのマネジメントにつながる！

効果的な指導方法として、各教科等を合わせた指導が挙げられた内容 ～教科会で検討された内容が一覧へ～

高等部３年生　【作業学習】　年間 380 時間

★効果的な指導のために、必要に応じて合わせて指導する教科等

【主に２段階で設定した場合】

教科	内容	教科	内容
国語（□３４時間）	＊主に知識・技能だけで示している。それに対応する思考力・判断力・表現力等は選択すること。 □ア言葉の特徴や使い方 ○（ア）　○（イ）　○（ウ） □イ話や文章の中に含まれている情報の扱い方　○（イ） □ウ我が国の言語文化　○（ウ）	社会（□２２時間）	□ア社会参加ときまり ○（イ）法やきまり
数学（□２０時間）	□Dデータ活用 ○イ起こり得る場合に関わる数学的活動	理科（□１０時間）	＊特に効果が上がる要望無し
音楽（□０時間）		美術（□２５時間）	□A 表現　○ア感じ取ったことや考えたこと、目的や機能などを基に、描いたり、作ったりする活動 □B 鑑賞　○ア美術作品や生活の中の美術の働き、美術文化などの鑑賞の活動
保健体育（□５時間）	□A 体つくり運動 ○「体ほぐし運動」 ○「体の動きを高める運動」	職業（□２２４時間）	□A職業生活ア勤労の意義、イ職業 □B情報機器の活用 □C産業現場等における実習
家庭科（□１０時間）	□C 消費生活・環境 ○ア消費生活 ○イ消費者の基本的な権利と責任	外国語（□０時間）	
情報（□	□Bコミュニケーションと情報デザイン	道徳科（□	□A 自主、自立等（1） □A 希望と勇気等（4） □B 思いやり、感謝（6） （10） 精神等（12） 醸成や勤労観・職 定と将来設計

効果的な内容について、教科会で検討し、学校として示したので、授業者の不安がなくなる。

年間での効果的な時期を配列！

★効果的な指導のために、必要に応じて合わせて指導する教科等で挙げられている指導内容配列

月	4月	5月	6月	7月	9月	10月	11月	12月	1月	2月	3月
活動内容	体験活動	紙すき活動	前期現場実習	製品作り・カレンダー　等		咲笑祭に向けて	後期現場実習	紙すき活動	販売会に向けて		まとめ
									B情報機器		
								ア（ｱ）（ｳ）（ｶ）＊段階に応じて			
数（２０）			Dデータア＊1段階	A数と計算＊1段階		Dデータア＊1段階	Dデータイ＊1段階			Dデータイ＊2段階	
社（２２）		ア社会参加ときまり（イ）法やきまり		ア社会参加ときまり（ア）社会生活				ア社会参加ときまり（イ）法やきまり			
理（１０）	＊ちょっと、想像つかない。										
美（３４）				A表現　B鑑賞＊段階に応じて							
保体（５）			A体つくり				A体つくり				
家庭科（１０）			C消費生活ア＊1段階				C消費生活イ＊1段階				
情（７）				Bコミュニケーションと情報デザイン＊段階に応じて				C情報通信ネ…とデータ…			
道（１７）	1年	礼儀	友情			信頼					
	2年：向上心等				真理・創造		相互理解				
	3年：勤労		希望と勇気	自主・自立	思いやり・感謝						
自（８）			＊各自の実態				＊各自の実態				
特（0）			(2) ア自他の個性の理解と尊重 (3) ア学校生活と社会的職業的自立 1年			エ主体的な進路選択決定 2，3年		ウ社会参画… 勤労観・職業観… 年			

各教科の指導内容

年間で、いつ指導するかを考え、より効果的な指導時期を計画するところも出始めた。単元案による指導実績から、次年度へ改善を反映させる。

4 「生単ありき」「作業学習ありき」と言われ続ける問題

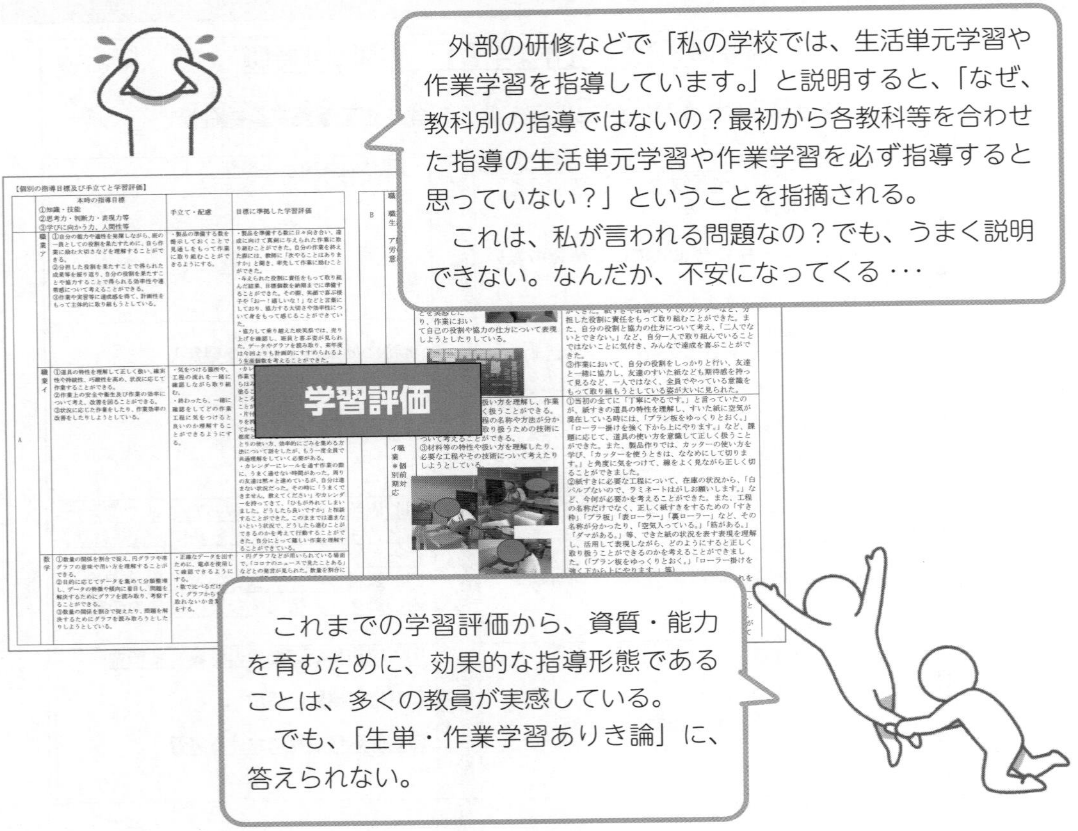

外部の研修などで「私の学校では、生活単元学習や作業学習を指導しています。」と説明すると、「なぜ、教科別の指導ではないの？最初から各教科等を合わせた指導の生活単元学習や作業学習を必ず指導すると思っていない？」ということを指摘される。
これは、私が言われる問題なの？でも、うまく説明できない。なんだか、不安になってくる・・・
学習評価
これまでの学習評価から、資質・能力を育むために、効果的な指導形態であることは、多くの教員が実感している。
でも、「生単・作業学習ありき論」に、答えられない。

（1）こういう時こそ、学習指導要領に戻り、解決策へ！

今回の学習指導要領では、従前の「教育課程の編成における共通的事項」という原則的に取り組むべき枠組みから、「（3）指導計画の作成等に当たっての配慮事項」に記載部分が変更となった。

知的障がい教育において、必ず各教科等を合わせた指導を取り扱うのではなく、あくまでも学校の創意工夫の一つとしての取扱いに変更された。つまり、“なぜ、合わせているのか”という説明が学校として必要になってくる。

そこで、令和５年度に向けた教育課程編成の全体会において、一旦各教科等を合わせた指導等の指導形態についてゼロベースで考える機会を設定し、本当に効果的な指導方法なのか、資質・能力に視点を置いて話し合った。

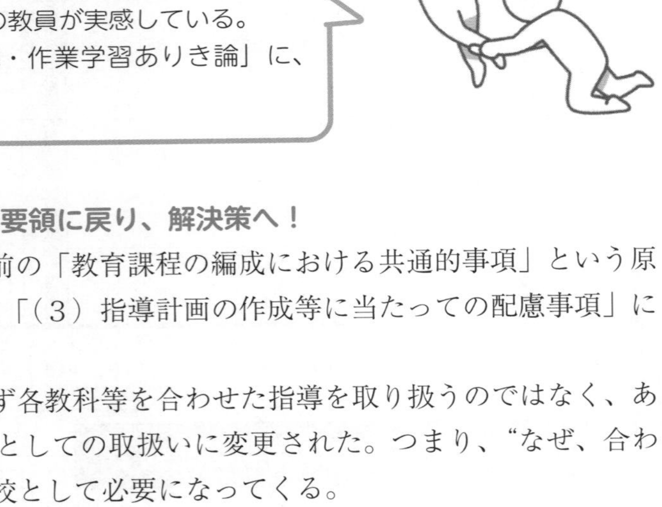

これまでの実践から、学校の創意工夫として、本当に各教科等を合わせた指導が必要かどうか。必要であれば、どのような創意工夫として、その指導形態が必要であるかを話し合った。

（２）全教員で、資質・能力をベースに意見、アイディアを出し合う

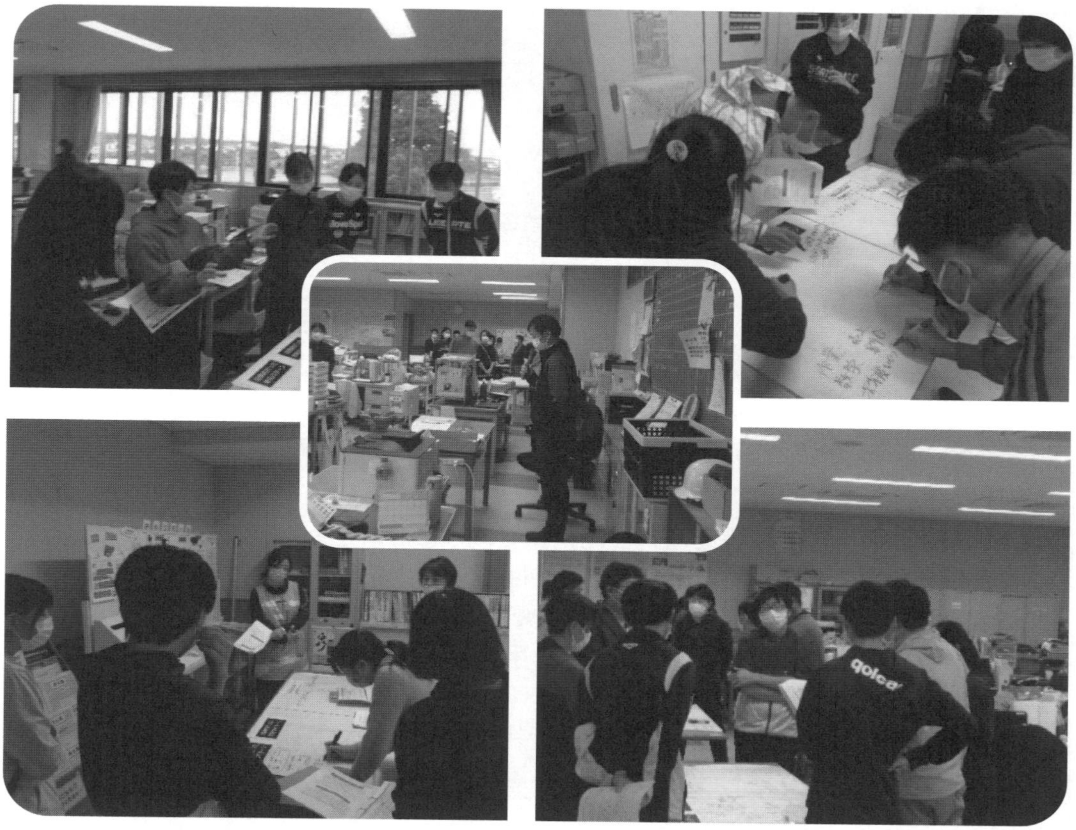

和知校長のもと、
カリキュラムを検討、マネジメントするために、全教員で話し合った。

　これまで単元で育んだ資質・能力の検討をせずに、教科別、合わせた指導などの検討をすることこそ、「〜ありき」の改革であり、資質・能力を大事にする教育とは反する可能性がある。この話し合いによって次年度の指導形態を考えることで、「〜ありき論」からの脱却を目指した。

チーム学習で最大の効果を！

（3）集まった知見を整理

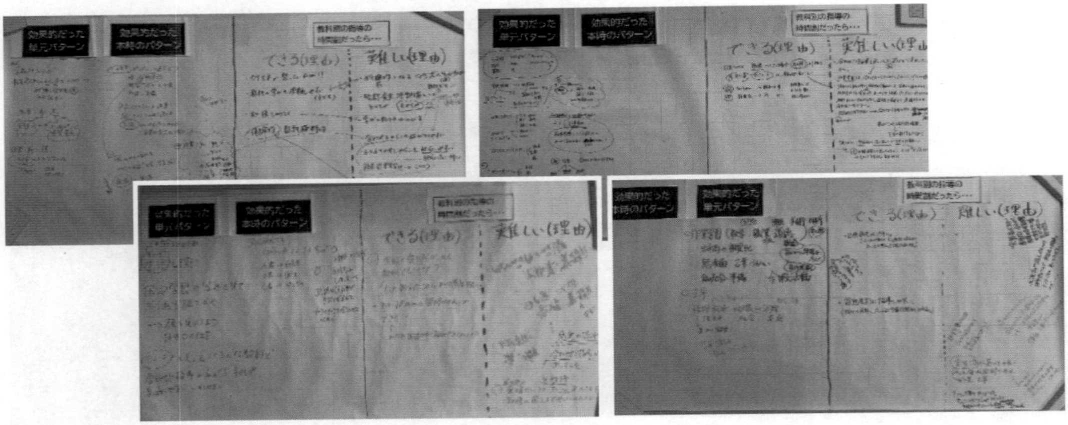

ここで集まった知見をまとめ、下記のように整理し、本校としての各教科を合わせた指導について、どう取り扱うのかを教育課程上でも明確にし、説明できるようにした。

【学校の創意工夫として、
各教科等を合わせた指導を取り扱う理由】

知的障がいのある児童生徒の学習上の特性である学習で得た知識・技能が断片的になりやすいことから、教科等の学びの活用の幅を広げるために、単元配列表を用いて教科等間を関連させ、教育活動の質の向上を図る。

ただし、学校行事等の各教科等の内容で共通して取り扱うことができる具体的な題材・活動では、指導時期や１単位時間内で合わせて指導することが効果的であり、教科等の時期や時間が密接に関連している場合がある。この場合、児童生徒にとっては、実生活上の活動の文脈の中で具体的に思考や判断、表現がしやすく、知識・技能が深まり、主体的に取り組む態度等の資質・能力が効果的に育まれやすいことから、学校の創意工夫として、教科別の指導の他に、各教科等を合わせた指導を取り扱うこととする。

あくまでも、教科別の指導での教育活動の質の向上を図ることが前提である。

「ただし～」で、共通して取り扱うことができる学校行事などの活動や題材で指導時期が重なっている場合、知的障がいの学びの特性に応じて、合わせた指導をした方が効果的であると考えた。

これで、学校として説明できる。個人に責められることのない、心理的安全性が確保された。

具体的な実践、学習評価は第５章に！！

第4章

自ら学べる環境づくり

～CK作戦と教師寺子屋～

第1節

すぐに単元構想できるCK作戦

～単元案の蓄積を活かした取組～

1　蓄積されてきた単元案を活用する環境づくり

単元案については、「（単元案を）やらない方が、不安になる。」という声があるなど、日々の授業において、単元を構想していくためのツールとして、単元案を活用して取り組む教員が増えている。一方で、日々の授業や校務分掌の業務を行っていく中で、やはり時間がないという現状に直面する。

本校では、令和３年度ごろから、同じ各教科等の段階の指導を取り扱っている単元については、以前の単元案をベースに今の学級の実態などに合わせて単元構想の部分だけを練り直すなどのやりとりが見られ始めた。

令和４年度までに単元案を収集したところ、420以上の単元案が集まった。これは、普段の授業や単元をコントロールするために、自ら使用している単元案の数である。

研究授業を行う授業者だけが、単元案の活用や単元構想をするのであれば、これほどの数にはならない。また、校内研究でしばしばある「一人１事例」を集めるという方法でもこの数にはならない。

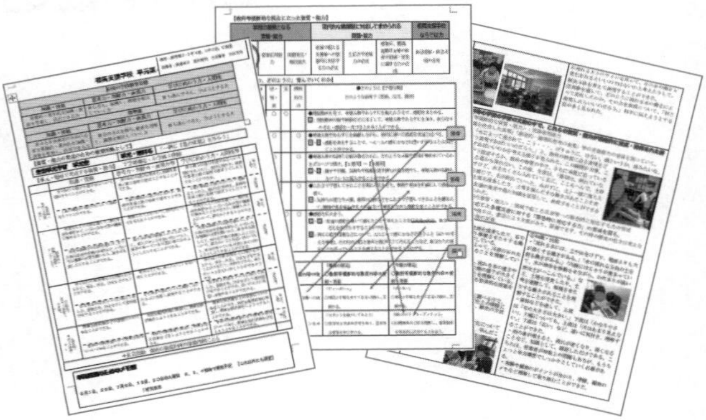

多くの教員が、本校の育成を目指す資質・能力を育むために、単元研究してきた証拠であり、その結果として第３章の第１節～第４節に示すような成果が見られ、カリキュラム・マネジメントが充実していったことは動かしがたい事実であると思える。

2　過去の単元案が活用できるように環境整備して時短へ

令和４年４月に集めた単元案について、全てプリントアウトし、職員室内の給湯室の前の棚に置いて、常に誰でも見やすいようにした。それにより、ちょっと休憩しながら次の単元のヒントを見たり、自分が困っている時に単元構想の参考にしたりする様子が見られた。

すでに実践した単元案を見ることで、授業者が一人で悩む時間の短縮を図り、アイディアをもらいながら自分なりの単元構想を行って授業することができる。

蓄積された先輩や同僚の「どのように教えたのか」を具体的に見ることができ、自ら授業や単元について考える環境を整え、支援することができた。また、本校のサーバー内の単元案のフォルダについても、教科ごとに整理し、データとして活用できるように整理した。これにより、形式等をすぐに活用したり、学習評価等の様子から指導の参考にしたりするなどして、単元構想、授業準備がしやすい環境を整えた。

参考：単元案ファイルの棚

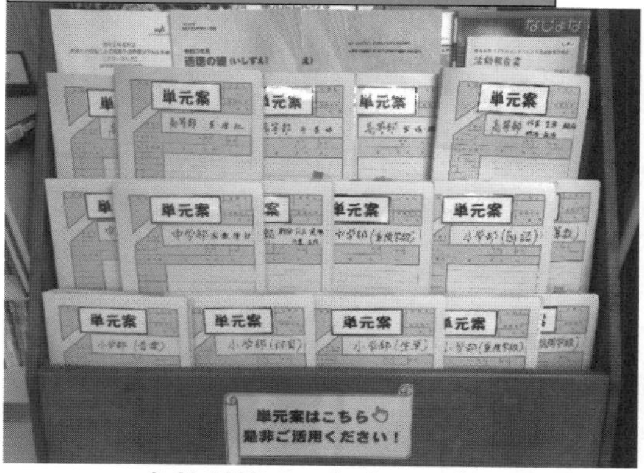

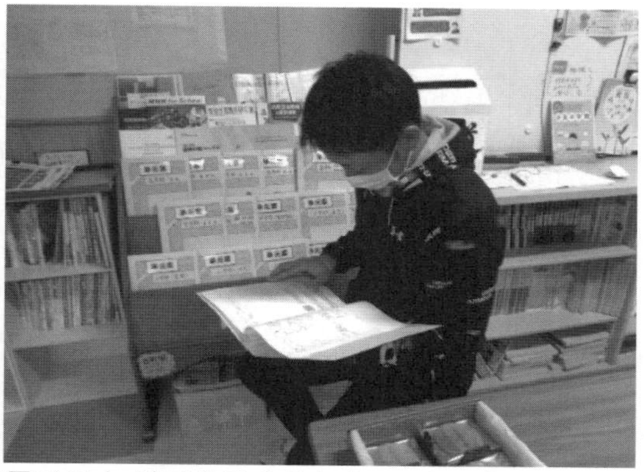

各教科等のこれまでの単元案がすぐに見ることができるようになっている

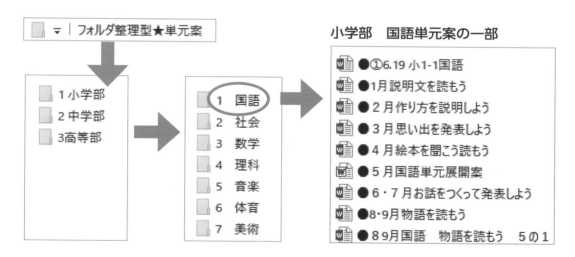

フォルダ整理型★単元案

- 1 小学部
- 2 中学部
- 3高等部

- 1　国語
- 2　社会
- 3　数学
- 4　理科
- 5　音楽
- 6　体育
- 7　美術

小学部　国語単元案の一部

- ●①6.19 小1-1国語
- ●1月説明文を読もう
- ●２月作り方を説明しよう
- ●３月思い出を発表しよう
- ●４月絵本を聞こう読もう
- ●５月国語単元展開案
- ●６・７月お話をつくって発表しよう
- ●8･9月物語を読もう
- ●８９月国語　物語を読もう　５の１

【活用者の声】

社会の単元案を見て、単元後半の指導の仕方等、単元構想の参考にしている。また、単元案フォルダの中も、よく見ているよ！

結構見ている！
数学、国語、社会を見て、参考になった。書き方もそうだけど、授業の運び方、自分がやりたいと思っていた授業 は、（単元案を見て）こうやればいいんだなとアイディアをもらっているよ！

3　単元配列表クリック作戦 ～通称：ＣＫ作戦～

令和２年度に文部科学省より出された特別支援学校小学部・中学部学習評価参考資料に評価規準の設定の仕方が示されており、その点についても単元案で押さえる必要が出てきた。

評価規準の設定については、研究授業等で授業者が挑戦し始めていた。

しかし、普段授業者が学習評価参考資料等を基に調べて考えていくには、時間がない！！というのが本音である。

だからといって、研究授業だけやる、というのでは意味がない。

そこで、本校の単元案は、学習指導要領の内容ベースで目標を立てているので、各教科等の年間指導計画において、理論上全ての単元案を事前に作成することができる。また、学習評価参考資料についても、ある程度パターン化していることから、一気に形式を作ることは可能である。

そこで、研修部が立ち上がり、単元配列表や年間指導計画の単元名をクリックすると、すぐに単元案が出てくるシステムを開発した。クリックするとすぐに出てくるということで「CK 作戦」と名付け、ちょっと楽しみながら時間を見つけて集中的に取り組んできた。

まだ、全ての教科が万全とはなっていないが、単元配列表の単元名をクリックすることで各教科等の資質・能力や評価規準が明確になった単元案が出てくるようにシステム化した。

ここで、OJL 組織学を発動！
研修部メンバーも、常にユーモアをもち、CK 作戦とネーミングして楽しみながら、みんなの役に立てればと思ってやっていた。
公表した時の「オォー。」という声が忘れられない。

CK 作戦の全貌

単元配列表

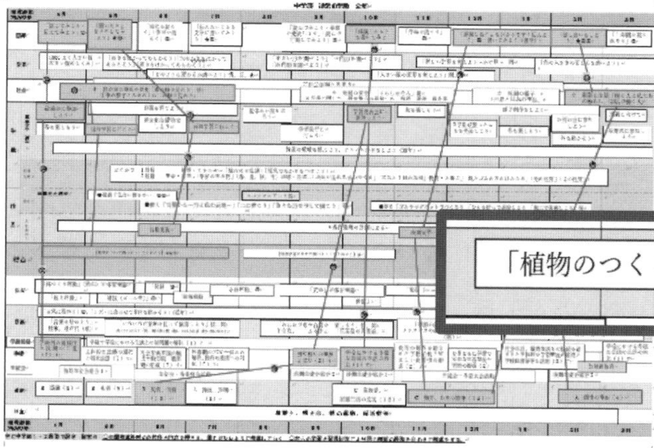

単元名

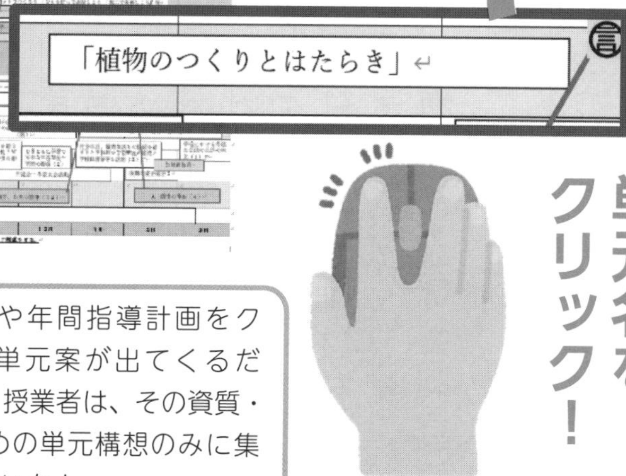

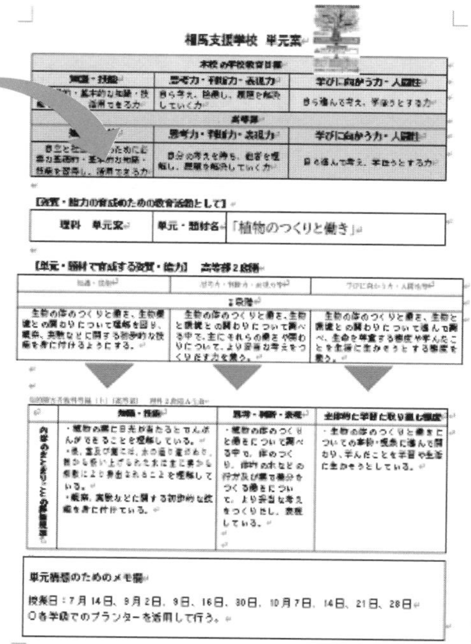

評価規準対応型の単元案

単元配列表や年間指導計画をクリックして、単元案が出てくるだと！！あとは、授業者は、その資質・能力を育むための単元構想のみに集中できるじゃないか！

【活用者の声】

CK 作戦をたくさん用いる。単元案がある授業とない授業での明確な差を感じられるようになった。１時間の中で、生徒たちの「あっ！！！」という発見や、ポロッと出た発言など、授業の中で引き出したいことが明確な分、それらが出た時には、「キター！！！」「やったー！！！」と心の中で喜んでいるよ！

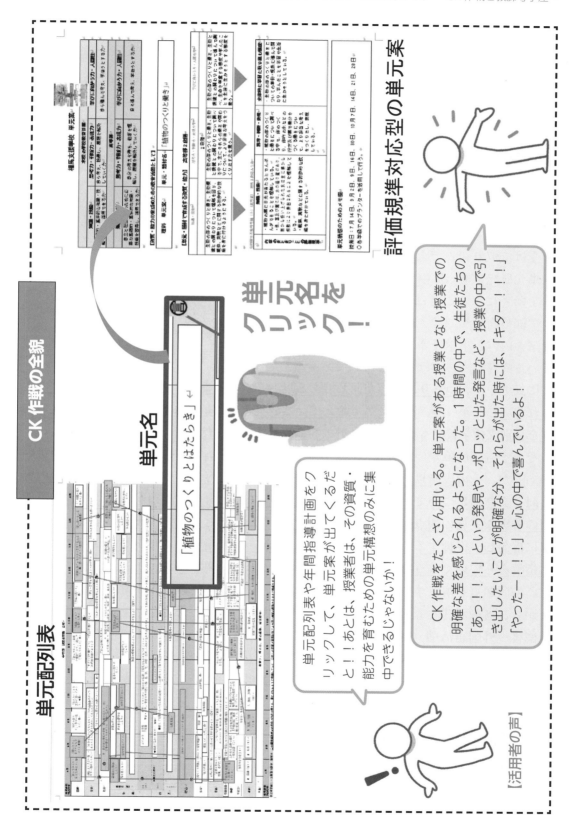

第2節 学びたい時に学べる環境づくり
～環境整備と教師寺子屋～

1　学びの連続性を意識した環境整備と準備・構想時間の短縮

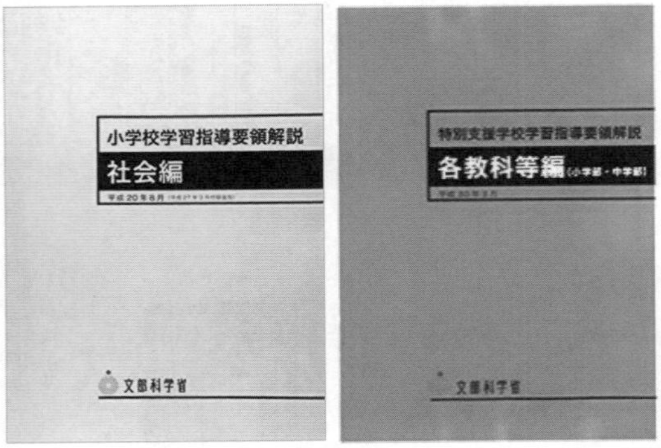

この研究の初年度（令和２年度）は、公益財団法人福島県学術教育振興財団から、研究への指導助言を受け、研究助成を受けて取り組んできた。

単元研究を進める中で、文部科学省の星本を参考にすることはもちろんであるが、中学部や高等部で示されている各教科等の段階の内容と小学校等の各教科等に示されている内容の文言がほとんど同じであることに気付いた。つまり、内容が同じである以上、求める資質・能力は同じであると考えられる。したがって、小学校等で教えている教科書等に示されている内容と同程度の内容を特別支援学校でも教える必要があることが見えてきた。

そもそも知的障がい教育については、星本や附則９条本という教科書としての扱いがあるが、その段階以上の高等部の各教科等の指導内容（＝小学校等で教科内の内容と同じ文言）について、教員が解釈して指導すること自体に課題があり、学習指導要領の着実な実施の観点からも問題があった。また、たとえ、担当教員が全て一から丁寧に構想し、準備するのは、小学校の教員等が、学習指導要領しかない状況で、一から指導をしていくようなものであり、現実的ではない現状があった。

この問題点を解決するために、公益財団法人福島県学術教育振興財団と連携を図りながら、各教科書や指導のヒントとなる参考資料（国語、算数、生活、社会、理科、道徳科、外国語活動、外国語等）を整備し、授業者が単元構想のヒントや授業のヒントになるように環境整備を進めた。これにより、単元構想で一から悩む時間が減り、参考にしながら学級の実態等に合わせて単元構想をして指導することができるようになった。

2　研修掲示板の整備

研修の案内等の周知についても、回覧する時間や回覧を作成する時間がかかり、年間で計算すると多くの無駄な時間になる可能性があるため、研修部では、掲示板に掲示することで、必要な情報を見て分かるようにした。

これにより、学びたい教員が必要な情報を得て学ぶ主体的な環境を整備することができた。また、進路指導部等とも連携し、学校として必要な情報発信ができるようにした。

研修部掲示版（写真上）、
その下には教科書、参考資料を整備（写真下）

掲示版前で教科書等を参考に
しながら話し合う

3　一人一人の学びを支える教師寺子屋

学習指導要領の理解、日々の単元構想、ＩＣＴ等の活用、進路についての理解等、教員は求められていることが多い。しかし、それぞれの教員の経験値や得意・苦手分野が異なり、一人一人が学びたい部分や不安に思っている部分は異なる。

しかしながら、忙しそうにしている同僚の教員に「聞きたくても、聞けない。」という声が多いことは、全国的にも言われている。

本校でも、「いつでも相談していいよ。」と言っても難しいという状況があるかもしれないことを考え、研修部が中心となって、一人一人が学びやすい環境を以下のように設定し、提供するようにした。

【教師寺子屋部門】

① Theme of Learning

研修テーマがあり、学びたい人が参加する形

＊研修部が、学習上や業務上で先生方が困っている内容をテーマ設定して実施する。

② Personal Learning

個人が学びたい内容とその道のプロをマッチング。同様の悩みがある人や学びたい人が参加する形

＊個人の悩みや学びたい内容を研修部が仲介役としてマッチングさせ、個人の負担なく実現する。参加希望者はノートに名前を記入。

■様々なラインナップ（一部紹介）

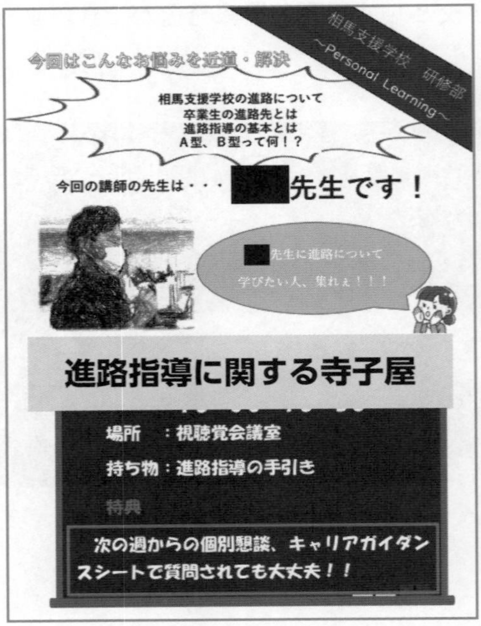

進路指導に関する寺子屋

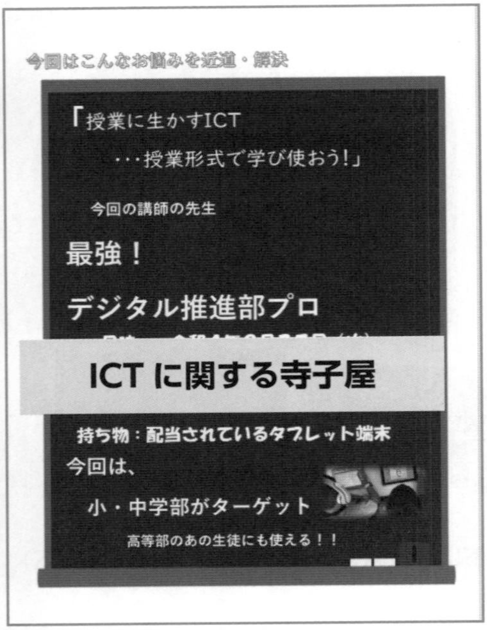

ICT に関する寺子屋

学習評価に関する寺子屋

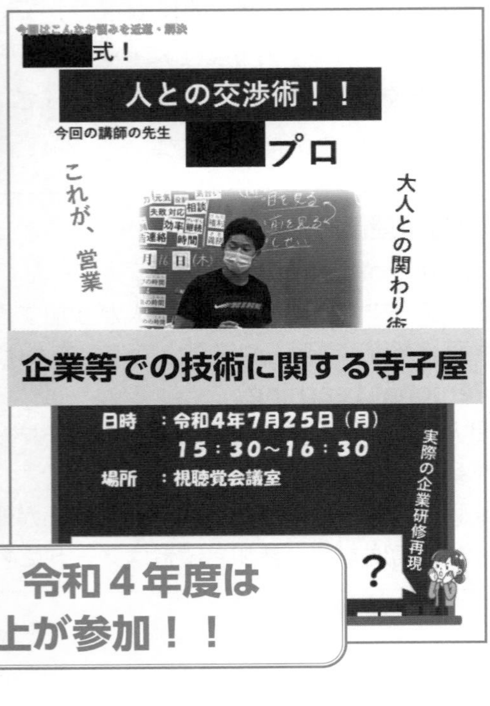

企業等での技術に関する寺子屋

自発的な学びに、令和４年度は
延べ 170 人以上が参加！！

様々な教師寺子屋を開催!!

■教師寺子屋でOJL組織学を学ぶ！

令和２・３・４年度講師
小野寺　哲夫　先生
（東京保健医療専門職大学リハビリテーション
学部作業療法学科　准教授）

【専門領域】

○産業組織心理学：自治体・企業組織の研究、学習する組織、システム思考

○学校心理学：学校風土改革・チームワーク・モチベーションアップ

○臨床心理士・公認心理師・心理学・臨床心理学
（認知行動療法・森田療法・家族療法・催眠療法）　等

【令和２年度】

● 「うまくいくチームのコツとは？企業で学んでいる組織（OJL）を学ぶ
～自ら考え、動く組織・チームを創るために～」

【令和３年度】

① 人材育成の視点を踏まえ、学校の取組を加速させるために必要なポイントとは

② 「“校務分掌でキャップ”になっちゃいました！？どうやったら、みんなでうまくいくチームが創れるの？～OJLを学び、楽しくかつ創造的に働くチームを創るために～」シーズンⅠ

【令和４年度】

① 「働き方改革を目指すためのリーダーの視点と戦略」

② 「“校務分掌でキャップ”になっちゃいました！？どうやったら、みんなでうまくいくチームが創れるの？～OJLを学び、楽しくかつ創造的に働くチームを創るために～」シーズンⅡ

資質･能力を育むために、あらゆる授業や校務分掌でチームが存在し、日々取り組んでいる。しかし、どうすすめるか悩んでいる先生方も多い。

夏季休業中に、希望者が組織学やチームを活性化させるために必要な組織学を学ぶ機会を設けた。また、学校として、目的に向かって創造的に取り組んでいく、持続可能な組織を作っていくための人材を育成するという視点でも実施した。

組織学を学び続けることが、様々な課題を突破する人材を育て、カリキュラム・マネジメントするための原動力となった。

これらの教師寺子屋等の取組が評価され、令和４年度表彰事業「第６回 NITS 大賞」（独立行政法人教職員支援機構）の優秀賞に選ばれた。詳しい資料及び第二次審査におけるプレゼンテーション動画については、独立行政法人教育支援機構のホームページをご覧いただきたい。

エントリー名：福島県立相馬支援学校

学校名：福島県立相馬支援学校

活動名：　**本当は知りたい！学びたいんです！～これからの研修スタイル・教師寺子屋～**

解決すべき課題：**本当に学びたいことは、個人によって違う！！学びたいけど・・・**

学校現場において「研修」というと、自分が取組む日々の業務にプラスして行うビルド思考の雰囲気があることが多く、今日的な課題である教師の多忙化を解消できないという現状があった。しかし、経験等も様々な教員集団の中で、個々人の実は知りたい、学びたいという内容は確実にある。またそれについて、先輩教員や詳しい教員に聞きたくても、個人で聞きづらいと現状があるのは確かである。これは全国的な課題としても指摘されている。結果として、悩みを抱えた教員は、その不安を抱えたまま業務に向き合うことになり、時間も浪費することになる。

この問題の解決が、教員の働きやすさにつながり、普段の授業等における技術力、日々の業務力が向上し、子どもたちの学びにつながると考える。

目標・方針：**ビルド型研修スタイルからの脱却！！**

これまでの「研修」スタイルを見直し、“個人の学びたい”を保障していくことで、教員が本来もっている学びの意欲を満たし、授業につなげ、子どもたちの資質・能力の育成につなげることができるように仕掛ける。その際、校内の様々な得意分野のある教員を“プロ”と称して、楽しみながら学び合ったり、これまで蓄積された各教員の授業実践をすぐに活用できるように整理したりすることで、より教員の資質・技術向上を図って、日々の授業に取り組めるようにする。教員一人一人の「個別最適な学び」を保障し、誰もが自信をもって、働きやすい職場を目指す。

活動内容：**一人一人の「個別最適な教師の学び」を保障するためのラインナップ！！**

＜実施内容＞

【教師寺子屋部門】

①Theme of Learning ・・・研修テーマがあり、学びたい人が参加型。
＊研修部が、学習上や業務上で先生方が困っている内容をテーマ設定して実施する。

②Personal Learning ・・・個人が学びたい内容とその道のプロをマッチング。同様の悩みがある人や学びたい人参加型。
＊個人の悩みや学びたい内容を研修部が仲介役としてマッチングして、個人の負担なく実現する。参加希望者はノートに記入。

【一人で学べる環境整備部門】

③授業実践から具体的に学ぶ・・・蓄積された実践・日々の単元を支援する活用型スタイル
＊これまでの授業実践（単元案）から、自分の単元構想がすぐにできるように支援。

＜実施日程＞

【Theme of Learning】＊日程の一部紹介　年間７回程度
６月２９日（水）・・・学習評価のポイント、実際にやっちゃって前期提出へ！
７月２７日（水）・・・業務効率化のための教員パソコン教室
８月２３日（火）・・・年に１回は組織学！・・・ＯＪＬ研修　　　　等
【Personal Learning】・・・その都度開催（進路、企業、ICT、働き方の悩み等、今年度多数実施）
【環境整備】・・・単元配列をクリックすると、単元案データベースとリンクし、教員業務の支援等

以上の内容を楽しみながら取り組み、安心して学び、自信をもって働ける職場を目指した。

令和４年度表彰事業「第６回 NITS 大賞」エントリーシート

受賞の喜び

取組の過程：**各分野のプロが伝授！学び合う面白さ！活用できる利点**

【教師寺子屋部門】研修部掲示版にてお知らせし、参加者はノートに名前を書く！

チラシの例

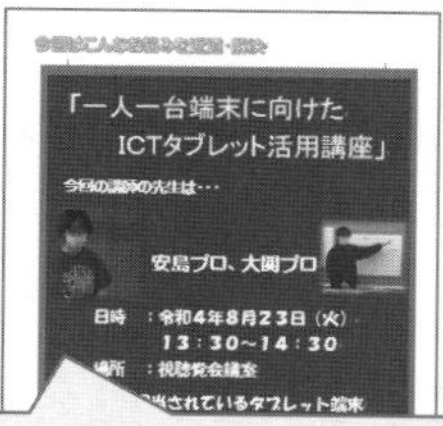

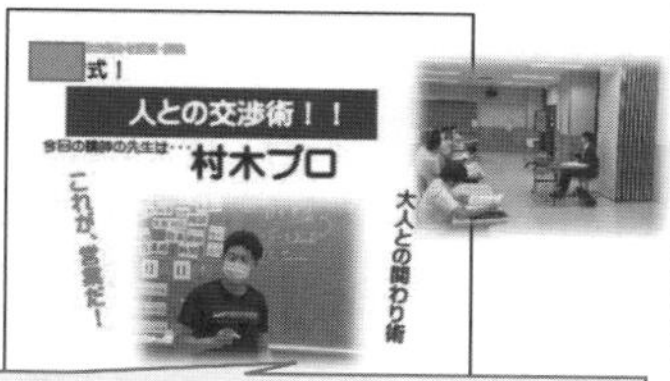

単元構想、学習評価、個別の教育支援計画や自立活動など、授業関係に関わることのスキルを上げ、日々の授業力がアップ！！

ICT活用について、楽しみながら授業での活用場面を実際に体験しながら学び、授業場面で大いに活用！

一般企業に勤めていた先生、組織学のプロから企業研修を学ぶ！民間の知見を吸収！ママさん先生の悩みなども先輩ママさんと座談会形式でアドバイスをもらって元気に！！

自発的な学びに、R4（11月時点）延べ１５０人以上参加！！

【一人で学べる環境整備部門】

〝実践から学べる環境〟

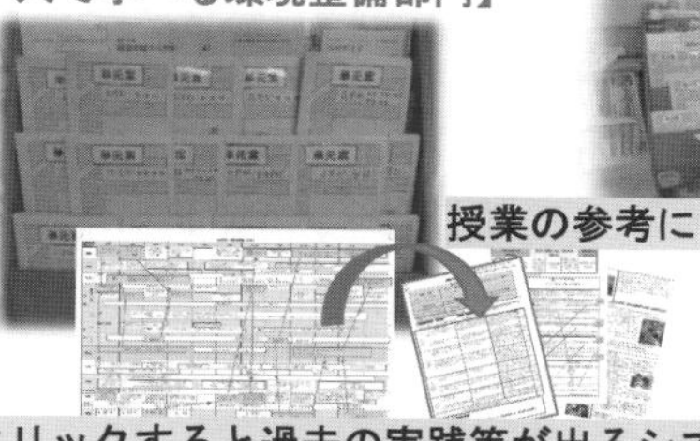

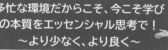

クリックすると過去の実践等が出るシステム

授業の参考にしている様子

気軽に自分のタイミングで、蓄積された授業実践や単元構想を参考に学び、最短距離で、日々の授業力がアップ！！

多忙な環境だからこそ、今こそ学びの本質をエッセンシャル思考で！
～より少なく、より良く～

活動の成果：**参加した教員の声！活用した人の声！**＊アンケートから一部記載。

・両プロが共通して言っていた事「評価する事が自分自身の授業改善につながる。」生徒の姿が、自分の授業の姿･･･「鏡」なのかなと思いました。（学習評価寺子屋から）

・ＣＫ作戦（単元配列クリック）をたくさん活用させていただいています。単元案がある授業とない授業での明確な差を感じられるようになりました。１時間の中で、生徒たちの「あっ！！！」という発見や、ポロッと出た発言など、授業の中で引き出したいことが明確な分、それらが出た時には、「キター！！！」「やったー！！！」と心の中で喜んでいます！（環境整備から）

〝得た知識から授業改善へ〟

これらは、あくまでも参加者の声の一部である。キャリア教育の目指す姿は「学び続ける姿」としている（平成23年中央教育審議会答申）。生徒を主語に学びを深めるために、教員の主語を大切にして、学びを支援する環境を作り、私たちが学びを楽しむ気持ちが、子どもたちが学びを楽しむ気持ちつながると考える。今後も、愚直にやっていきたい。

これからは「課題の修正」を強いるより、問題解決に向けた「ちょっとベター精神！！」

○画像：出典：https://ai-catcher.com/

＊受賞したエントリーシートはこちら

コラム5　私にとっての教師寺子屋

単元案や単元研究会は、自分の中で、授業に一つの軸ができる大きなきっかけになりました。生徒への言葉掛け、仕掛けを考える時、より目標を意識できるようになり、授業の内容や生徒への言葉掛けなど、細かい部分も自然と考えるようになりました。

今まで、「他の先生の授業を見てみたい」と考えていたことが、単元案を見ると盗めます。授業の流れやポイント、目標、教科のスイッチの入れ方など、喉から手が出るほどほしかったアイディアがすぐそこに！

「先生が先生の先生になる」

それぞれが力を付けている「プロ」だからこそ、話を聞けるありがたさ。自分の中では思っていても、考えていても、なかなか聞くことができないことも「教師寺子屋」という場があるからこそ、自分の殻を破るための一歩が踏み出せました。先生方「プロ」から聞けた話や、先生同士で話し合って導き出した答えやアイディアは、今の自分の授業に活かされていると感じます。

何より、生徒の成長こそが、教師が成長を感じる大きな瞬間です。

はっきり言えます。

自分ひとりだけの考えや力では、絶対無理！

自分の視野が広がり、「今日はどんな先生からどんな話が聞けるだろう」「あの先生の技を盗もう」など、毎回楽しみになるのが、教師寺子屋。

一緒に働いている同士だからこそ、悩みや不安が分かるからこそ、導き出せる答えがある！

生徒の学びに、成長に、教師の学びに、成長に、確実につながっています！

（関口 まみ）

コラム6　OJL 組織学が学校を改革する ～相馬支援学校の取組から～

私が公益財団法人ふくしま自治研修センターにおいて、遠藤哲哉氏（現　青森公立大学教授）と OJT 研究会にて新しい人材育成や組織変革のあり方について議論していたのはちょうど 20 年前でした。21 世紀に入り、時代精神が大きく変化していることを感じ取っていました。これからの新しい時代における組織の人材育成のあり方は、従来型の OJT（On the Job Training）、すなわち上からのトレーニング（訓練）だけでは対応できないだろうということで意見は一致していました。このような経緯で、共感に基づく自律的学習を土台にした新しいコンセプトである OJL（On the Job Learning）という言葉が 2000 年に誕生したわけです。この概念は、システム思考で未来を創造するというピーター・センゲの『学習する組織』を土台に、福島県を中心とした大規模全国調査をまとめた組織学研究報告書『自治体経営における OJT：学習する組織スタイル（OS）と OJL（On the Job Learning）（92 頁)」ふくしま自治研修センター刊（2002 年３月）で大成されました。これ以降、ふくしま自治研修センターでは、福島県内の自治体職員を対象とした OJL 研修コースがスタートしていくわけです。福岡県や熊本県など日本全国から OJL 研修を見学したいという自治体のキーパーソンがひっきりなしにセンターを訪れました。私たちも、全国各地へ OJL 研修、および学習する組織づくりの講演に多忙を極めました。が、2011 年３月 11 日の東日本大震災の発生によって、OJL 研修はしばらくの間、表舞台から姿を消すことになったのです。

再び OJL が表舞台に登場してくる契機になったのは、福島県特別支援教育センターでの OJL 研修（2016 年）でした。センターには、かつてふくしま自治研修センターで OJL 研修を受けていた人、あるいは自治研修センターの職員だった人が複数いたのでした。ますます多様化し、変化が加速する社会において必要とされるのは、やはり OJL ではないかということで、私たちの思いと特別支援教育センター職員の意見が一致したのです。OJL の火は消えていなかったのです。このセンターでのキーパーソンが、富村和哉指導主事であり、相馬支援学校に赴任してからは、研修主任として先進的な上司と共に、OJL 組織学を学校組織に浸透させ、多くの職員を巻き込んできたその人でした。これをもって福島県の特別支援教育分野において OJL が復活したのであり、OJL の火は再び燃え始めたのです！私は、福島県特別支援教育センターで３年間 OJL 研修を行いつつ、福島県立大笹生支援学校でも夏休み期間に新型コロナの発生によって途切れてしまうまでの２年間、OJL 研修を行ってきました。

ようやく相馬支援学校における OJL 研修の話ができるところまで辿り着きました。

私は、OJL 組織学によって、相馬支援学校を改革するために、３年間、主に夏休みの時期を利用して OJL 研修を行ってきました。１年目では、「OJL とは何か」と

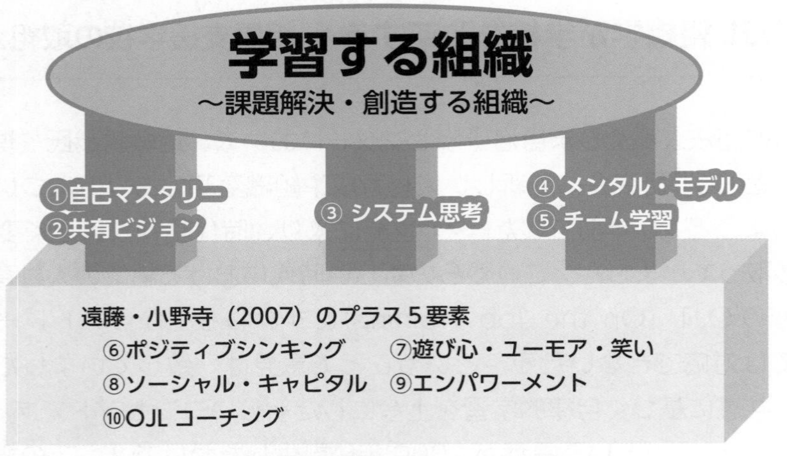

OJL 組織学の学習するプロセスの体系図

いう話から始めて、「学習する組織」の５つの要素、すなわち、①自己マスタリー、②メンタルモデルの克服、③ビジョンの共有、④チーム学習、⑤システム思考というセンゲのオリジナルモデルに、ふくしま自治研修センターでの OJL 実践と研究に基づいて追加された５要素、すなわち⑥ポジティブシンキング、⑦遊び心・ユーモア・笑い、⑧ソーシャルキャピタル、⑨エンパワーメント、⑩ OJL コーチングを加えた 10 要素モデルを『ふくしまパラダイム』として、オリジナルモデルの導入を行いました。その後、グループとチームの違いについて確認した後、Google のプロジェクト・アリストテレス調査から結論された生産性の高いチームの特性のうち最も重要なものとしての「心理的安全性（psychological safety）」の話をし、これについては教員同士で活発なディスカッションもしてもらいました。現在ではよく知られるようになりましたが、「心理的安全性とは、組織の中で自分の考えや気持ちを誰に対してでも安心して発言できる状態のこと」です。組織学を研究するエドモンドソンが 1999 年に提唱した心理学用語です。OJL 研修後のアンケートのコメントには、「心理的安全性」という言葉であふれていました。さすが、教頭先生から新人教員まで、OJL 哲学の一部を成す、この組織学のキーワードの重要性を即座に理解してくれました。私の研修だけでなく、富村先生による普段の OJL 普及活動によって、相馬支援学校の中に、OJL 組織学に関心を示す教員が増えてきました。

とは言え、ホイホイと学校組織が変わるわけではありません。地道な種まきや様々な戦略を実行し、一進一退を繰り返しながら、組織は変わっていくものです。OJL 研修の２年目では、学習する組織の５要素のうちの主に３要素、すなわち自己マスタリー、メンタルモデル、ビジョンの共有について学習しました。センゲの５要素は、どれも大事なのですが、組織を変える上では、間違いなくメンタルモデルが肝になってくるでしょう。メンタルモデルが変化しない組織変革は失敗を運命づけられています。したがって、まず学校組織の全教員が自分のメンタルモデルに気付き、それに挑戦し、自発的に変えていくというプロセスが必要です。私は、社会心理学者のキャロル・ドゥエックが提唱した「マインドセット（mindset)」という考え方を紹介し、メンタルモデルについて考えてもらいました。

研修の様子

マインドセットとは、日本語に訳しにくい言葉ですが、「無意識の思考パターン」「固定観念や思い込み」「物事を捉える時の思考の癖」を意味する言葉です。ドゥエックは、マインドセットを、能力や物事は固定的であり変えられないとする「こちこちマインドセット（fixed mindset)」と、能力や物事は努力次第で変えられるとする「しなやかマインドセット（growth mindset)」に分け、後者のマインドセットが成長や変化を促すと説きました。相馬支援学校の先生方は、組織に対しても、制度に対しても、そして障害のある生徒の能力に対しても、しなやかマインドセットもつことができていると、私は信じています。

そして３年目では、増え続ける特別支援学校教員の仕事を、もう一度見直し、本当に必要な仕事とそうでない仕事を取捨選択する際に役立つグレッグ・マキューンが唱えた「エッセンシャル思考」を取り上げました。エッセンシャル思考の「エッセンシャル」とは「本質的、必要不可欠」という意味で、『より少なく、しかしより良く！』がキーワードです。すなわち、本当に重要なことに集中するということです。さもなければ、人生も仕事も、クローゼットと同じになってしまう。つまり、必要なものと不要なものを区別できなければ、どうでもいいことで埋めつくされてしまうということです。もちろん、このエッセンシャル思考をマキューンの主張通りに全て学校現場で実践することはできません。が、このような視点をもつことによって、無くしてもよい仕事や無くすことができるものを捨てることができ（より少なく)、同時に、本当に時間とエネルギーを注ぎ込むこと、すなわち「本物の授業」を提供することができるようになるのではないでしょうか（より良く)。

相馬支援学校の先生方は、このエッセンシャル思考が伝える本質的な意味を理解し、特別支援教育の世界に新風を吹き込み続けています。これからも、相馬支援学校で実践されてきた数々の取組や改革を支えてきた、この OJL 組織学の理念と実践が、さらなる変化を推進し続けることを確信しています。

（東京保健医療専門職大学リハビリテーション学部作業療法学科　准教授　小野寺 哲夫）

＊詳しい研修の様子はこちら

第5章

単元案による授業実践と学習評価

～授業のポイントが見えてくる！～

実践している各教科の単元案を紹介。
単元構想や学習評価などのポイントを実況中継しているよ。
明日からの実践に生かせるポイントが満載！

※実際の単元案はA4判で作成していますが、本書への掲載に当たり、縮小して内容を一部削除したりしています。また、観点別学習状況の評価は、一人の例を紹介します。

1 国語科（小学部３段階）
「劇をしよう」

教諭　髙橋 美琴

＊令和４年度実践単元

本校の学校教育目標		
知識・技能	思考力・判断力・表現力	学びに向かう力・人間性
基礎的・基本的な知識・技能を習得し、活用できる力	自ら考え、協働し、課題を解決していく力	自ら進んで考え、学ぼうとする力
小学部		
知識・技能	思考力・判断力・表現力	学びに向かう力・人間性
身近な生活で扱う基礎的・基本的な知識・技能を習得し、活用できる力	自ら考え、友達と一緒に課題を解決していく力	自ら学ぼうとする力

【資質・能力の育成のための教育活動として】

国語科　単元案	単元・題材名	「劇をしよう」

【単元・題材で育成する資質・能力】　小学部３段階で設定

	知識・技能	思考力・判断力・表現力等	学びに向かう力・人間性等
国語科	日常生活に必要な国語の知識や技能を身に付けるとともに、我が国の言語文化に触れ、親しむことができるようにする。	出来事の順序を思い出す力や感じたり想像したりする力を養い、日常生活における人との関わりの中で伝え合う力を身に付け、思い付いたり考えたりすることができるようにする。	言葉がもつよさを感じるとともに、図書に親しみ、思いや考えを伝えたり受け止めたりしようとする態度を養う。

特別支援学校学習指導要領解説各教科等編（小学部）　国語科３段階　Ａ聞くこと・話すこと

	知識・技能	思考・判断・表現	主体的に取り組む態度
内容のまとまりごとの評価規準	身近な人との会話や読み聞かせを通して、言葉には物事の内容を表す働きがあることに気付いている。	絵本（「さるかにがっせん」）の読み聞かせを通して、出来事などの話の大体を聞きとっている。	言葉には物事の内容を表したり、図書に親しみ、思いや考えを伝えたり受け止めたりしようとしている。

【単元構想のためのメモ欄】

「さるかにがっせん」

さる・かに・はち・くり・うす

１人１役で劇をする。

【本単元で育みたい教科等横断的な資質・能力】

学習の基盤となる資質・能力			現代的な諸課題に対応して求められる資質・能力			相馬支援学校ならではの力
言語能力	情報活用能力	問題発見・解決能力	地域で起こる災害等への緊急時に対応する力の育成	生活力や地域力の育成	感染症、肥満、運動不足等の自身の健康・安全に関する力の育成	自己理解・自己実現の育成

【「何を、いつ、どのように」育んでいくのか】

展開	時数	知・技	思・判・表	主	横断	●どのように【学習活動】 どのような指導で（習得、活用、探究）
第一次	12	○ ○	○		言	●「さるかにがっせん」のお話を聞こう　**習得** ・登場人物を確認する。 主：「さるかにがっせん」の読み聞かせを聞き、登場人物の絵などを見て、学ぶことに興味を持てるようにする。
第二次	3 ～ 13	○	○		言	●「さるかにがっせん」を読み取ろう ・場面ごとに区切って、挿絵や文章から「いつ」「どこで」「だれが」「なにをした」のか読み取る。 対：読み取った言葉について、実物を見たり、友達や教師の動作を見たり、実際に動いたりして、言葉に対する考えの幅を広げ、言葉の理解を深める。 主：読み取ったことを模造紙にまとめ、振り返ることができるようにする。　**活用**
第三次	14 ～ 20		○	○	言	●劇をしよう　**探究** ・劇を通して、言葉と動きの関係や相手の言葉を受け止めて話したりする。 深：友達のセリフを聞いてから自分もセリフを言ったり、必要な言葉と動作を結びつけたりすることで、相手の話を受け止めたり、言葉と動作を結びつけることが実感することができるようにする。

【他の単元とのつながり】

	過去の単元	現在の単元	今後の単元
国語	「日本語のリズムに親しもう」	「物語を読もう」	「思い出を発表しよう」
音楽	「リズムにのってあそぼう」	「がっきをならそう」	「たがいのおとをきこう」

【内容のまとまりごとの評価規準と観点別学習状況の評価】

①知識・技能 ②思考・判断・表現 ③主体的に学習に取り組む態度	観点別学習状況の評価 → 矢印は評価規準と対応している部分の中で、特に注目したところ
①身近な人との会話や読み聞かせを通して、言葉には物事の内容を表す働きがあることに気付いている。	①教師による読み聞かせを通して、物語に出てくる「いろり」「水瓶」を知ったり、「蒔く」「交換」などの言葉の動作に気付いたりすることができた。また、劇をする時は、友達がセリフを言ったり動作をしたりするのを待ってから自分のセリフを言うことができるなど、言葉の表す働きに気付くことができた。
学習評価 のポイント解説！ 読むことを通して、さらに言葉と物事の関係性を学ぶ。思考・判断・表現によって引き出されている姿 がある。	
②絵本（「さるかにがっせん」）の読み聞かせを通して、出来事などの話の大体を聞きとっている。	②「さるはやけどをした。」などの発言をするなど、「だれが」「なにを」の言葉に着目して物語を読み取り、登場人物の行動や様子など、物語の内容を理解することができた。
学習評価 のポイント解説！ どのように、話を聞き取ったのか、具体的な姿から、何が身に付いたのか、学習評価をすることができる。	
③言葉には物事の内容を表したり、図書に親しみ、思いや考えを伝えたり受け止めたりしようとしている。	③教師の問いかけに対して、最後まで諦めずに考えて、粘り強く自分の考えたことを伝えることもできた。 また、さるかにがっせんに興味をもち、自分から物語を読もうとする姿が見られた。
学習評価 のポイント解説！ 小学部３段階の目標の学びに向かう力に「 図書に親しみ 」とあるが、知識・技能や思考・判断・表現が高まり、「 図書に親しむ 」姿につながっていく瞬間！	

【活動の様子】

かに役の児童が柿の種を植える場面。
「植える。」「ぎゅっぎゅっ。」などの発言が見られた。

「はちがさるの鼻を刺したよ。」と発言し、この場面での出来事を捉えて、自分の言葉でまとめることができた。

【授業者としての振り返り】

単元案があることで、授業の組み立て方がはっきりと見えて、授業の準備がしやすくなった。どんなねらいで学習しているのかしっかり把握できることで、「児童からこんな発言があったらいいな」「こんな身振りで表現してくれたらいいな」という評価後の姿をイメージして授業ができた。

学んだ言葉について劇を通して実践することで、登場人物が何をしたのか、子どもたちが理解し、休み時間にも「さるかにがっせんごっこ」をして登場人物の行動を真似する姿が見られた。内容が分かるから、物語が面白い、読みたい、という気持ちにつながったのではないかと感じる。「分かる、できるから面白い」と思える授業をするために、これからも単元案を活用したいと思う。

この授業の単元構想のポイント！

これまでの「劇遊び」の学習では、劇遊びそのものが目標となり、「活動ありき」のケースが多かった。

髙橋教諭は、本単元における資質・能力（評価規準）を明確にし、第二次では、登場人物や言葉が表す内容を知るために、対話的な学びを通して、相手の考えに触れたり、受け止めたりして考えの幅をさらに広げて、資質・能力を深めていこうとしているのが分かる。さらに、第三次では、覚えた知識・技能を使いながら、劇遊びを通してさらに思考・判断・表現を深め、言葉の内容や相手の表現を受け止めようとする主体的に取り組む態度が深まっていく様子が見られた。まさに、言葉による見方・考え方を働かせ、対象と言葉、言葉の意味、使い方に着目して、捉えたり、問い直したりして、子どもたちの言葉による自覚が高まっていった単元であった。　（富村 和哉）

2 算数科（小学部２段階）「くらべてみよう（高さ）」

教諭　相樂 汐莉

＊令和４年度実践単元

本校の学校教育目標		
知識・技能	思考力・判断力・表現力	学びに向かう力・人間性
基礎的・基本的な知識・技能を習得し、活用できる力	自ら考え、協働し、課題を解決していく力	自ら進んで考え、学ぼうとする力
小学部		
知識・技能	思考力・判断力・表現力	学びに向かう力・人間性
身近な生活で扱う基礎的・基本的な知識・技能を習得し、活用できる力	自ら考え、友達と一緒に課題を解決していく力	自ら学ぼうとする力

【資質・能力の育成のための教育活動として】

算数科　単元案	単元・題材名	「くらべてみよう（高さ）」

【単元・題材で育成する資質・能力】　主に小学部２段階で設定

	知識・技能	思考力・判断力・表現力等	学びに向かう力・人間性等
算数科	身の回りにある具体物の量の大きさに注目し、量の大きさの違いが分かるとともに、二つの量の大きさを比べることについての技能を身に付けるようにする。	量に着目し、二つの量を比べる方法が分かり、一方を基準にして他方と比べる力を養う。	数量や図形に関心をもち、算数で学んだことの楽しさやよさを感じながら興味をもって学ぶ態度を養う。

特別支援学校学習指導要領解説各教科等編（小学部）　算数科科２段階　Ｃ測定

	知識・技能	思考・判断・表現	主体的に取り組む態度
内容のまとまりごとの評価規準	・高さなどの量の大きさが分かっている。 ・二つの高さについて、一方を基準にして相対的に比べている。 ・高い・低いの用語が分かっている。	高さについて、一方を基準にして比べることに関心をもったり、「高い」「低い」という用語を用いて表現したりしている。	二つの高さを自分なりの方法で比べたり、「高い」「低い」の用語を使って表現したりしようとする。

【単元構想のためのメモ欄】　＊一部記載（児童が自己のキャリアと結びつけて学べるような工夫をメモ）

・「高い」用語

いくつかの事象を提示（児童が体験）し、児童から「高い」の言葉を引き出したい。映像資料？事前にイラストを天井近くに貼っておく？Ｔが児童の写真を動かして、大きな山やビルを登っていく様子を見せる？体を動かして「高い」を表現。

【本単元で育みたい教科等横断的な資質・能力】

学習の基盤となる資質・能力			現代的な諸課題に対応して求められる資質・能力			相馬支援学校ならではの力
言語能力	情報活用能力	問題発見・解決能力	地域で起こる災害等への緊急時に対応する力の育成	生活力や地域力の育成	感染症、肥満、運動不足等の自身の健康・安全に関する力の育成	自己理解・自己実現の育成

【「何を、いつ、どのように」育んでいくのか】

展開	時数	知・技	思・判・表	主	横断	●どのように【学習活動】 どのような指導で（習得、活用、探究）
第一次	1 2 3 4	○ ○ 	 ○ ○ ○	 ○ ○		●「高い」の用語を知る活動・・・１ｈ 主：いくつかの事象（動画、パワポ等）を提示し、児童が体験する中で「高い」を感じて、「高い」という言葉と結び付けることができるようにする。　習得 対：児童から出てきた「たかい！」等の言葉を取り上げて、教師が繰り返して全体に共有したり、黒板に書いて視覚的に示したりして、考えの幅が広がるようにする。 ●「高い」を表現する活動・・・２，３，４ｈ ①もっと高いところにタッチ！（基準となるイラストを提示し、そのイラストよりも高いところにタッチする） ②ブロック積みゲーム（様々な大きさの立方体を高く積み上げる）　活用 主：実際に体を動かしたり、物を操作したりする活動を取り入れて、興味をもって活動できるようにする。
第二次	5 6	○ 	○ ○	 ○	問	「たかい」と「ひくい」 ●二つの量を比べて、「高い」「低い」を判断する活動（「高い」ではない方が「低い」） 主・対：すべりだいの上と下、階段の上と下等、身近なもののイラストを用い、児童の顔写真を動かして「高い」「低い」等を友達に発表して、お互いの考えに触れたり、伝え合ったりする場を設定する。 ★テスト　探究

他の単元とのつながり

	過去の単元	現在の単元	今後の単元
国語	「ものがたりをよもう」	「つくりかたをよもう」	
生単	「がんばろうさくえさい」	「鹿島探検に行こう」	「ボウリングをしよう」

【内容のまとまりごとの評価規準と観点別学習状況の評価】

①知識・技能 ②思考・判断・表現 ③主体的に学習に取り組む態度	観点別学習状況の評価 → 矢印は評価規準と対応している部分の中で、特に注目したところ
① ・高さなどの量の大きさが分かっている。 ・二つの高さについて、一方を基準にして相対的に比べている。 ・高い・低いの用語が分かっている。	①前単元の「長い」「短い」や「大きい」「小さい」の既習事項を使って表現することもあったが、用語の一文字目を伝えることで「高い」「低い」の用語について分かってきている。また、高さについて、表現することができた。また、出っ張りに注目して、一方を基準にして比べようとしていた。

学習評価 のポイント解説！

1段階の「大きい」「小さい」や2段階の 既習事項の「長い」「短い」という言葉を使って表現し、新しい概念の「高い」「低い」に出会っている瞬間。用語の一文字目を伝える必要がある状況であることが分かる。

②高さについて、一方を基準にして比べることに関心をもったり、「高い」「低い」という用語を用いて表現したりしている。	②ブロックと友達の背の高さを比べる活動において、友達の頭とブロックの上部に手を置き、一方を基準として、その手の高さの違いから二つの量を比べることに関心をもったり、「高い」という用語を用いて表現したりすることができた。また、教師の問いかけに対して、もう一方を「低い」と判断することができた。

学習評価 のポイント解説！

まさに、この児童が、積み上げたブロックの高さと友達を比べる時に、両方手を置いて、片方の手を基準として考えようとしている、関心をもっている 瞬間！

③二つの高さを自分なりの方法で比べたり、「高い」「低い」の用語を使って表現したりしようとする。	③二つの高さについて、二つの量を手で押さえて、一方を基準として考えたり、「高い」などの表現を使って粘り強く取り組もうとしたりしていた。

【活動の様子】

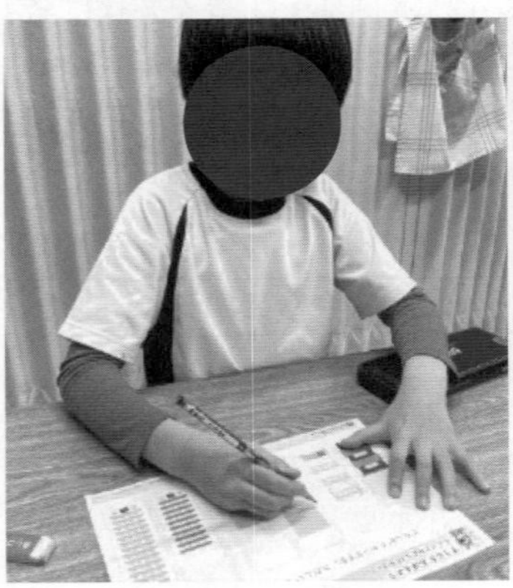

イラストの出っ張っている部分に注目して、印を付けることができた。

【活動の様子】

「こっちから見たら分かるよ！」友達とブロックが横並びでは、高さの違いが分かりづらい場面で見る角度を考えているなど、比べることに関心をもっていた。

【授業者としての振り返り】

・単元案で単元をコントロールすることで、単元全体の目標が明確となり、それに伴って本時の目標も明確になった。また、計画があるからこそ、授業の中で出てくる児童の発言や疑問を重要視し、児童の学びの姿に応じて、次時からの授業の進め方や教材等を調整したり変更したりすることができた。
・授業内に見られた児童の姿を記録していく中で、「指導要領のこの文言はこのような姿だったのか！」と私自身結び付けることができ、具体的な児童の姿を想像して、指導要領の文言に向き合うことが少しずつできるようになってきた。児童が授業の中で見せてくれる姿から得られるものがとても多いことを実感した。
・キャリア教育の視点をもって単元案に取り入れ、算数で学んだことや学習に向かう姿勢を他の学習場面でも生かせるよう、他教科との関連も含め、広い視野で授業を考えることができるようにしたい。

この授業の単元構想のポイント！

　このような「高い」「低い」の測定の学習は、従来は各教科等を合わせた指導の中で、自然と学ぶような形での指導が多かった。しかし、算数の資質・能力（評価規準）に向き合うことで、具体的に「高い」「低い」の用語を知るための導入を仕掛けたり、体験的な活動の中で、十分に「高い」「低い」という数学的な活動の世界に浸る姿が出ていることが学習評価から分かる。

　また、単元構想のメモで、「『高い』用語　いくつかの事象を提示（児童が体験）し、児童から「高い」の言葉を引き出したい。」と授業者がメモしている。これは主体的な学びのポイントである「自己のキャリア形成と関連付けながら」という部分を意識し、どのように学びの場を設定するかを相樂教諭が考えを深めるためにメモをしていることが分かる。それぞれの児童が、自分の経験（キャリア）から、日常的にある現象について、「大きい」「小さい」などの既習事項で表現しながら、新しい概念を統合的・発展的に獲得していく姿が見られた単元であった。

（富村 和哉）

3 数学科（高等部２段階）
「角柱と円柱の体積の求め方を考えよう」

教諭　大関 克也

＊令和４年度実践単元

本校の学校教育目標		
知識・技能	思考力・判断力・表現力	学びに向かう力・人間性
基礎的・基本的な知識・技能を習得し、活用できる力	自ら考え、協働し、課題を解決していく力	自ら進んで考え、学ぼうとする力
高等部		
知識・技能	思考力・判断力・表現力	学びに向かう力・人間性
自立と社会参加のために必要な基礎的・基本的な知識・技能を習得し、活用できる力	自分の考えを持ち、他者を理解し、課題を解決していく力	自ら進んで考え、学ぼうとする力

【資質・能力の育成のための教育活動として】

数学科　単元案	単元・題材名	「角柱と円柱の体積の求め方を考えよう」

【単元・題材で育成する資質・能力】　高等部２段階で設定

	知識・技能	思考力・判断力・表現力等	学びに向かう力・人間性等
数学科	平面図形を縮小したり、拡大したりすることの意味や、立体図形の体積の求め方について理解し、縮図、拡大図を作図したり、円の面積や立方体、直方体、角注、円柱の体積を求めたりする技能を身に付けるようにする。	図形を構成する要素や図形間の関係に着目し、構成の仕方を考察したり、図形の性質を見いだしたりするとともに、円の面積や立方体、直方体、角柱、円柱の体積の求め方を考え、その表現を振り返り、簡潔かつ的確な表現を高め、公式としての導く力を養う。	図形や数量について数学的に表現・処理したことを振り返り、多方面に捉え検討してよりよいものを求めて粘り強く考える態度、数学のよさを実感し、学習したことを生活や学習に活用しようとする態度を養う。

知的障害者教科等編（上）（高等部）　数学２段階　Ｂ図形

	知識・技能	思考・判断・表現	主体的に取り組む態度
内容のまとまりごとの評価規準	基本的な角柱及び円柱の体積の計算による求め方について理解している。	図形を構成する要素に着目し、基本図形の体積の求め方を見いだすとともに、その表現を振り返り、簡潔かつ的確な表現に高め、公式として導いている。	角柱及び円柱の体積の求め方を理解したり、図形を構成する要素の着目し、基本図形の体積の求め方を見いだして公式を導いたりしようとしている。

【単元構想のためのメモ欄】　＊一部記載（数学的な見方・考え方を働かせるための仕掛けをメモ）

○目で見える形で振り返り、意識づけるために数学的な見方・考え方を、短冊カード に書き留めておき、生徒の目の届く場所に掲示しておく。

【本単元で育みたい教科等横断的な資質・能力】

学習の基盤となる資質・能力			現代的な諸課題に対応して求められる資質・能力			相馬支援学校ならではの力
言語能力	情報活用能力	問題発見・解決能力	地域で起こる災害等への緊急時に対応する力の育成	生活力や地域力の育成	感染症、肥満、運動不足等の自身の健康・安全に関する力の育成	自己理解・自己実現の育成

【「何を、いつ、どのように」育んでいくのか】

展開	知・技	思・判・表	主	横断的な力	●どのように【学習活動】 どのような指導で（習得、活用、探究） ※各時間の中で「数学的に表現した問題」、「焦点化した問題」、「結果」のサイクルを回すようにする。
1 2	○				①②いろいろな体積の求め方（直方体、立方体） 主：既習の図形の体積の求め方について振り返り、今後の学習の見通しをもつ。 習得
3	○	○	○	問	③四角柱の体積の求め方 主：高さ１センチの四角柱の体積と底面積を表す数が等しいことを気付き、四角柱の体積の求め方を理解する。 対：体積の求め方について、ノートにまとめ、発表する場面を設定し、考えの幅を広げられるようにする。 習得
4	○	○			④三角柱の体積の求め方 対：発表する場面を設定し、考えの幅を広げられるようにする。 深：三角柱と四角柱は角柱の仲間であることを確認し、共通で導ける方法に気付き、統合的・発展的に考え、角柱の体積の公式を導けるようにする。 探究
5	○				⑤円柱の体積の求め方 ・円柱の体積も、底面積×高さで求めることができるかを考える。 活用
6		○	○	問	⑥直方体を組み合わせた図形の体積 対・深：どの面を底面としてみるかを考えるなど、底面の定義を想起し、直方体の組み合わせであること気付き、知識を相互に関連付けて取り組む場面を設定する。 探究
7	○	○	○		・学習内容の定着を確認し、理解を確実にする。

【他の単元とのつながり】

	過去の単元	現在の単元	今後の単元
数学	「円の面積」	「直方体と立方体のかさの表し方を考えよう」	
数学	角、二等辺三角形、正三角形 （高１）		

【内容のまとまりごとの評価規準と観点別学習状況の評価】

①知識・技能 ②思考・判断・表現 ③主体的に学習に取り組む態度	観点別学習状況の評価 → 矢印は評価規準と対応している部分の中で、特に注目したところ
①基本的な角柱及び円柱の体積の計算による求め方について理解している。	①一辺が１㎝の立方体（１㎤）を体積の基と理解し、四角柱の体積を求めることができた。また、四角柱の体積を求め、半分にすることで三角柱が求められることに気付いたり、底面積×高さの公式を使ったりして、角注や円柱の体積を求めることができた。
②図形を構成する要素に着目し、基本図形の体積の求め方を見いだすとともに、その表現を振り返り、簡潔かつ的確な表現に高め、公式として導いている。	②四角柱の底面積（長方形）に着目し、同じ図形（長方形）が積み重なるということに気付くことができた。四角柱、三角柱の体積をそれぞれ求め、共通点が（底面積）×（高さ）であることを的確に表現するなど、公式として導くことができた。また、円柱は底面積に着目した解き方ができた。

学習評価 のポイント解説！

生徒が、四角柱や三角柱の体積の求め方で、共通した「底面積×高さ」という求め方があることに気付いて、授業場面で発言した。まさに、これまでの既習事項から、新しい概念として統合的・発展的に捉えた瞬間である。

③角柱及び円柱の体積の求め方を理解したり、図形を構成する要素の着目し、基本図形の体積の求め方を見いだして公式を導いたりしようとしている。	③底面の図形が積み重なることで角柱ができることを、粘り強く、納得がいくまで具体物を操作する姿がみられた。

学習評価 のポイント解説！

図形を構成する要素に着目して、粘り強く学びに向かおうとしている姿は大いに評価できる。

【活動の様子】

一辺が１㎝の立方体（１㎤）の具体物を用いて実際に操作しながら行うことで、視覚的な情報を得ることができ、角柱の体積を求めることができた。

【活動の様子】

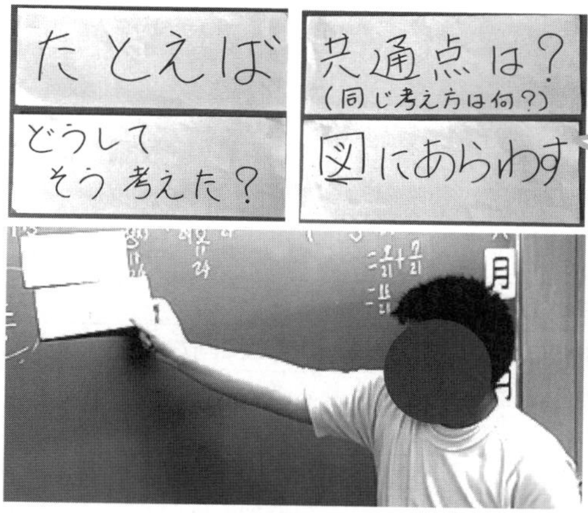

授業の中では短冊カードを常に生徒の目の届くところに掲示しておくことで、振り返りを意識する場面や、生徒自身も短冊カードを用いて、自分の考えた根拠を説明する姿が見られた。

【授業者としての振り返り】

日々の授業の中で、生徒は断片的な知識となっており、「こうしたらできそうだ。」という解決の方向性を探ることや「あの時のことが使える。」という既習事項とのつながりをもたせることが苦手である。さらに問題を発展させようともせず、数学を膨らますことができずにいた。教師側が意識して既習事項とのつながりが大事であるかを伝えることにより、生徒も新規の内容を学習した際には、その視点から振り替えて見ることで、以前とは違う側面を捉えることができたり、表現力を高めるために、自分の考えを言葉・数・式・図・表・グラフ・絵を使ってノートに書き込んだり説明したりすることを少しずつ経験を繰り返したりすることで、より深く理解することができると考える。今後も数学を学ぶことの楽しさを実感できるように指導に当たりたい。

この授業の単元構想のポイント！

これまでの高等部での学習として、最初に少し説明をした後、「公式」を覚え、プリント学習で問題を解くという授業が多かった。しかし、それでは、本質的なことを理解していないので、少し図形が変わると考え方を応用できないことが多かった。しかし、大関教諭が資質・能力と向き合うことで、評価規準（思考・判断・表現）にある「図形を構成する要素に着目し、基本図形の体積の求め方を見いだすとともに、その表現を振り返り、簡潔かつ的確な表現に高め、公式として導いている。」とうい姿を引き出すために、既習事項を丁寧に振り返りながら、共通項を見出し、新しい概念に統合的・発展的に捉えることができるように単元構想をしたり、発問を工夫したりしていた。年間を通して取り組むことで、生徒はノートを振り返り、新しい学習課題の際に、どのような力を活用して問題を解決するといいのかを考え、学びをつなげて学習課題を突破することが多くなってきており、学びを楽しむ様子が見られた単元であった。

（富村 和哉）

4 社会科（高等部１段階）「国土の気候の特色」

教諭　富村 和哉

＊令和４年度実践単元

本校の学校教育目標		
知識・技能	思考力・判断力・表現力	学びに向かう力・人間性
基礎的・基本的な知識・技能を習得し、活用できる力	自ら考え、協働し、課題を解決していく力	自ら進んで考え、学ぼうとする力
高等部		
知識・技能	思考力・判断力・表現力	学びに向かう力・人間性
自立と社会参加のために必要な基礎的・基本的な知識・技能を習得し、活用できる力	自分の考えを持ち、他者を理解し、課題を解決していく力	自ら進んで考え、学ぼうとする力

【資質・能力の育成のための教育活動として】

社会科　単元案	単元・題材名	「国土の気候の特色」

【単元・題材で育成する資質・能力】　主に高等部１段階で設定

	知識・技能	思考力・判断力・表現力等	学びに向かう力・人間性等
社会科	我が国の国土の様子と国民生活、自然環境の特色、先人の業績や優れた文化遺産、社会参加するためのきまり、公共施設の役割と制度、農業や水産業の現状、産業と経済との関わり、外国の様子について、様々な資料や具体的な活動を通して、社会生活との関連を踏まえて理解するとともに、情報を適切に調べまとめる技能を身に付けるようにする。	社会的事象の特色や相互の関連、意味を多角的に考える力、自分の生活と結びつけて考える力、社会への関わり方を選択・判断する力、考えたことや選択・判断したことを適切に表現する力を養う。	社会に主体的に関わろうとする態度や、よりよい社会を考え学習したことを社会生活に生かそうとする態度を養うとともに、多角的な思考や理解を通して、地域社会に対する誇りと愛情、地域社会の一員としての自覚、我が国の国土に対する愛情、我が国の歴史や伝統を大切にして国を愛する心情、我が国の産業の発展を願い我が国の将来を担う国民としての自覚や平和を願う日本人として世界の国々の人々と共に生きることの大切さについての自覚を養う。

知的障害者教科等編（上）（高等部）　社会科１段階　オ我が国の国土の様子と国民生活、歴史

	知識・技能	思考・判断・表現	主体的に取り組む態度
内容のまとまりごとの評価規準	・我が国の国土の気候の概要を理解するとともに、人々は自然環境に適応して生活していることを理解している。	・気候などに着目して、国土の自然などの様子や自然条件から見て特色ある地域の人々の生活を捉え、国土の自然環境の特色やそれらと国民生活との関連を考え、表現している。	・我が国の国土の気候の概要を理解したり、自然環境に適応して生活していることを理解したり、それらについて気付いたことを表現しようとしたりしている。

【単元構想のためのメモ欄】　＊一部記載（体験的な活動を模索しているメモ）

○暖かい地域では、実際に沖縄に住んでいる人々にリモートで話を聞く機会を設定する。

【本単元で育みたい教科等横断的な資質・能力】

学習の基盤となる資質・能力			現代的な諸課題に対応して求められる資質・能力			相馬支援学校ならではの力
言語能力	情報活用能力	問題発見・解決能力	地域で起こる災害等への緊急時に対応する力の育成	生活力や地域力の育成	感染症、肥満、運動不足等の自身の健康・安全に関する力の育成	自己理解・自己実現の育成

【「何を、いつ、どのように」育んでいくのか】

展開	知・技	思・判・表	主	横断的な力	●どのように【学習活動】 どのような指導で（習得、活用、探究）
第一次		○	○	言	【国土の気候の特色】 導入：●日本の気候について調べて疑問を話し合い、学習問題を作ろう●日本の梅雨、台風、季節風には、どのような特色があるだろう。＊理科での台風の学びを活用する。主：実際に理科で使っている教材等を使いながら、季節風が山脈にぶつかって雨や雪を降らしていることを、興味をもって考えることができるようにする。
	○	○			
第二次	○	○		情	【暖かい土地の暮らし】 ●暖かい土地、沖縄県宮古島のくらしを考えよう主：実際に宮古島に住む先生に話を聞くことができることを伝え、意欲をもって学習問題を作ることができるようにする。対：暮らし、観光、農業の視点で疑問点を考える。ICT 機器のジャムボードを活用することで、友達の考えを共有し、思考の幅がより一層広がる場面を設定する。
	○	○		情	
		○	○	情	●実際に、話を聞いて、暖かい土地沖縄県宮古島の生活を知ろう。主・対：具体的に沖縄の先生の話を聞くことで、自然環境や自然条件等を活用してどう生活しているのか、福島県の相馬との違いに気付きながら対話できるようにする。
	○	○	○	言	●暖かい土地、沖縄県宮古島のくらしをまとめよう深：自分たちが住んでいる場所と異なる自然条件でも、それを生かして生活していることに気付くことで、自分たちの住んでいる相馬も同じであることや将来、自分たちが生活する場所での自然条件と自分の暮らしが関連することなどに気付くことができるようにする。

習得　活用　探究

【他の単元とのつながり】

	過去の単元	現在の単元	今後の単元
国語	「慣用句を使おう」	「本に親しもう」	「敬語の使い方」
理科	雲と天気の変化 （１学期）	流れる水の働き	

【内容のまとまりごとの評価規準と観点別学習状況の評価】

①知識・技能 ②思考・判断・表現 ③主体的に学習に取り組む態度	観点別学習状況の評価 → 矢印は評価規準と対応している部分の中で、特に注目したところ
①我が国の国土の気候の概要を理解するとともに、人々は自然環境に適応して生活していることを理解している。 **学習評価 のポイント解説！** 思考力･判断力･表現力が深まれば、自然環境に適応して生活している理解が深まった瞬間！	①国土の地形の学びを活用しながら、特徴ある２つの雨温図を見て、太平洋側は、「(冬の) 雨量が少ない。日本海側は「(冬の) 雨量が多く、雪が多く降るから。」と理解することができた。また、北海道や沖縄など南北の地域の気候の概要を理解し、「沖縄と北海道で、こんなにちがう、日本でも家の作りや文化などがあるんだなと思いました。気候の違いで人々の暮らしが変わるところが分かりました。」と表現する等、自然環境に適応して生活することを理解することができた。
②気候などに着目して、国土の自然などの様子や自然条件から見て特色ある地域の人々の生活を捉え、国土の自然環境の特色やそれらと国民生活との関連を考え、表現している。 **学習評価 のポイント解説！** 実際に現地の人に話を聞くことで、自然環境と生活の関連の理解を深めている瞬間！	②沖縄県の宮古島の生活を取り上げた。沖縄の暖かさや台風という自然環境に着目し、「家の中の作り」「農業での対策や工夫」等を実際に宮古島に住む先生に質問をした。実際に先生の話から、「家に（断水対策のために）貯水タンクがあること」「(台風で物が飛んで来て）窓が割れないように格子があること」「農業対策では、防風林があること」などを知り、「場所に合った対策があってとても楽しく学ぶことができた。」と、相馬地方との生活が違いを実感し、暖かい地域の自然環境の特色や生活との関連を考え、表現することができ、表現することができた。
③我が国の国土の気候の概要を理解したり、自然環境に適応して生活していることを理解したり、それらについて気付いたことを表現しようとしたりしている。	③気候と生活がどのように関連しているのか、粘り強く考え、そのつながりを表現しようとしていた。また、学習後には「自分で考えて、事前にその場所を知って、旅行などに行きたいと思いました。」と表現する等、学習したことを身近な社会生活に生かそうとする姿が見られました。

学習評価 のポイント解説！

社会の段階の目標に「学習したことを社会生活に生かそうとする態度」とあるが、本人のこれからの社会生活に、どう生かしていくのか、深い学びの末にたどり着いた思いを表現した瞬間！

【活動の様子】

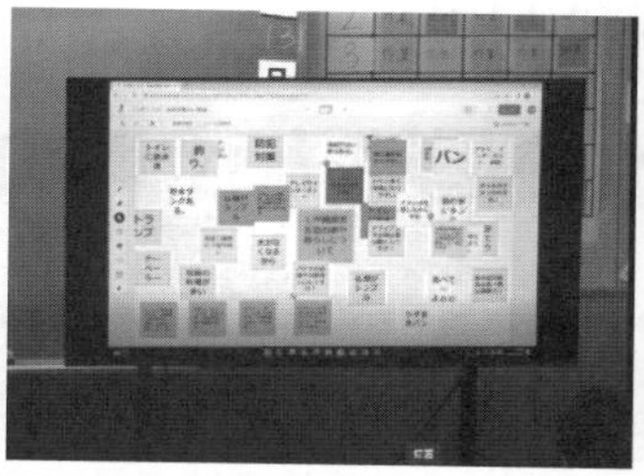

ICT 機器を活用して、実際に沖縄に住んでいる先生に質問をして具体的にどのような生活なのかを学び、子どもたちからは驚きの声が上がり、学習の理解を深めていった。また、Jamborad を使いながら、話を聞き、分かったことや質問などを書き込み、沖縄の先生と同時に意見交換ができるようにした。学習の文脈の中で、情報機器の操作の能力も育成された。＊実際は、情報活用の力で学習評価している。

【授業者としての振り返り】

今回は、単元構想時点で、暖かい地域の暮らしについて、どのように学んでいくかについて考えたところ、昨年（令和３年度）本校の学校公開で出会った沖縄県の先生とのつながりからこの実現となった。実際に住んでいる先生からの話は私も知らないことばかりで、生徒と一緒に学ぶことができた。また、実際にその場に行かなくてもリアルタイムでやり取りができる ICT 機器のよさを最大限に生かすことで学習がより深まることを実感できた。その利点は、生徒も感じ「次はどこの地域の人の話を聞きますか。」と、情報機器の活用が有効であり、積極的に使おうとする姿勢が見られるなど、生徒たちの情報活用能力が育まれる様子も見られた。

今回は、日々の忙しさの中で、CK 作戦（第４章第１節参照）のおかげですぐに単元構想の時間がとれ、私にとってもより資質・能力を育むための挑戦ができた単元となった。今後も、資質・能力を育むために、単元案でコントロールしながら、より深まっていくようにしたい。

この授業の単元構想のポイント！

気候の特色の学習では「この地域は～な気候」などの知識が中心になりがちな授業が多かった。しかし、資質・能力に向き合って授業をすると、学習評価にあるように「自然環境と国民生活との関連を考える姿」が見られた。まさに社会の見方・考え方を働かせ「どのようにつながっているのか」「どのような違いや共通点があるか」という視点と方法で学びを深めることができた。さらに、深い学びに到達した時、生徒が「自分で考えて、事前にその場所を知って、旅行などに行きたいと思いました。」と表現する等、様々な土地の気候と生活を知ることで、自分の社会生活にとってどのように関わっていくのか発言するなど、改めて生徒たちが社会を学ぶ意義を私たちに教えてくれた単元となった。

（富村 和哉）

5 理科（高等部１段階）
「流れる水の働きと土地の変化」

教諭　黒澤 圭太

＊令和４年度実践単元

本校の学校教育目標		
知識・技能	思考力・判断力・表現力	学びに向かう力・人間性
基礎的・基本的な知識・技能を習得し、活用できる力	自ら考え、協働し、課題を解決していく力	自ら進んで考え、学ぼうとする力
高等部		
知識・技能	思考力・判断力・表現力	学びに向かう力・人間性
自立と社会参加のために必要な基礎的・基本的な知識・技能を習得し、活用できる力	自分の考えを持ち、他者を理解し、課題を解決していく力	自ら進んで考え、学ぼうとする力

【資質・能力の育成のための教育活動として】

理科　単元案	単元・題材名	「流れる水の働きと土地の変化」

【単元・題材で育成する資質・能力】　主に高等部１段階で設定

	知識・技能	思考力・判断力・表現力等	学びに向かう力・人間性等
理科	流れる水の働き、気象現象の規則性についての理解を図り、観察、実験などに関する初歩的な技能を身に付けるようにする。	流れる水の働き、気象現象の規則性について調べる中で、主に予想や仮説を基に、解決の方法を考える力を養う。	流れる水の働き、気象現象の規則性について進んで調べ、学んだことを生活に生かそうとする態度を養う。

知的障害者教科等編（上）（高等部）　理科１段階　Ｂ地球・自然　ア流れる水の働きと土地の変化

	知識・技能	思考・判断・表現	主体的に取り組む態度
内容のまとまりごとの評価規準	・流れる水には、土地を浸食したり、石や土などを運搬したり堆積させたりする働きがあることを理解している。 ・川の上流と下流によって、川原の石の大きさや形に違いがあることを理解している。 ・雨の降り方によって、流れる水の速さや量は変わり、増水により土地の様子が大きく変化する場合があることを理解している。 ・観察、実験などに関する初歩的な技能を身に付けている。	・流れる水の働きについて調べる中で、流れる水の働きと土地の変化との関係についての予想や仮説を基に、解決の方法を考え、表現している。	・流れる水の働きと土地の変化についての事物・現象に進んで関わり、学んだことを学習や生活に活かそうとしている。

【単元構想のためのメモ欄】　＊一部削減（見方・考え方の意識をメモ）

・予想、実験方法を考える、検証、結果、考察等の見方・考え方を働かせて授業が展開するように構想する。その際、授業の展開が上記の流れになるように、発問、板書等を事前に考え、生徒の思考が流れるようにする。

【本単元で育みたい教科等横断的な資質・能力】

学習の基盤となる資質・能力			現代的な諸課題に対応して求められる資質・能力			相馬支援学校ならではの力
言語能力	情報活用能力	問題発見・解決能力	地域で起こる災害等への緊急時に対応する力の育成	生活力や地域力の育成	感染症、肥満、運動不足等の自身の健康・安全に関する力の育成	自己理解・自己実現の育成

【「何を、いつ、どのように」育んでいくのか】

展開	時数	知・技	思・判・表	主	横断	●どのように【学習活動】 どのような指導で（習得、活用、探究）
第一次	1		○			●川の上流・中流・下流の様子の写真を見て様子の違いに気付く。主：実際に身近な川を取り上げながら、川の上流や中流、下流によって、川の様子が違うことに気付き、これから調べて行こうとする見通しをもてるようにする。
	2	○				●川のおよそ上流・中流・下流による違いをまとめる。 対：最初は、自分達で調べた後、その後、友達とグループになって話し合う場を設けながら、気付きをグループ事にまとめていくようにする。
第二次	2	○			問	●流れる場所と水の関係について話し合い、流れる水の働きを予想する。対：予想したことをどのように、検証していくのか、実験方法を考え、伝え合って考えの幅を広げていく。
	3	○				●斜面に水を流して、流れる水の働きについて調べる。主・対：各グループで実験をしながら、個人での観察、グループでの実験結果を話し合いから、グループにワークシートにまとめて考えていくようにする。
	4	○	○			●流れる水の働きについてまとめる。主：流れる水にはどのように働きがあるのかを実験を基にしてまとめる。
	6		○	○	災	●川を観察し、流れる水の働きについて調べる。災：川の水が増えるとどのような災害が起きるのかを予想する。
	7	○	○			
まとめ	8		○	○		●流れる水の働きについてまとめ、自分なりの考えをもつ。 深：これまでの学びから、自分の身近な生活場面でどのように生かしていくかを考える場面を設定する。

【他の単元とのつながり】

	過去の単元	現在の単元	今後の単元
社会科		「我が国の国土と地形」	
総合		「南相馬市の防災について」	

【内容のまとまりごとの評価規準と観点別学習状況の評価】

①知識・技能 ②思考・判断・表現 ③主体的に学習に取り組む態度	観点別学習状況の評価 → 矢印の扱いは前節までと同様 （以降の節からも同様とする）
①・流れる水には、土地を浸食したり、石や土などを運搬したり堆積させたりする働きがあることを理解している。 ・川の上流と下流によって、川原の石の大きさや形に違いがあることを理解している。 ・雨の降り方によって、流れる水の速さや量は変わり、増水より土地の様子が大きく変化する場合があることを理解している。 ・観察、実験などに関する初歩的な技能を身に付けている。 **学習評価 のポイント解説！** 評価規準に沿って、何となくではなく、一つ一つ対応して学習評価をしている。指導と評価の一体化の具現化！	・実験の結果から「水の流れる力が強くなると、土地を削る力が強くなるのではないか。」と考える等、理解することができた。 ・川の上流は「川の流れが早く、岩がごつごつとして大きい。」、下流は「全体的に丸みを帯びて、小さく平べったい。」と考えるなど、上流、中流、下流の石の形の違いを理解することができた。 ・台風などの大雨の時の川の映像を見て、「川が増水し中洲や河原なども川の一部になる。」と答えるなど、土地の様子が変化することを理解することができた。 ・流れる水の様子を調べる実験において、比較検討するためには、変化させない条件として「山の傾斜」変化させる条件として「水の量」と考えるなど、条件を制御して実験に取り組むことができた。また、観察する時には、事実を客観的に見取る必要があることを理解することができた。
②流れる水の働きについて調べる中で、流れる水の働きと土地の変化との関係についての予想や仮説を基に、解決の方法を考え、表現している。 **学習評価 のポイント解説！** どのように予想や仮説を立てたか具体的に分かり、問題解決の力をまさに引き出している瞬間！	②流れる水の働きはどんな力があるか調べる学習においては、川の水が増える大雨や台風の時には「土地が普段よりも削れ、川の幅が広がり、川の近くの物が流されてしまう。」と予想を立てることができた。また、「砂で山を作ることは前回と同じ。」「初めは前回の実験と同様に水を流し、その後に水の量を増やして比べて考える。」と実験方法を考え、表現することができた。
③流れる水の働きと土地の変化についての事物・現象に進んで関わり、学んだことを学習や生活に活かそうとしている。 **学習評価 のポイント解説！** 学んだことを学習や生活に活かそうと考える場面を意図的に引き出している。	③実験の中で曲がりくねった川の様子から、水の量を増やすとカーブの部分が決壊するのではないかと考えたり、カーブの部分に堤防が必要ではないかと考えたりすることができた。実際の川と関連付けながら川が増水すると「堤防を削ってしまい川が氾濫し災害につながってしまう。」と実社会と結び付けて考えていた。

【活動の様子】

曲がっているところで、削れて水が溢れる。ここに堤防を作れば、溢れないですむかもしれない。

実際の川でも、流れが早い場所が災害で崩れていたよ。

【授業者としての振り返り】

「理科」という教科とまじまじと向き合う機会があまりなく、授業・単元前は不安しかなかった。授業を準備する段階おいて学習指導要領と向き合う中、心の中は「・・・？」。何度も読み返し、過去の単元案を読み込みながら自分なりに単元案に落とし込んだ。いざ、単元が始まると、「だから指導要領にはこう書いてあるのか！指導要領すごい！」となることが多かった。単元を行う中で、実験方法を考える場面があり、生徒たちは、制御すべき条件まで変えようとする瞬間があった。「学習指導要領で言っていた『問題解決の中で用いる、条件制御』って、これじゃないか！」と思う瞬間があった。この瞬間を逃してはいけないと思い、発問しながら制御すべき要因や変化させる要因に気付かせるようにした。もし、学習指導要領を読まずに授業を行っていたらと考えるとゾッとする。「授業を行っただけで、何も身に付いていない」「教師も生徒も授業をやった感だけ残る」これだけは注意しなければならない。単元、授業をコントロールすることが大切だと実感した。

単元後において、生徒たちは「問題解決のための過程」を大切にできるようになってきた。この、「問題を解決する力」を意識的に指導し、生徒たちが実生活に般化しながら様々な問題を解決しようとする姿が見られるようになればと思っている。

この授業の単元構想のポイント！

内容のまとまりで示されている評価規準にしたがって、生徒の経験（キャリア）と重ねながら、具体的な実験を通して理解できるようにしている。その際、理科の教科の目標の思考力・判断力・表現力で示している「問題解決の力を養う」ために、予想や仮説を基に観察、実験を行い、その結果を基に結論を導き出すという単元構想を充実させている。この問題解決の過程の中で、問題解決の力を育成しており、生徒の具体的な姿から、理科の学びが日常生活との関連に気付き、さらに学ぼうとしている姿が見られた単元であった。

（富村 和哉）

6 保健体育科（中学部１段階）
「ベースボール型ソフトボール(ティーボール)」

教諭　藤田 秦人

＊令和３年度実践単元

本校の学校教育目標		
知識・技能	思考力・判断力・表現力	学びに向かう力・人間性
基礎的・基本的な知識・技能を習得し、活用できる力	自ら考え、協働し、課題を解決していく力	自ら進んで考え、学ぼうとする力
中学部		
知識・技能	思考力・判断力・表現力	学びに向かう力・人間性
基礎的・基本的な知識・技能を身に付け、生活につなげようとする力	自ら考え、協働し、課題に気付いて改善しようとする力	自ら進んで学ぼうとする力

【資質・能力の育成のための教育活動として】

保健体育科　単元案	単元・題材名	球技「ベースボール型ソフトボール(ティーボール)」

【単元・題材で育成する資質・能力】　主に中学部２段階で設定

	知識・技能	思考力・判断力・表現力等	学びに向かう力・人間性等
保健体育科	各種の運動の楽しさや喜びを味わい、その特性に応じた行い方及び体の発育・発達やけがの防止、病気の予防などの仕方について理解し、基本的な技能を身に付けるようにする。	各種の運動や健康な生活における自分やグループの課題を見付け、その解決のために友達と考えたり、工夫したりしたことを他者に伝える力を養う。	各種の運動に積極的に取り組み、きまりや簡単なスポーツのルールなどを守り、友達と助け合ったり、場や用具の安全に留意したりし、自己の最善を尽くして運動をする態度を養う。また、健康・安全の大切さに気付き、自己の健康の保持増進と回復に進んで取り組む態度を養う。

知的障害者教科等編（中学部）　体育科２段階　球技

	知識・技能	思考・判断・表現	主体的に取り組む態度
内容のまとまりごとの評価規準	ベースボール型の楽しさや喜びを味わい、打つ・投げるの行い方を理解し、基本的な技能を身に付け、ティーボールのゲームを行っている。	打つ・投げるについて自分や他者の課題を見付け、その解決のために友達と考えたり、工夫したりすることを他者に伝えている。	球技に積極的に取り組み、きまりや簡単なルールを守り、友達と助け合ったり、場の用具の安全に留意したりし自己の力を発揮して運動している。

【単元構想のためのメモ欄】＊一部掲載（楽しさや喜びとは何かをメモ）

○今回取り上げるベースボール型の知識・技能（楽しさや喜び）

（第一次）投げる（投げるために大切なポイントを話し合い活動を通して導き、打球が以前より飛ぶ）　等

【本単元で育みたい教科等横断的な資質・能力】

学習の基盤となる資質・能力			現代的な諸課題に対応して求められる資質・能力			相馬支援学校ならではの力
言語能力	情報活用能力	問題発見・解決能力	地域で起こる災害等への緊急時に対応する力の育成	生活力や地域力の育成	感染症、肥満、運動不足等の自身の健康・安全に関する力の育成	自己理解・自己実現の育成

【「何を、いつ、どのように」育んでいくのか】

展開	時数	知・技	思・判・表	主	横断的な力	●どのように【学習活動】 どのような指導で（習得、活用、探究）
第一次	1 2 3	○ ○	○ ○ ○		問	●オリエンテーション（実際の試合や動きを見る）【ソフトボールの試合を見る】【基本的な動きや用具について知ることができる】主：興味をもつことができるように、導入時に動画や学習資料、パワーポイント等を準備する。（習得） ●遠くに飛ばす投げ方を考えよう。【より遠くに投げるポイント】【自他の投げ方の課題】主・対：より遠くに投げることができるように、見本の動画を準備したり、iPad を活用したり、ポイントを焦点化したりして、考えの幅が広げる。（活用）
第二次	4 5 6	○ ○	○ ○ ○		問	●遠くに飛ばす打ち方を考えよう。【より遠くに打つポイント】【自他の打ち方の課題】主・対：より遠くに打てるように、見本の動画を準備したり、iPad を活用したり、ポイントを焦点化（バットの入射角）したりして、考えの幅が広がるようにする。（習得）（活用）
第三次	7 8 9	○ ○ ○	 ○ 	○ ○ ○		●簡易化したゲーム（ティーボール）を行う【試合に積極的に取り組み、きまりや簡単なルールを守る】等　深：ポイントを提示したりしながら試合を行い、これまで学んだことを意識できるように、試合前に作戦を考える場を設定する。（見える化）深：スポーツの４つのかかわりの中の「見る・する・支える」について意識できるように、試合前に提示する。応援する、得点版等（探究）
	＊自立活動（個々）					

見る　知る　する　支える　する　見る・支える

【他の単元とのつながり】

	過去の単元	現在の単元	今後の単元
保健体育科	「球技」サッカー・バスケットボール	「球技」ソフトボール	「球技」卓球
国語科	「話してみよう・伝えてみよう」	「作品を読もう」	「話し合いをしよう」
数学科	「数と計算」小数の表し方	「図形」三角形、四角形を調べよう	「図形」角の大きさを調べよう
社会科	「社会生活に必要なきまり」	「身近な地域の移り変わり」	「地域の伝統や文化」

【内容のまとまりごとの評価規準と観点別学習状況の評価】

①知識・技能 ②思考・判断・表現 ③主体的に学習に取り組む態度	観点別学習状況の評価
①ベースボール型の楽しさや喜びを味わい、**打つ・投げるの行い方を理解し、基本的な技能を身に付け、**ティーボールのゲームを行っている。	①より遠くに打つ・投げるために、**「バットの軌道を下から上に振る」**や**「腰を回す」「腕の振りを大きくする」といった発言から**、より遠くに打つ・投げるためのポイントを理解していた。技能の習得については、**意識しながら打つ・投げるに取り組んだ結果、打球が強くなったり、はじめより遠くに打ったり、投げたりする**ことができてきた。
②打つ・投げるについて**自分や他者の課題を見付け、その解決のために友達と考えたり、工夫したりする**ことを他者に伝えている。 **学習評価 のポイント解説！** 自分の課題を見つけ、工夫して取り組む様子が分かり、さらに、知識・技能が深まっていく瞬間	②自他のスイングを iPad で確認する時間では、**「自分は下から上の軌道でバットを振っているつもりだったけど、こんなに上から下の軌道で振っているんだ」という自身の課題に気付いた発言**があった。工夫したこと実践したりすることができるという点では**「打つ前にバットの軌道を確認する」という工夫を挙げ**、実際の試合でバットの軌道を打つ前に確認しながら取り組む姿があった。
③球技に積極的に取り組み、きまりや簡単なルールを守り、**友達と助け合ったり、**場の用具の安全に留意したりし自己の力を発揮して運動している。 **学習評価 のポイント解説！** 次の単元で、意図的に指導することにつながる。まさに指導と評価の一体化の場面	③各種のゲームでは、全力で塁間を走ったり、バットゾーンに静かにバットを置いたりする姿から、積極的に取り組み、きまりを守りながら取り組めていた。友達と助け合う目標については、片付け等で協力して片付けることはできたが、**ゲーム中に助け合う場面が見られなかった。→場の設定が不十分だったかな。**
＜教科等横断的な資質・能力＞：問題発見・解決能力 **学習で得た知識から解決方法を探して、**結果を予測し試行錯誤等をしながら、**問題・発見に必要な力**を身に付ける。 **学習評価 のポイント解説！** 問題発見・解決能力が育まれていく瞬間。意図的な言葉掛けで、この資質・能力がさらに伸びていく。	問題発見は、より遠くに飛ぶバットの軌道を選択する活動では、下からバットをふるとボールが上がりやすくなるという発言から、**スローイングや理科で「経験し、学んだ知識」を活用した姿**が見られ、結果を予測して考えることができていた。解決能力については、**「打つ前にバットの軌道を確認する」という工夫を考え、実際の試合でバットの軌道を打つ前に確認しながら取り組む姿**があった。

【活動の様子】

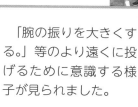

「バットの軌道は下から上に振る。」等のより遠くに打つために意識する様子が見られました。

「腕の振りを大きくする。」等のより遠くに投げるために意識する様子が見られました。

【授業者としての振り返り】

今回の単元では、保健体育科の見方・考え方にある「運動やスポーツ、その価値や特性に着目して」や「する・見る・支える・知る」に倣い、「遠くにボールを投げる、打つ」というベースボール型の醍醐味に着目させることや「３つの柱」と「スポーツの４つのかかわり方」を「いつ・どこで・どのようにどんな活動で」育ませるかを十分に考えて単元構想を行ってきた。

このことを明確にすることで、授業での発問や教材、生徒の姿を見取り評価するポイントを意識しながら授業を進めることができた。その結果、生徒が「３つの柱」の目標に向かって主体的に学ぼうとする姿が見られ、生徒自身が自分の動きの変容に気付き、より楽しみながらティーボールに取り組む姿が見られた。

単元案を作成し、単元をコントロールすることで生徒の学びが深まりと同時に、私自身もより楽しく授業を進めることにつながった。これからも単元案を作成し、授業をより良くするために研究していきたい。

この授業の単元構想のポイント！

「体育の見方・考え方」の自己の適性に応じた「する・みる・支える・知る」の多様な関わり方と関連付けること」を意識し、単元構想の部分で、その視点を常に意識して単元をコントロールして実践を行っている。また、思考力・判断力・表現力等と生徒がよく向き合えるように手立てや指導を工夫することで、生徒たちが自他の課題に気付き工夫して取り組むことで、さらに知識・技能の高まりが見られ、ティーボールが楽しくなり、さらに自分自身で学びに向かっていくという、まさに資質・能力がバランスよく育まれた単元となった。

（富村 和哉）

7 体育科（小学部３段階）
「健康な身体って何だろう」

ゲストティーチャー：養護教諭　菱沼 楓

＊令和３年度実践単元

本校の学校教育目標		
知識・技能	思考力・判断力・表現力	学びに向かう力・人間性
基礎的・基本的な知識・技能を習得し、活用できる力	自ら考え、協働し、課題を解決していく力	自ら進んで考え、学ぼうとする力
小学部		
知識・技能	思考力・判断力・表現力	学びに向かう力・人間性
身近な生活で扱う基礎的・基本的な知識・技能を習得し、活用できる力	自ら考え、友達と一緒に課題を解決していく力	自ら学ぼうとする力

【資質・能力の育成のための教育活動として】

体育科　単元案	単元・題材名	「健康な身体って何だろう」

【単元・題材で育成する資質・能力】　主に小学部３段階で設定

	知識・技能	思考力・判断力・表現力等	学びに向かう力・人間性等
体育科	基本的な運動の楽しさを感じ、その行い方を知り、基本的な動きを身に付けるとともに、健康や身体の変化について知り、健康な生活ができるようにする。	基本的な運動の楽しみ方や健康な生活の仕方について工夫するとともに、考えたことや気付いたことなどを他者に伝える力を養う。	きまりを守り、自分から友達と仲よく楽しく運動をしたり、場や用具の安全に気を付けたりしようとするとともに、自分から健康に必要な事柄をしようとする態度を養う。

知的障害者教科等編（小・中学部）　体育科３段階　G 保健

	知識・技能	思考・判断・表現	主体的に取り組む態度
内容のまとまりごとの評価規準	・健康や身体の変化について知り、健康な生活に必要な事柄に関する基本的な知識や技能を身に付けている。	・健康な生活に必要な事柄について工夫するとともに、考えたことや気付いたことなどを他者に伝えている。	・健康や身体の変化について知ったり、考えたことや気付いたことを他者に伝えたりしようとしている。

【単元構想のためのメモ欄】＊一部掲載（具体的な評価規準をメモ）

具体的な評価規準（解説各教科等編 P244 より）

【知識・技能】★健康や身体の変化・・・発熱や咳、排便の状態

★基本的な知識や技能・・・治療や休養を、相手に伝えること　等

【本単元で育みたい教科等横断的な資質・能力】

学習の基盤となる資質・能力			現代的な諸課題に対応して求められる資質・能力			相馬支援学校ならではの力
言語能力	情報活用能力	問題発見・解決能力	地域で起こる災害等への緊急時に対応する力の育成	生活力や地域力の育成	感染症、肥満、運動不足等の自身の健康・安全に関する力の育成	自己理解・自己実現の育成

【「何を、いつ、どのように」育んでいくのか】

展開	時数	知・技	思・判・表	主	横断	●どのように【学習活動】 どのような指導で（習得、活用、探究）
第一次	1	○		○		●風邪症状がある時の体の状態について知り、体調不良時の対処方法について考えてみよう。 主・対：自分の経験を振り返ったり、友達の意見を聞いたりしながら、体調が悪い時の体の状態や必要な行動について表現できるようにする。 主：体調が悪い時は、休養したり周囲に伝えたりすることで、早く治ることにつながることを知る。 習得
第二次	2		○	○	健	習得・活用 ●風邪症状がある時に、どのように伝えるか考えてみよう。 対：自分が学校や家庭で体調が悪くなった時に、誰に、どのようなことを伝えたら良いか、家族や教師に伝えることができるようにする。 深：体調が悪い時にすぐに周囲に伝えることが、今後の健康な生活の実現につながっていることに気付くことができるようにする。 探究

【他の単元とのつながり】

	過去の単元	現在の単元	今後の単元
国語科	「身近なことを話そう・書こう」	「書き初めをしよう」	「思い出を発表しよう」
算数科	「のこりはいくつ、ちがいはいくつ」	「くらべてみよう」	「くらべてみよう」（６年生）
日生	「健康・清潔」○手洗い、うがい 「朝の運動」　○準備体操、５分間走		

【内容のまとまりごとの評価規準と観点別学習状況の評価】

①知識・技能 ②思考・判断・表現 ③主体的に学習に取り組む態度	観点別学習状況の評価
①健康や身体の変化について知り、健康な生活に必要な事柄に関する基本的な知識や技能を身に付けている。	①風邪症状のイラストを見て、「のどが痛い」「頭が痛い」「寒い」といった身体の変化をジェスチャーを交えながら表現するなど、健康や身体の変化について知ることができていた。また、「○○先生、咳が出ます」「ママ、頭が痛いです」と家や学校の場面に合わせた方法で伝えることができ、治療や休養を相手に伝えるという基本的な知識や技能を身に付けることができたと言える。

学習評価 のポイント解説！

身体の変化について、風邪症状では、「頭が痛い」「のどが痛い」という変化があることを知ったり、どのように伝えるのかという健康生活に関する基本的な知識を学んで伝えたりしている瞬間！

②健康な生活に必要な事柄について工夫するとともに、考えたことや気付いたことなどを他者に伝えている。	②学校で咳が出る時には、身近な先生を選択して「○○先生、頭が痛いです」と伝えたり、家で頭が痛くなった時は「お母さん」を選択して「ママ、頭が痛いです」と伝えていたことから、場面に合わせて自身の健康を保つための行動を選択し、他者に伝えることができていた。

学習評価 のポイント解説！

風邪症状で気付いたことは、場面に応じて、伝える相手が変わる。「他者に伝えている」という部分で、「誰に」という発問をすることで、考えている様子。このことで、身体の変化を伝える知識・技能がさらに確実なものになっていく瞬間！

③健康や身体の変化について知ったり、考えたことや気付いたことを他者に伝えたりしようとしている。	③体調が悪い時とはどのような時なのか絵カードを見て考えたり、「のどが痛い」等と発言したり、粘り強く考えたり、表現したりしようとしていた。

【活動の様子】

熱が出て「頭がボーッとする」という絵カードを見て、頭に手を当てながら身振りで体の変化を表現した。

【活動の様子】

家で体調が悪くなったら「お母さん」に伝えることを選んだ。

「ママ、頭が痛いです。」と言葉と身振りで伝えました。

【授業者としての振り返り】

体調が悪い時に保健室を利用するよう周知していたので、具体的に体がどのような状態になったら休むべきなのか自分の健康と向き合う機会となった。T1と話し合いを重ねながら単元案を作成し、常に評価規準を意識したことで授業の流れや発問に一貫性を持たせることを心掛けた。また教科の保健の学習状況や他教科とのつながり、子どものニーズなど保健室から見えにくい側面を学級担任と共有することで、健康に関する知識・技能の習得状況について共通理解を深めることができた。子どもが抱える健康課題は多岐にわたるため、健康的な生活の実現のためには学級での継続的な指導が欠かせない。養護教諭からの保健指導を単体で行うのではなく、学級や教科の保健とのつながりを意識しながら、先生方とともに保健教育を推進できればと考えていきたい。

この授業の単元構想のポイント！

従来までは、本人の体調が悪い時には、教師が「具合が悪いの？」「そういう時は、～って言うんだよ。」と、日常の流れの中での指導になりがちである。また、体調が悪いことを言えないこと自体が、本人の課題になることさえある。

今回の単元では、ゲストティーチャーとして、養護教諭と連携して、風邪症状での身体の変化、どのように伝えるといいのか等を指導している。学校の中の身近な養護教諭と連携をすることで、日常生活場面とのつながりが意識でき「あ、前やったな。先生に伝えよう。」等につながると考える。

教科の内容として、着実に実施し、履修していくことで、子どもたちの生活が広がっていく、自分の身を守ることを学べる大切さを示した単元となった。　（富村 和哉）

8 家庭科（高等部２段階）「必要な栄養を満たす食事」「日常食の調理」

教諭　齊藤 明日香

＊令和４年度実践単元

本校の学校教育目標		
知識・技能	思考力・判断力・表現力	学びに向かう力・人間性
基礎的・基本的な知識・技能を習得し、活用できる力	自ら考え、協働し、課題を解決していく力	自ら進んで考え、学ぼうとする力
高等部		
知識・技能	思考力・判断力・表現力	学びに向かう力・人間性
自立と社会参加のために必要な基礎的・基本的な知識・技能を習得し、活用できる力	自分の考えを持ち、他者を理解し、課題を解決していく力	自ら進んで考え、学ぼうとする力

【資質・能力の育成のための教育活動として】

家庭科　単元案	単元・題材名	私たちの食生活「必要な栄養を満たす食事」（第一次） 「日常食の調理」（第二次）

【単元・題材で育成する資質・能力】　主に高等部２段階で設定

	知識・技能	思考力・判断力・表現力等	学びに向かう力・人間性等
家庭科	家族・家庭の機能について理解を深め、生活の自立に必要な家族・家庭、衣食住、消費や環境等についての基礎的な理解を図るとともに、それらに係る技能を身に付けるようにする。	家庭や地域における生活の中から問題を見いだして課題を設定し、解決策を考え、実践を評価・改善し、考えたことを表現するなど、課題を解決する力を養う。	家族や地域の人々のかかわりを通して、よりよい生活の実現に向けて、生活を工夫し考えようとする実践的な態度を養う。

知的障害者教科等編（下）（高等部）　家庭科Ｂ衣食住の生活　ア必要な栄養を満たす食事　イ日常食の調理

	知識・技能	思考・判断・表現	主体的に取り組む態度
内容のまとまりごとの評価規準（上段が一次、下段が第二次）	自分に必要な栄養素の種類と働きが分かり、食品の栄養的な特質について理解している。	一日分の献立について考え、工夫している。	自分に必要な栄養素の種類や働きが分かったり、一日分の献立について考えて工夫したりしようとしている。
	日常生活と関連付け、用途に応じた食品の選択、食品や調理器具等の安全と衛生に留意した管理、材料に適した加熱調理の仕方について理解し、基礎的な日常食の調理が適切にできる。	基礎的な日常食の調理について、食品の選択や調理の仕方、調理計画を考え、工夫している。	日常生活と関連付け、用途に応じた食品の選択等について理解し、基礎的な日常食の調理を適切に行ったり、調理計画を考えたりし、工夫しようとしている。

【単元構想のためのメモ欄】＊一部掲載（日常食という言葉に向き合うメモ） ○第二次「日常食の調理」との関連 ・生徒にとって「日常食」とはどういうものか？ ⇒普段の生活の中で料理をする場面を想定し、献立の考え方につなげる。

【本単元で育みたい教科等横断的な資質・能力】

学習の基盤となる資質・能力			現代的な諸課題に対応して求められる資質・能力			相馬支援学校ならではの力
言語能力	情報活用能力	問題発見・解決能力	地域で起こる災害等への緊急時に対応する力の育成	生活力や地域力の育成	感染症、肥満、運動不足等の自身の健康・安全に関する力の育成	自己理解・自己実現の育成

【「何を、いつ、どのように」育んでいくのか】

展開	知・技	思・判・表	主	横断	●どのように【学習活動】 どのような指導で（習得、活用、探究）
第一次	○	○		自	●自分の食生活を振り返り、課題を設定する。２ｈ ・昨年度学習した五大栄養素について復習し、自分の食生活の課題と関連させて考える。主：食生活チェックシートで振り返り、具体的な課題に気付く。
	○	○	○	問	●解決策を考え、まとめる。８ｈ【食生活をより良くする方法を考えよう】 ・解決策を考え、調べる。・模造紙等にまとめる。主：ICTを使った情報収集など、課題に合った方法で進め、自分が実践できそうな解決法を考える。 対・深：友達との話し合いや課題に対する知識を得ることで、考えを広げ、深めていく。
第二次		○	○	自	●日常食を考えよう。６ｈ【日常の冷蔵庫から調理計画を立てる！】 深：第一次でまとめた解決策を意識して、日常の献立を考えること、学びを活用していく場面を設定していく。
		○	○	自	●調理をしよう。４ｈ【自分で考えたメニューを作ろう！】 ・基礎的な日常食の調理を行う。
		○	○		●まとめをしよう。２ｈ【実生活に活かすために】 ・日常食の調理について、どのように実生活に活かすことができるかを考える。・自宅で実践する。 主・深：自分の家の冷蔵庫を想定し、メニューを考える。

習得 活用

探究

習得 活用

探究

【他の単元とのつながり】

	過去の単元	現在の単元	今後の単元
生単	「健康な生活について考えよう」	「現場実習に参加しよう」	
国語	「学校について討論をしよう」	「友達と意見交換をしよう」	「資料を見て考えよう」

【内容のまとまりごとの評価規準と観点別学習状況の評価】

<table>
<tr><th>①知識・技能
②思考・判断・表現
③主体的に学習に取り組む態度</th><th>観点別学習状況の評価</th></tr>
<tr><td>①日常生活と関連付け、<u>用途に応じた食品の選択、</u>食品や調理器具等の安全と衛生に留意した管理、<u>材料に適した加熱調理の仕方について理解し、</u>基礎的な日常食の調理が適切にでき</td><td>①<u>限られた食品の中から材料を選び、自分の課題である「乳製品以外のものでカルシウムを摂る方法」を意識したメニュー</u>を考えることができた。食品を<u>切る時には、切り方を確認しながら取り組む</u>ことができた。</td></tr>
<tr><td colspan="2">学習評価 のポイント解説！
日常食は、帰宅後、冷蔵庫の中を見て考えるという状況のもと、限られた食品の中から、第一次の学びを生かして、食品を選択している瞬間</td></tr>
<tr><td>②基礎的な日常食の調理について、食品の選択や調理の仕方、<u>調理計画を考え、</u>工夫している。</td><td>②<u>「玉ねぎはみじん切りにしてそのままでいいか。」</u>「家で時々食べてるし。」など、<u>早くできること</u>や普段の食事を参考にしながら、<u>食材を加熱しないメニューを</u>考えることができた。</td></tr>
<tr><td colspan="2">学習評価 のポイント解説！
日常食として、1時間もかけて調理をするのは大変だからこそ、早くできるための調理の仕方や計画を考えている瞬間</td></tr>
<tr><td>③日常生活と関連付け、用途に応じた食品の選択等について理解し、基礎的な日常食の調理を適切に行ったり、調理計画を考えたりし、<u>工夫しようとしている。</u></td><td>③<u>「まぐろを入れるとおいしいけど、高いからな…」</u>と話すなど、金銭面や冷蔵庫の残りに新たな食材を加える案など、<u>日常生活を想像して工夫しようとすることができた。</u></td></tr>
<tr><td colspan="2">学習評価 のポイント解説！
金銭面や冷蔵庫の残りを見て工夫しようとする姿があり、家庭科で育む「実践的な態度」「学びに向かう力」等が育まれ ている瞬間！</td></tr>
</table>

【活動の様子】

「早く作れるように、クッキングシートを使って作るレシピにしよう。」など、日常での調理を意識し、調理や片付けの時間が短くなるよう工夫する様子が見られた。

「前回の調理は時間がかかったから、もう少し簡単なメニューを考えよう。」と話し、栄養バランスの良い、具だくさんのみそ汁を作るなど、工夫する様子が見られた。

【授業者としての振り返り】

今回の単元で、日常食を軸に単元構想をしたことにより、「生徒が学んだことを実生活に活かす」指導を意識した授業づくりを行うことができた。生徒自身が自分の食生活を振り返ったり、改善点に気付いたりすることで、学びが深まっていたように感じる。また、授業を行うに当たり、評価規準を意識した発問やワークシートの作成を行うことで、当たり前のようでなかなかできていなかった評価規準に基づいた学習評価をすることができたように思う。今後も生徒が学びを深め、より良い生活を営もうという意欲を高め実践できるような授業づくりを行っていきたい。

この授業の単元構想のポイント！

家庭科の調理において、ある調理のテーマが決まっていて、食材を分担して買ったり、調理方法を考えたりすることが一般的な考え方であった。令和４年度の福島県立特別支援教育センター専門研修公開講座における東京都立光明学園田村康二朗校長の講演をヒントに単元構想を見直し・改善を行った。

「日常食」の意味を再度見つめ直し、高等部卒業後をイメージして、冷蔵庫を空けて、その中から夕食を考えていくという単元構想からスタートした。生徒は自己のキャリア（経験）と関連付けながら学びを主体的に展開した。

生徒たちは、用途に応じて、全ての食材を使うのではなく、食材を選択し、そして、加熱調理などの調理方法を考えたり、時間がかかる場合には別な計画を立てたりする様子が見られ、家庭科のこれまでの学びを活用して、家庭科を学ぶ意義を実感し、深い学びへと導いていた単元であった。

（富村 和哉）

9 音楽科（高等部２段階）「合奏をしよう」

教諭　五十嵐 早織

＊令和４年度実践単元

本校の学校教育目標		
知識・技能	思考力・判断力・表現力	学びに向かう力・人間性
基礎的・基本的な知識・技能を習得し、活用できる力	自ら考え、協働し、課題を解決していく力	自ら進んで考え、学ぼうとする力
高等部		
知識・技能	思考力・判断力・表現力	学びに向かう力・人間性
自立と社会参加のために必要な基礎的・基本的な知識・技能を習得し、活用できる力	自分の考えを持ち、他者を理解し、課題を解決していく力	自ら進んで考え、学ぼうとする力

【資質・能力の育成のための教育活動として】

音楽科　単元案	単元・題材名	「合奏をしよう」

【単元・題材で育成する資質・能力】　主に高等部２段階で設定

	知識・技能	思考力・判断力・表現力等	学びに向かう力・人間性等
音楽科	曲想と音楽の構造や背景などとの関わり及び音楽の多様性について理解するとともに、創意工夫を生かした音楽表現をするために必要な歌唱、器楽、創作、身体表現の技能を身に付けるようにする。	音楽表現を創意工夫することや、音楽を自分なりに評価しながらよさや美しさを味わって聴くことができるようにする。	主体的・協働的に表現及び鑑賞の学習に取り組み、音楽活動の楽しさを体験することを通して、音楽文化に親しむとともに、音楽によって生活を明るく豊かなものにしていく態度を養う。

知的障害者教科等編（上）（高等部）　音楽２段階　A表現イ器楽、共通事項

	知識・技能	思考・判断・表現	主体的に取り組む態度
内容のまとまりごとの評価規準	・多様な楽器の音色や響きと演奏の仕方との関わりを理解している。 ・創意工夫を生かした表現で演奏するために必要な奏法、身体の使い方を身に付けている。	音楽を形づくっている要素や要素同士の関連を知覚し、それらの働きが生み出す特質や雰囲気を感受したこととの関わりについて考え、曲に対するイメージを膨らませたり、他者のイメージに共感したりして、思いや意図をもち、工夫して演奏している。	音楽活動を楽しみながら主体的・協働的に器楽の学習活動に取り組もうとしている。

【単元構想のためのメモ欄】　＊一部掲載（共通的事項に向き合うメモ）

★共通事項：音楽を形づくっている要素に関わる用語や記号と音楽の働きの関係に気付こうとしている。

【本単元で育みたい教科等横断的な資質・能力】

学習の基盤となる資質・能力			現代的な諸課題に対応して求められる資質・能力			相馬支援学校ならではの力
言語能力	情報活用能力	問題発見・解決能力	地域で起こる災害等への緊急時に対応する力の育成	生活力や地域力の育成	感染症、肥満、運動不足等の自身の健康・安全に関する力の育成	自己理解・自己実現の育成

【「何を、いつ、どのように」育んでいくのか】

展開	知・技	思・判・表	主	横断的な力	●どのように【学習活動】 どのような指導で（習得、活用、探究）
1	○	○			●グループ・パート分けをしよう。１ｈ 【合奏する曲を鑑賞し、使用する楽器を知る】 主：２曲を聴き比べながら、雰囲気を感じ取ることができるようにする。 習得
2	○				●パート練習をしよう。３ｈ●合わせて練習しよう。３ｈ 【範奏や楽譜をみて演奏の練習に取り組む】主：楽譜から必要な情報を読み取るために、五線譜や音楽記号を学ぶ機会を設定し、興味をもって取り組めるようにする。対・深：パート内やグループ内で合わせて練習しながら、自分の演奏したいイメージを伝えたり、相手のイメージに共感したりしながら、自分の演奏に対する考えを広げ、強弱やテンポなどを変えるなどの工夫をして演奏できるようにする。 活用
3	○				
4	○			言	
5		○		言	
6		○		問	
7		○		問	
8	○	○		言	●聴いて伝えよう。１ｈ【他のグループの演奏を鑑賞する】 主：聴く時のポイントを提示して、学習に見通しをもって、曲の表現方法を聴き取る場面を設定する。対・深：感じ取った雰囲気やイメージを表現し合う場面を設定し、自分のイメージに近づけるためにどうしたらよいか必要な奏法を考えることができるようにする。 探究
9		○	○	問	●発表しよう。１ｈ深：発表をした感想や自分の演奏を振り返り、これまでの学習と日々のメディアで取り扱われている音楽や効果音をつなげて考え、音楽の表現方法を深められるようにする。

【他の単元とのつながり】

	過去の単元	現在の単元	今後の単元
国語	「新聞を読み比べよう」	「和の文化を伝えよう」	「心が動いたことを17音で表そう」
音楽	「合奏しよう」		「クリスマスの曲を合奏しよう」

【内容のまとまりごとの評価規準と観点別学習状況の評価】

①知識・技能 ②思考・判断・表現 ③主体的に学習に取り組む態度	観点別学習状況の評価
① ・多様な楽器の音色や響きと演奏の仕方との関わりを理解している。 ・創意工夫を生かした表現で演奏するために必要な奏法、身体の使い方を身に付けている。	①ボンゴの２つの太鼓を叩き比べ、音の違いを感じ取り、強い、弱いという言葉で表現しようとするなど、ボンゴの２つの太鼓の音色の違いや、マレットやバチで叩いた時と手で叩いた時の音色の違い、叩く強さによる音の響きの違いに気付くことができた。

学習評価 のポイント解説！

ボンゴの太鼓の叩き比べによって、多様な楽器の音色や響き、演奏の仕方を理解している瞬間！

②音楽を形づくっている要素や要素同士の関連を知覚し、それらの働きが生み出す特質や雰囲気を感受したこととの関わりについて考え、曲に対するイメージを膨らませたり、他者のイメージに共感したりして、思いや意図をもち、工夫して演奏している。	②音楽を形づくっているメロディとリズムとの関係から、「他の友達と音を鳴らすタイミングとがあっていると、聴き取りやすい。」等と表現し、その関連を意識している様子が見られた。また、ボンゴの２つの太鼓の音から、強いイメージ（盛り上がる雰囲気）や暗いイメージなど、音によって曲のイメージが違うことに気付き、友達とイメージを伝え合いながら、自分なりのイメージをもって工夫して演奏することができた。

学習評価 のポイント解説！

共通的事項が評価規準としてあるので、その視点で指導と評価の一体化を図っている。音楽を形づくっている要素が分かることで、その後の思考・判断・表現の曲のイメージについて、学習が深まっている様子が分かる！

③音楽活動を楽しみながら主体的・協働的に器楽の学習活動に取り組もうとしている。	③はじめはボンゴをバチを使用して演奏していたが、友達が手で叩く姿を見て、自分も手で叩いて演奏したり、友達のかけ声に合わせて練習したりすることができた。

【活動の様子】

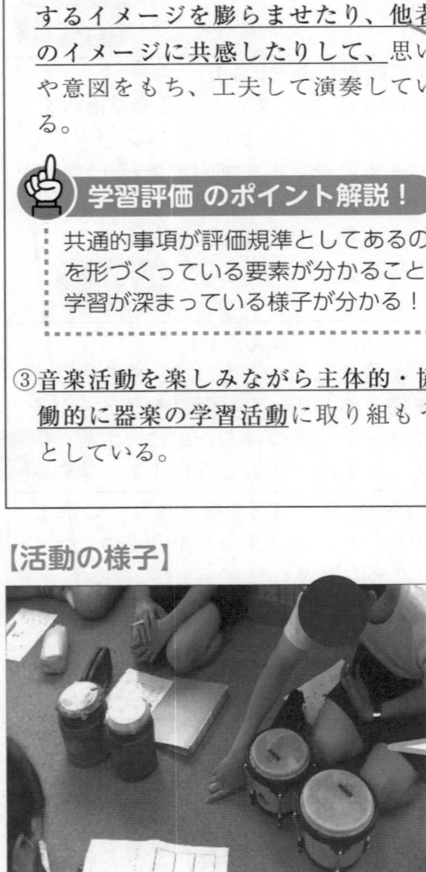

「盛り上がる感じをだすために、テンポに気を付けて演奏した。」と、曲に対するイメージをもって演奏する姿が見られた。

２つの打面を打ち比べて、音の高さや響きの違いを確認し、どちらのほうが曲に合うか確認していた。

【授業者としての振り返り】

目標に対して「それってどういう姿を引き出すことなのか」と考えたり、観点別に目標に向き合って評価をしたりすることで、自分の単元や授業の構成での課題点に気付くことができた。この単元では、基礎的な演奏技術の向上と、イメージを膨らませることのスイッチの切り替えがなく、どっちつかずになってしまったことが課題だと感じた。演奏の基礎技術を高めていく中で、さらにイメージが膨らみ、問題解決のために工夫しようとする姿を引き出せるように、知識や技術を得る時間をしっかり設けるようにしたいと感じた。また、単元内で得た知識や技能が、次の単元等で生かされるように、今できるだけの技能ではなく、知識として理解してできる技能になるように、共通事項を意識して指導していきたい。

この授業の単元構想のポイント！

音楽科には、共通的事項の取扱いが示されている。文部科学省の学習評価参考資料の評価規準の設定によると、思考・判断・表現の共通的事項は、そのまま評価規準に設定する必要がある。つまり、指導と評価の一体化を図る必要がある。

五十嵐教諭の授業では、この共通的事項について意識して育み、音楽の見方・考え方である「音楽がどのように形づくられて、どのような雰囲気や表情を醸し出しているかを見いだしていく過程」を捉えていく姿を引き出し、学習の深まりへと導いたのではないかと考える。

また、単元終盤には、日常場面で聞く音楽を取り上げて、実際の映画やテレビ等でも雰囲気を醸し出すために、音色やリズムが関係していることに生徒たちも気付くなど、学習指導要領の内容の着実な実施が、生徒たちの音楽の資質・能力を育むことが、生活や文化とのつながりを実感し、学ぶ意義を感じながら、さらに学びを楽しむ姿が見られた単元となった。

（富村 和哉）

10 美術科（高等部２段階）「プロジェクションマッピングで表現しよう」

教諭　奥山 美穂

＊令和４年度実践単元

本校の学校教育目標		
知識・技能	思考力・判断力・表現力	学びに向かう力・人間性
基礎的・基本的な知識・技能を習得し、活用できる力	自ら考え、協働し、課題を解決していく力	自ら進んで考え、学ぼうとする力
高等部		
知識・技能	思考力・判断力・表現力	学びに向かう力・人間性
自立と社会参加のために必要な基礎的・基本的な知識・技能を習得し、活用できる力	自分の考えを持ち、他者を理解し、課題を解決していく力	自ら進んで考え、学ぼうとする力

【資質・能力の育成のための教育活動として】

美術科　単元案	単元・題材名	「プロジェクションマッピングで表現しよう」

【単元・題材で育成する資質・能力】主に高等部２段階で設定

	知識・技能	思考力・判断力・表現力等	学びに向かう力・人間性等
美術科	造形的な視点について理解するとともに、意図に応じて表現方法を追求して創造的に表すことができるようにする。	造形的なよさや美しさ、表現の意図と創造的な工夫などについて考え、主題を生み出し豊かに発想し構想を練ったり、美術や美術文化などに対する見方や感じ方を深めたりすることができるようにする。	主体的に美術の活動に取り組み創造活動の喜びを味わい、美術を愛好する心情を培い、心豊かな生活を創造していく態度を養う。

知的障害者教科等編（下）（高等部）　美術２段階　Ａ表現　共通事項

	知識・技能	思考・判断・表現	主体的に取り組む態度
内容のまとまりごとの評価規準	タブレットのアプリを使って形や色彩の働きを理解し、全体的なイメージを捉え、自分の意図に応じて表現方法を追求し、自分らしく表現することができる。	タブレットのアプリを使い、自分のアイディアを練って編集し、創造的な構成を工夫し、構想を練ることができる。	作成した動画をプロジェクションマッピングに表現し、発表することで、創造的な喜びを味わうことができるようにする。

【単元構想のためのメモ欄】　＊一部掲載（内容の取扱いをメモ）

◎内容の取扱いと指導上の配慮事項

美術の可能性を広げるために、写真、ビデオ、コンピュータ等の映像メディアの積極的な活用を図るようにすること。

【本単元で育みたい教科等横断的な資質・能力】

学習の基盤となる資質・能力			現代的な諸課題に対応して求められる資質・能力			相馬支援学校ならではの力
言語能力	情報活用能力	問題発見・解決能力	地域で起こる災害等への緊急時に対応する力の育成	生活力や地域力の育成	感染症、肥満、運動不足等の自身の健康・安全に関する力の育成	自己理解・自己実現の育成

【「何を、いつ、どのように」育んでいくのか】

展開	知・技	思・判・表	主	横断的な力	●どのように【学習活動】どのような指導で（習得、活用、探究）
第一次		○	○	情	1. プロジェクションマッピングを鑑賞し、アプリを使って編集する。 **習得** ・タブレットのアプリで表現方法を知る。・自作の絵を編集し、プログラミングする。・背景、形、色、動き、配置などを考える。 主：興味をもって、プロジェクションマッピングで効果的な背景、形の色を考えることができるようにする。
	＊自立活動（個々）				
第二次	○	○		情	2. ステップアップした表現方法を知り、自分のアイディアを編集し、作成する。 ・アニメーションのやり方を知り、プログラミングする。・背景、形、色、動き、配置などを考える。・プロジェクションマッピングで効果的な背景、形の色を考える。 対：友達と見せ合う場面などを設定し、アイディアの幅が広がるようにする。 **活用**
	＊自立活動（個々）				
第三次		○	○		3. プロジェクションマッピング鑑賞会を開く。 ・アート集団「チーム○○」として発表会（ライブ）を開く。 ・感想を聞き、自分の感想もまとめる。 深：実際に感想を見ることで、自分が意図的に追求して表現したことがどのように伝わったのか、人気がある構成はどのような形なのか考えたり、身の回りにある創造的な構成についても考えたりして日常とのつながりを考えていけるようにする。 **活用・探究**
	＊自立活動（個々）				

他の単元とのつながり

	過去の単元	現在の単元	今後の単元
数学	「つり合いのとれた図形を調べよう」	「形が同じで大きさのちがう図形を調べよう」	「データの特ちょうを調べて判断しよう」
情報	「ロボットを動かしてみよう」	「インターネットから情報を集めよう」	

【内容のまとまりごとの評価規準と観点別学習状況の評価】

①知識・技能 ②思考・判断・表現 ③主体的に学習に取り組む態度	観点別学習状況の評価
①タブレットのアプリを使って形や色彩の働きを理解し、全体的なイメージを捉え、自分の意図に応じて表現方法を追求し、自分らしく表現することができる。	・夜空、秋の落ち葉、花火など身近な自然や風景をテーマにし作品制作した。背景色を濃い青を選択し、背景色が濃い色であるとプロジェクションマッピングで効果的に表現できることを理解することができた。また明るい色で星や花火を描き、色鮮やかな表現をすることができた。
②タブレットのアプリを使い、自分のアイディアを練って編集し、創造的な構成を工夫し、構想を練ることができる。	・タブレットのアプリを使い、星は画面の下に配置したり、星のゆっくりした動きにしたり自分のイメージになるように考え、構想を練ることができた。また斜めに動くようにしたり、流れ星の数を４つ配置したり、より工夫して表現することができた。
③作成した動画をプロジェクションマッピングに表現し、発表することで、創造的な喜びを味わうことができるようにする。	・完成した作品を鑑賞し、「これを見てると癒される。」と言って自分の作品に満足した作品に仕上げることができた。また、自分の作品がプロジェクションマッピングで表現され、改めて自分の作品を見て作品のよさや面白さを感じたり、周りの児童生徒からも「いいね」のシールを貼られたことを知ったりし、喜んでいる様子が見られた。

学習評価 のポイント解説！

共通的事項にある形や色彩の働きについて、意図的に指導して、引き出している。また、自分の意図に応じて、色を考えている瞬間！

学習評価 のポイント解説！

まさに、創造的な喜びを感じている瞬間！

【活動の様子】

「おもしろい！」「こんなことできるんだ。」と手軽に絵を描いて色を塗ったり、絵を動かしたりしてプログラミングを楽しみながら夢中で制作する様子が見られた。

プロジェクションマッピング鑑賞会では、全校生が見て「おもしろかった！」と喜びの声を聞くことができた。

制作した生徒達は、感想を聞いて「たくさんの人に喜んでもらえて嬉しい。」など喜んでいる様子が見られた。

【授業者としての振り返り】

この単元を通して、タブレットのアプリで手軽に絵を描いて色を塗ったり、アニメーションのように絵を動かしたりできる面白さがあり、生徒達の創造力豊かな表現を引き出すことができることが分かった。手軽にできるからこそ、生徒たちはそれぞれが自分の意図に応じて、色、形、動き、配置など十分に試行錯誤しながら制作していた。学習評価をして、表現方法を追求したり、構想を練ったりする「試行錯誤」する時間の大切さを感じ、それが思考力・判断力・表現力等の高まりに大きくかかわってきていることが分かった。

これまでは、完成した作品は互いに鑑賞し合うことが多かった。今回、全校生に発表し、感想をもらうことで、生徒達の自信となり、さらに学習の意欲へとつなげることの大切さを感じた。美術科は、作品を介して様々な人と連携できる教科であるので、さらに地域の人に鑑賞していただく機会を設定し、生徒の学びをさらに深めていきたいと思う。

この授業の単元構想のポイント！

各教科等において、指導計画の作成と内容の取扱いが示されている。高等部美術科では、「美術の表現の可能性を広げるために、写真・ビデオ・コンピュータ等の映像メディアの積極的な活用を図るようにすること」としている。奥山教諭は、この視点を取り扱い、映像メディアを活用しアイディアを練ったり編集したりすることを通して、創造的な構成を工夫し、さらに自分の表現を追求していくという思考力・判断力・表現力等の高まりから知識・技能への高まりと単元構想を行っていた。さらに、プロジェクションマッピングによって発表することで、その反響から、創造的な喜びに高まっていく単元構想を演出するなど、学校全体を巻き込み、どの生徒も「造形的な見方・考え方」を働かせて、自分の作品としての意味や価値をつくりだす単元となった。

（富村 和哉）

11 情報科（高等部２段階）「ロボットを動かしてみよう～挑戦 Scratch 操作！！～」

教諭　安島 孔史郎

＊令和４年度実践単元

本校の学校教育目標		
知識・技能	思考力・判断力・表現力	学びに向かう力・人間性
基礎的・基本的な知識・技能を習得し、活用できる力	自ら考え、協働し、課題を解決していく力	自ら進んで考え、学ぼうとする力
高等部		
知識・技能	思考力・判断力・表現力	学びに向かう力・人間性
自立と社会参加のために必要な基礎的・基本的な知識・技能を習得し、活用できる力	自分の考えを持ち、他者を理解し、課題を解決していく力	自ら進んで考え、学ぼうとする力

【資質・能力の育成のための教育活動として】

情報科　単元案	単元・題材名	「ロボットを動かしてみよう ～挑戦 Scratch 操作！！～」

【単元・題材で育成する資質・能力】　主に高等部２段階で設定

	知識・技能	思考力・判断力・表現力等	学びに向かう力・人間性等
情報科	効果的なコミュニケーションの方法や、身近にあるコンピュータやデータの活用について知り、基礎的な技能を身に付けるとともに、情報社会と人との関わりについて知る。	身近な事象を情報とその結び付きとして捉え、問題を知り、問題を解決するために必要な情報と情報技術を活用する力を養う。	身近にある情報や情報技術を活用するとともに、情報社会に関わろうとする態度を養う。

知的障害者教科等編（下）（高等部）情報１段階　A情報社会の問題解決

	知識・技能	思考・判断・表現	主体的に取り組む態度
内容のまとまりごとの評価規準	コンピュータ等の情報機器の基本的な用途、操作方法及び仕組みを知り、情報と情報技術を活用して問題を知り、問題を解決する方法を身に付けている。	目的や状況に応じて、身近にある情報や情報技術を活用して問題を知り、問題を解決する方法について考えている。	身近にあるコンピュータやデータの基礎的な技能を身に付けたり、問題を解決するために必要な情報と情報技術を活用したりして、自己調整しながら解決する過程や解決案を自ら評価し改善しようとしている。

【単元構想のためのメモ欄】＊一部掲載（見方・考え方をメモ）

【科学的な見方・考え方】「事象を、情報とその結び付きとして捉え、情報技術の適切かつ効果的な活用（プログラミングやモデル化・シミュレーションを行ったり、情報デザインを適用したりすること等）により、新たな情報に再構成すること」

【本単元で育みたい教科等横断的な資質・能力】

学習の基盤となる資質・能力			現代的な諸課題に対応して求められる資質・能力			相馬支援学校ならではの力
言語能力	情報活用能力	問題発見・解決能力	地域で起こる災害等への緊急時に対応する力の育成	生活力や地域力の育成	感染症、肥満、運動不足等の自身の健康・安全に関する力の育成	自己理解・自己実現の育成

【「何を、いつ、どのように」育んでいくのか】

展開	時数	知・技	思・判・表	主	横断的な力	●どのように【学習活動】（　）は、評価規準に該当している項目 主主体的・対対話的・深深い学びの場面 どのような指導で（習得、活用、探究）
第一次	1	○				●プログラミングの特性や用途、操作方法や仕組みを知り、プログラミング言語であるScratch＊3を操作する技能を身に付けること。主：具体的なロボット操作を通して、プログラミング言語のScratchに興味をもてるようにする。
	2 3	○	○			●ロボットの基本的な仕組みを知り、Scratchのブロックの中から動きを選び、ロボットに表現させること（操作方法及び仕組み、情報技術の活用）。主：Scratchブロックの個々の動きを確認したり、ブロックを組み合わせて自分の思い通りに動かそうとしたりする場面を設定していく。
第二次	4 5 6	○ ○	○ ○ ○	○		●ロボットを特定の位置まで移動させるために、課題となるルートに合わせてブロックの組み合わせを考えプログラミングすること（問題を解決する方法、目的や状況に応じて、情報技術の活用）。主：課題を明確にし、目的の動作を達成するために、プログラムを試行錯誤して構築し、粘り強く取り組む状況を設定する。対：教師や友達の構築したプログラムを参考に、自分の考えの幅が広がるような場面を設定していく。
第三次	7 8 本時 9 10	○ ○	○ ○ ○	○ ○ ○	○ ○	●より効率的なScratchブロックの組み合わせについて自ら評価し改善しようとすること（目的や情報に応じて、情報や情報技術の活用、問題を解決する方法を考える、解決する過程や解決案から考えようとしている）。対：ブロックの種類や数・目的達成までの時間などの視点から他者との違いを考え、意見を出し合いながら、自ら評価・改善していく状況を設定する。深：より効率的で正確なプログラムを構築しようとする活動を通して、身に付けた情報技術を活用することで、問題を解決することを実感できるようにまとめていく。

「科学的な見方・考え方」・事象と情報の結び付き

習得

活用

探究

【他の単元とのつながり】

	過去の単元	現在の単元	今後の単元
数学	「計算の約束を調べよう」	「形が同じで大きさの違う図形を調べよう」	「データの特徴を調べて判断しよう」
国語	「表現の違いを考えよう」	「反対の立場の意見を考えて意見文を書こう」	「古文に親しもう」

＊3：Scratch（スクラッチ）：アメリカ・マサチューセッツ工科大学のメディアラボが無償で公開しているビジュアルプログラミング言語。画面上のブロックをつなぎ合わせてプログラムを作る。日本語でも使用可能。主にマウスを使用するため、キーボード操作に不慣れな小学生でも利用することができる。

【内容のまとまりごとの評価規準と観点別学習状況の評価】

①知識・技能 ②思考・判断・表現 ③主体的に学習に取り組む態度	観点別学習状況の評価
①コンピュータ等の情報機器の基本的な用途、操作方法及び仕組みを知り、情報と情報技術を活用して問題を知り、問題を解決する方法を身に付けている。	○タブレットをつかって、前後左右に動くことやダッシュなどの速く動くことなどのロボットの操作方法を知り、を知り、それを組み合わせて、目的の場所に少ないプログラミングで着くように、学習課題を解決することができた。動かすことができた。
②目的や状況に応じて、身近にある情報や情報技術を活用して問題を知り、問題を解決する方法について考えている。	○効率的なプログラミングについて「後ろへ歩く」などのブロックを使って、短い時間で目的地に到達する方法を考えることができた。

学習評価 のポイント解説！

できるだけ少ないプログラミングでという目的に応じて、ロボットを回転させるのではなく、後ろに歩くなどのプログラミングを使うなどして、目的に到着できるように問題を解決しようとした瞬間！

③身近にあるコンピュータやデータの基礎的な技能を身に付けたり、問題を解決するために必要な情報と情報技術を活用したりして、自己調整しながら解決する過程や解決案を自ら評価し改善しようとしている。	○友達のプログラミングと比較し、「ダッシュ」などのブロックを新たに取り入れたり、回転する角度を減らすために、「前に進む」ではなく、「後ろへ進む」を取り入れたりするなどして改善しようとしていた。

学習評価 のポイント解説！

友達のプログラミングと比較し、解決案を考えながら、自ら「後ろに進む」などを取り入れて（自己調整）、取り組もうとしている姿が見られた。

使用教材（歩くメカトロウィーゴ：株式会社リビングロボット）

Scratchを用いてロボットを操作します。

【活動の様子】

「どうしたら同じくらい速くすることができるのか。」と、自分と友達のプログラミングを見比べて試行錯誤する姿が見られた。

【授業者としての振り返り】

本校でプログラミングの授業を行うのは今年度が初めであったため、生徒がどの程度、興味関心をもって授業に参加してくれるか、見通しがもてない状態だった。しかし、【「何を、いつ、どのように」育んでいくのか】を軸に単元として授業を組み立てた時、生徒の学びの姿が具体的にイメージできるようになり、不安なく授業に臨むができた。

また、指導の軸が明確なため、生徒から予想外の発言や発信があっても対応がし易かった。今回であれば、「ただロボットの操作を続けたい。」という行動が見られた際には次の課題を言葉掛けして気持ちの切り替えを図ったり、「２つの動きの違いが分からないから実際にやって比べてみよう。」と発言があった際には、あえて次の課題に進まず、全員に注目させて、考え方に気付かせたりと臨機応変な指導ができた。

この授業の単元構想のポイント！

高等部の知的障がい教育の情報科については、学習指導要領で内容は示されているが、まだまだ課題が多い。安島教諭は、整備されていなかったカリキュラムを作り、さらに実践しながらカリキュラムの基礎を整えてきた。また、「科学的な見方・考え方」を意識した単元構想を行った上で、さらに知的障がいのある生徒が学ぶための特質に応じた主体的・対話的で深い学びの場面を設定している。一人一人の生徒の言動からも、まさに思考力・判断力・表現力等の「目的や状況に応じて、身近にある情報や情報技術を活用して問題を知り、問題を解決する方法について考えている。」ことに向き合っている発言多く見られるなど、情報科の資質・能力を育むために、どのように単元構想をしていくかを実践によって示した単元となった。　（富村 和哉）

12 各教科等を合わせた指導（小学部）生活単元学習「すなあそびをしよう」

教諭　遠藤 砂絵

＊令和２年度実践単元

本校の学校教育目標		
知識・技能	思考力・判断力・表現力	学びに向かう力・人間性
基礎的・基本的な知識・技能を習得し、活用できる力	自ら考え、協働し、課題を解決していく力	自ら進んで考え、学ぼうとする力
小学部		
知識・技能	思考力・判断力・表現力	学びに向かう力・人間性
身近な生活で扱う基礎的・基本的な知識・技能を習得し、活用できる力	自ら考え、友達と一緒に課題を解決していく力	自ら学ぼうとする力

【資質・能力の育成のための教育活動として】

生活単元学習　単元案	単元・題材名	「すなあそびをしよう」

＊各教科の段階の目標について省略（主に小学部１段階で設定）

【単元・題材で育成する資質・能力】（内容のまとまりごとの評価規準）

教科	知識・技能	思考・判断・表現	主体的に学習に取り組む態度
生活科	砂遊びや砂遊びの道具・おもちゃ、友達の遊び方等に関心をもっている。	一人で好きな遊びをしたり、友達と関わり合ったりしながら一緒に砂遊びをしている。	道具を使って自分の好きな砂遊びをしたり、友達の遊び方に注目して真似をしたりしている。
図画工作科	砂や小石等の自然物に触れながら、砂を握る、積み上げる、砂山を崩す、小枝を並べる等の遊びをしている。	作りたいものをイメージしながら砂を握ったり押したりして形を変えたり、道具を使ったりして表現している。	砂や小石、小枝等の自然物に触れながら砂遊びをしたり、進んで道具を使おうとしたりしている。
算数科	砂遊びを通して、砂山の大きい・小さい等の違いに気付いて区別することができている。	大小や多少等で区別することに関心をもち、量の大きさを表す用語に注目して表現している。	砂遊びを通して、大きい・小さい等の違いに気付いたり、量の大きさを表す言葉を使おうとしたりしている。
＊自立活動　個別の指導計画の指導内容による。			

【単元構想のためのメモ欄】＊一部掲載（活動時の留意事項をメモ）

※砂場で水を使用できるように、教室の水道からホースを伸ばしておいたり、キャンプ用のタンクを用意したりしておく。

【本単元で育みたい教科等横断的な資質・能力】

＊令和２年度はまだ設定されていない状態であった。

【「何を、いつ、どのように」育んでいくのか】

展開	時数	評価計画○ 教科名	知・技	思判表	主	●どのように【学習活動】主・対・深 どのような指導で（習得、活用、探究）
第一次	1 2	生活	○			●すなやまをつくろう。・道具（スコップ）を探して、砂山を作る。 主・対：２チームに分かれて砂山を作り、どちらが大きい（高い）かを比べるなど、大きい、小さいについて興味をもって触れて、考えの幅が広がるようにする。 習得・活用
		図工	○			
		算数	○	○	○	
		＊自立活動（個々）				
第二次	3 4 5	生活	○	○		●みちをつくろう。・山にトンネルを掘って道路をつなげる。 主・対・深：第１次に作った山の周りに道路を作る。道路は掘って作る、小石を並べる等、児童が考えて作れるようにしておく。 習得・活用
		図工		○	○	
		算数				
		＊自立活動（個々）				
第三次	6 7 8	生活		○	○	●うみをつくろう。 対・深：・海を掘り、水をためる。その際、水がどこから流れてくるか考え、山から川、海へとつながるように展開する。・海に水がたまったら、魚や船を浮かべる。 ・砂を固めてお家やお城を作り、一つの町として <悪天時案>・砂絵をする。 活用・探究
		図工		○	○	
		算数				
		＊自立活動（個々）				

＊自立活動と密に関連して展開する。

【他の単元とのつながり】

	過去の単元	現在の単元	今後の単元
国語科	「なまえはなに」	「“あいうえお”をよもう」	「おはなしであそぼう」
算数科	「あるかな　ないかな」 「なかまわけをしよう」	「かぞえてみよう」	「かたちあそびをしよう」 「おおきい、ちいさい」
生活単元学習	「ねんどであそぼう」	「すなであそぼう」	「のりものであそぼう」

【内容のまとまりごとの評価規準と観点別学習状況の評価】

教科	①知識・技能 ②思考・判断・表現 ③主体的に学習に取り組む態度	観点別学習状況の評価
生活科	①砂遊びや砂遊びの道具・おもちゃ、友達の遊び方等に関心をもっている。	○おもちゃのカゴの中からスコップやざる、お玉等を選んで砂遊びをしたり、友達がじょうろに水を汲んでいる様子を真似して水を汲みに行ったりすることができた。

学習評価 のポイント解説！

意図的な場や場面の設定により、道具に関心をもつ場面や、友達が遊んでいる場面に関心をもつことができるようにして、生活科の知識・技能である関心が育まれるようにしている。

教科	①知識・技能 ②思考・判断・表現 ③主体的に学習に取り組む態度	観点別学習状況の評価
生活科	②一人で好きな遊びをしたり、友達と関わり合ったりしながら一緒に砂遊びをすることができる。	○自由遊びでは、ざるを使って石集めをしたり、教師から提案されたおもちゃ探しをしたりしながら砂遊びをすることができた。特におもちゃ探しでは、教師が隠したおもちゃを埋めて友達を誘ったりして遊ぶことができた。
	③道具を使って自分の好きな砂遊びをしたり、友達の遊び方に注目して真似をしたりしている。	○ざるや植木鉢を使って小石集めをしたり、友達がバケツをひっくり返す様子を真似したりしていた。
図画工作科	①砂や小石等の自然物に触れながら、砂を握る、積み上げる、砂山を崩す、小枝を並べる等の遊びをすることができる。	○砂や小石、枝等に触れながら砂を積み上げる、固める、砂山を足で崩す、枝を折って使う等の遊びをすることができた。
	②作りたいものをイメージしながら砂を握ったり押したりして形を変えたり、道具を使ったりして表現することができる。	○トンネルを作るためには「砂山を作る→固める→掘る」という流れが必要であることを理解し、じょうろで水をかけて固めたり、スコップや手を使って穴を掘ったりしながらトンネルを作ることができた。

学習評価 のポイント解説！

トンネルを作るというイメージをもち、砂を固めたり、掘ったりしながら、形を変える部分を、意図的に指導して引き出している。遊びに中で何となくやってきた従前の生活単元学習とはちがい、指導と評価の一体化となっている 瞬間！

教科	①知識・技能 ②思考・判断・表現 ③主体的に学習に取り組む態度	観点別学習状況の評価
図画工作科	③砂や小石、小枝等の自然物に触れながら砂遊びをしたり、進んで道具を使おうとしたりしている。	○小石を集める際に、ざるをゆらして大きめの石を集めようとしたり、枝を半分に折ってトングのように使いながら石をつまんで集めたりしていた。
算数科	①砂遊びを通して、砂山の大きい・小さい等の違いに気付いて区別することができる。	○砂山に棒を立てて印を付けながら、大きい・小さいの違いに気付いて区別することができた。
	②大小や多少等で区別することに関心をもち、量の大きさを表す用語に注目して表現することができる。	○教師が「どっちが大きい？」と尋ねると「こっちが大きい。」「昨日より小さいね。」等の砂山の大きさについて言葉で表現することができた。
	③砂遊びを通して、大きい・小さい等の違いに気付いたり、量の大きさを表す言葉を使おうとしたりしている。	○大きい砂山を作ろうと友達の砂山と自分の砂山を見比べながら砂をたくさん集めたり、自分から「棒を貸してください。」と言って棒を砂山に立てながら大きさを比べたりしていた。

自立活動【指導内容から】

○ボディーイメージを高めたり、集団への参加の基礎を養ったりするために、**かかわり遊びや身体を動かすゲーム等に取り組む。**

【評価】手を使って穴を掘ったり、裸足で砂場を歩いたりすることで、**身体全体を使って砂遊びをする**ことができた。また、友達の様子を真似したり、**遊びに誘ったりしてかかわり合い**ながら遊ぶ姿が見られた。

学習評価 のポイント解説！

自立活動を合わせているので、指導内容にそって、身体を動かすゲームなど、意図的に指導をしている。

【活動の様子：第一次　すなやまをつくろう】

トンネルを作るには、まず「かためる」だ！

「かためる」には、水をかけてみよう！

もっと「かためる」には、「たたく」だ！
おれも手伝う！

【活動の様子：第二次　みちをつくろう】

トンネル完成！
トラックも通ったよ！

ここを踏切にしたらどうかな？
石を並べて道を作ったよ！

【授業者としての振り返り】

本単元は当初「各教科等を合わせた指導」として「生活科、算数科、図画工作科、国語科」の４つの教科を合わせていた。しかし、単元案で、単元全体をコントロールしながら計画を立てる中で、本当に４つの教科を合わせることが効果的なのか、２つの教科を同時に教えることはできるのか等の疑問にぶつかった。そこで、もう一度教師の「教える」視点と児童が「どのように学ぶのか」という視点で単元を整理した。すると、あまり多くの教科を合わせて指導することは効果的ではないことや同時に２つの教科を指導することは難しいということに気付くことができた。また、今回の図画工作科の場面では､導入時に砂山を作るためのポイントとして児童に「固める」「たたく」等の知識・技能を「教えた」ことにより、その知識・技能を働かせて「固めよう！」と砂山をたたく姿や「もっと固めよう！」と強くたたこうとする姿等、自分たちで考えて表現しようとする姿がたくさん見られた。このことは、その後他の単元案を作成する時にも大きく意識した視点であり、授業者が各教科等のねらいをしっかりと捉えて授業を行っていくことが重要であると学んだ単元となった。

この授業の単元構想のポイント！

令和２年度の実践であり、各教科等を合わせた指導で、資質・能力を明確にして向き合うとは、どういうことなのかを考えるきっかけとなった単元である。

単元の序盤に、当初は、砂山を作る時に、図画工作科と算数科を合わせて行うように計画していたが、１単位時間の指導の中で、「大きい･小さい」と「イメージをもって形を変える」などの複数の教科の特質に応じた見方・考え方が同時に指導はできないことに、遠藤教諭が気付いた。

各教科等を合わせた指導では、従前までは、活動場面から、「算数科が入っているよね。」「図画工作科の内容が入っているよね。」などと、後付けで学習評価をすることが多かった。しかし、教科等の資質・能力に向き合うことで、それぞれの教科等の特質に応じた見方・考え方を働かせて指導をしていることから、同時に算数科と図画工作科の指導は難しいことを気付き、前半は、算数科の見方・考え方で、砂山を取り扱って大小について学び、その学びを活用しながら、後半は図画工作科で、自分のイメージをもって道具を使ったり、素材を変化させたりしながら表現する楽しさを学んでいくように意図的な単元構想を行い展開し、学習評価の具体的な姿につながった。

各教科等を合わせた指導で、どの教科のどの資質・能力を指導しているのか、明確に指導者が意識することで（本校では、「教科のスイッチを入れる」と表現することが多い）、子どもたちの学ぶ姿、引き出せる姿が変わることを実証した単元であった。

（富村 和哉）

13 各教科等を合わせた指導（中学部）
生活単元学習「家族とわたし ～命の大切さ～」

教諭　藤田 秦人・教諭　関口 まみ

＊令和４年度実践単元

本校の学校教育目標		
知識・技能	思考力・判断力・表現力	学びに向かう力・人間性
基礎的・基本的な知識・技能を習得し、活用できる力	自ら考え、協働し、課題を解決していく力	自ら進んで考え、学ぼうとする力
中学部		
知識・技能	思考力・判断力・表現力	学びに向かう力・人間性
基礎的・基本的な知識・技能を身に付け、生活につなげようとする力	自ら考え、協働し、課題に気付いて改善しようとする力	自ら進んで学ぼうとする力

【資質・能力の育成のための教育活動として】

生活単元学習　単元案	単元・題材名	「家族とわたし～命の大切さ～」

＊各教科の段階の目標について省略（主に中学部２段階で設定）

【単元・題材で育成する資質・能力】（内容のまとまりごとの評価規準）

知的障害者教科等編（中学部）　国語２段階　知技：イ（ア）　思判表：Ｃイ

	知識・技能	思考・判断・表現	主体的に学習に取り組む態度
内容のまとまりごとの評価規準	・考えとそれを支える理由など、情報と情報との関係について理解している。	「読むこと」 ・語と語や文と文との関係を基に、出来事の順序や気持ちの変化など内容の大体を捉えている。	・言葉がもつよさに気付くとともに、色々な図書に親しみ、国語を大切にして思いや考えを伝え合おうとしている。

学習指導要領（小学校）　※３．４年生　体育　Ｇ保健（体の発育・発達）参考

	知識・技能	思考・判断・表現		主体的に学習に取り組む態度
内容のまとまりごとの評価規準	体の発育・発達については、年齢に伴って変化することを理解できるようにするとともに、個人差があることを理解している。	思・判	自分やグループの体の発育・発達についての課題を見付け、その解決のための友達と考えたり、工夫したりしている。	体の発育・発達等の仕方などに気付き、自己の健康の保持増進に進んで取り組もうとしている。
		表	考えたり工夫したりしたことを他者に伝えている。	

学習指導要領（小学校）　特別の教科道徳　Ｃ（15）

評価規準	・父母、祖父母を敬愛し、家族みんなで協力し合って楽しい家庭を作ろうとしている。 ①父母、祖父母の家族愛に気付くことができる。 ②家族みんなで協力し合って楽しい家庭を考えている。

【単元構想のためのメモ欄】
11 時間（国語 :4 時間→道徳 :3 時間→保健体育 :3 時間→道徳 1 時間）
☆今単元においては、道徳の「C　主として集団や社会との関わりに関すること　家族愛」について「お母さんの請求書」を取り上げるとともに、国語科、保健体育科を合わせて指導したい。学びの変容を見取るために、授業前と後に家族についてのアンケートを実施する。

◎国語科について…
イ（ア）考えとそれを支える理由など、情報と情報との関係について理解させたい。
※「理由」は、なぜそのような「考え」をもつのかを説明すること。
Ｃ　イ　語と語や文と文との関係を基に、出来事の順序や気持ちの変化など内容の大体を捉えるようにしたい。
※助詞や接続する語句に注意しながら読み、出来事の順序や登場人物の気持ちの変化など、どのような事柄がどのように書かれているかを大まかに捉えること。

◎保健体育科について（性に関する指導の手引き）より…
生命の誕生及び心身の発育・発達に関する基礎的な事項を理解するとともに、自己の性を受容し、自分を大切にしようとする心情や態度を育てたい。
→助産師をゲストティーチャーとして招いて、２時間授業を行う予定である。

単元構想メモのポイント解説！

合わせている教科の時間の構想、国語科、保健体育科における学習指導要領の着実な実施のために、どのような内容が必要かを再確認してメモしている。

【本単元で育みたい教科等横断的な資質・能力】

学習の基盤となる資質・能力			現代的な諸課題に対応して求められる資質・能力			相馬支援学校ならではの力
言語能力	情報活用能力	問題発見・解決能力	地域で起こる災害等への緊急時に対応する力の育成	生活力や地域力の育成	感染症、肥満、運動不足等の自身の健康・安全に関する力の育成	自己理解・自己実現の育成

【「何を、いつ、どのように」育んでいくのか】

展開	時数	教科	知・技	思・判・表	主	横断的な力	●どのように【学習活動】 どのような指導で（習得、活用、探究）
第一次	1 2 3 4	国	○	○	○	言	●お母さんの請求書を音読し、出来事の順序や登場人物の気持ちの変化など内容を大まかに捉える。【音読、内容の理解】 ●自信をもって音読することができるように、「、」「。」に気を付けながら読むことを学習したり、漢字の読み方を確認したりする。 主・対：大まかな内容を捉えることができるように、「いつ・どこで・だれが・何をしている」かを読み取りながら進める。その際に、視覚的支援を用いる。 主：出来事の順序や登場人物の気持ちの変化を理解することができるように、助詞や接続詞について学習する。 主：自分の変容に気付くことができるように、学習前に「家族をどう思うか？」等の内容のアンケートを実施する。アンケートに向き合うことで、自己のキャリア（経験）と関連付けて考えることができるようにする。
		道徳	C（１５）				
	習得 ＊自立活動（個々）						
第二次	5 6 7	道徳	C（１５）			情 生	●お母さんの請求書を音読し、登場人物の気持ちの変化に着目してその理由を語と語や文と文との関係を基に考える。【気持ちの読み取り】 主：内容の理解を促すために、読み取る際に文中に出てくる請求書をみんなで制作する。 対：登場人物の気持ちの変化を読み取ることができるように、登場人物の表情や言葉に着目しながら考え、グループで話し合う活動を設定する。 ・請求書を比較する、母の気持ちやたかしの気持ちを読み取る、 主：登場人物の気持ちの変化の理由を考えやすくするために、作成した請求書を活用したり、自分事として捉えられるような言葉掛けをしたりする。
		国語		○			
	習得・活用 ＊自立活動（個々）						
第三次	8 9 10	保健体育			○	健	●生命の誕生及び心身の発育・発達に関する基礎的な事項を知り、自己の性を受容し、自分を大切する。【助産師による特別授業】 主：道徳で学んだことを深めることができるように、道徳で学んだ家族愛についての内容や登場人物や自分の気持ちなどを振り返る。 深：自己の性を受容し、自分を大切にする気持ちを育むことができるように、生命の誕生や乳児からの成長などの流れを体験的な活動を通して学ぶ機会を設定する。
	活用・探究 ＊自立活動（個々）						
第四次	11	道徳	C（１５）			生	●これまで学んだことを活用して、今後の生活でできることや工夫することを考える。【自分の生活を考える、学びの変容、保護者からの手紙】 主：自分や家族を大切にしようとする心情や態度を育むことができるように、これまでの学習を振り返る時間を設定する。 対：自分の思考を広げられるように、友達の考えを聞いたり、自分の考えと友達の考えを比べたりする時間を設定する。 深：自分の変容に気付くことができるように、学習前に記入したアンケートと同じものを記入し、変化したかを確認したり、今後の自分の生活でどのように行動していくかを考える場を設定する。
		保健体育		○			
	探究 ＊自立活動（個々）						

【他の単元とのつながり】

	過去の単元	現在の単元	今後の単元
国語科	「内容を読み取ろう」	「作品を読んで考えてみよう」	「書いてみよう」 （書写）
保健体育科	「体つくり運動」 ～スポーツのかかわり方～	「健康な生活について」 ～保健～	「体の成長とわたし」 ～保健～
道徳科	「国際理解・国際親善」 ～同じ空の下で～	「家族愛・家庭生活の充実」 ～家族とわたし～	「相互理解、寛容」 ～自分のトリセツをつくろう～

★実際の単元案はＡ４判で、つながりを示す矢印があるが、ここでは省略している。

【内容のまとまりごとの評価規準と観点別学習状況の評価】

教科	①知識・技能 ②思考・判断・表現 ③主体的に学習に取り組む態度	観点別学習状況の評価
国語科	①考えとそれを支える理由など、情報と情報との関係について理解している。 ②語と語や文と文との関係を基に、出来事の順序や気持ちなど内容の大体を捉える。	①「お母さんの請求書」を音読し、「いつ」「どこで」「誰が」「何を」という４つに着目して、本文の情報を読み取ることができた。 ②考えとそれを支える理由については、本文を音読したり、繰り返して読んだりして問いの場面の文を見付け出し、答えとなる部分を抜き出すことができていた。情報と情報との関係については、前時で学習した「ところが」という接続詞を振り返る場面を設定したことで、「ところが」の働きを意識しつつ、前後に着目しながら、たかしの気持ちを読み取ることができていた。
	学習評価 のポイント解説！ 国語の解説にある「接続詞の語句に注意しながら読み」という指導内容を授業者が意識することで、何となく話を読み取るのではなく、しっかりと生徒の資質・能力を引き出している瞬間！	
	③言葉がもつよさに気付くとともに、色々な図書に親しみ、国語を大切にして思いや考えを伝え合おうとしている。	③音読する際には、「、」や「。」に気を付けながら音読する姿が見られた。また、友達の意見を聞いたり、自分の考えを友達に伝えたりすることできた。
保健体育科	①体の発育・発達については、年齢に伴って変化することを理解できるようにするとともに、個人差があることを理解している。 ②自分やグループの体の発育・発達についての課題を見付け、その解決のために友達と考えたり、工夫したりしたことを他者に伝えている。	①助産師による授業を通して、思春期特有の心や体の変化あることやそれぞれ個人差があることを知ることができた。 ②今回の授業では、思考力・判断力・表現力等を活用して、課題を発見・解決する時間を設定することができなかった。しかし、３学期の始めの保健体育で自他の課題へのアプローチを行う。

<table>
<tr><td rowspan="2"></td><td colspan="2">★これが授業改善！
今回の単元の中で、知識･技能については理解する姿を引き出すことができたが、思考力･判断力・表現力については時間がなかったことを素直に学習評価に記す。バランスよく育むために、３学期の保健体育でアプローチできるようにすることを考える等、３つの資質・能力を育むために、単元を越えて育成をしていくことを考えている。これができるのは、学習評価に向き合っているからである。</td></tr>
<tr><td>③<u>体の発育・発達等の仕方などに気付き</u>、自己の健康の保持増進に進んで取り組もうとしている。</td><td>③<u>おりがみをコンパスの針で刺した小さな穴が、命のはじまりの大きさであること知り</u>、今のからだと比べる活動を通して、自分の体が発育・発達して成長していることに気付くことができた。</td></tr>
<tr><td>特別な教科道徳</td><td>○<u>父母、祖父母を敬愛し</u>、家族みんなで<u>協力し合って楽しい家庭</u>を作ろうとしている。</td><td>○「お母さんにどんな言葉をかけたか」の問いでは、<u>「いつもありがとう」と記入する姿</u>や友達の答えに共感（頷く）する姿が見られ、「家族愛」に気付く姿が見られた。また、助産師さんの授業では、赤ちゃんの抱っこ体験や出産の流れ等を体験的な活動を通して学んだ。その後のアンケートでは、「親への感謝が分かりました。」と記入があり、「家族の大切さ」が深まる場面があり、自分から家事の手伝いをする気持ちが育まれる様子が見られた。＊後日の個別懇談で、<u>「今までやって」と言われてからやっていた食器運びを自分からやったり、これまであった反抗的な態度が落ち着き</u>、協力して過ごす姿が見られるようになってきたと保護者から話があった。</td></tr>
<tr><td colspan="3">各教科等の学習の文脈の中で、これらの資質・能力が横断的に育成・発揮された姿
【言語能力の育成】
○文章の読み取りを通して、<u>語彙の段階的な獲得や言語理解</u>を図る。
【学習評価】
・お母さんの請求書を読み取る活動では、<u>請求書の意味を辞書で調べたり</u>、本文の漢字の読みを確認したりする姿から<u>語彙の段階的な獲得</u>につながる姿があった。言語理解については、本文を読んで理解する難しさがあるため、国語等で言語理解を育む必要がある。

枠を越えた力も学習評価！ ポイント解説！
国語科を中心に言語能力を育成していく。本校で明確にした言語能力について、明確にした資質・能力に向き合って、学習評価して授業改善していく。</td></tr>
<tr><td colspan="3">自立活動：指導計画関連部分
○繰り返し自分から発信する活動に取り組み、<u>自分の思いや考えを表出する方法を身に付けることで、自分から発言する意欲を高める。</u>
→考えを表現する際には、十分に時間を確保する。
●学習評価
・自分の考えを表現する場面では、<u>考える時間と表現する時間を十分に設定することで、自立的な課題に向き合い克服しようとする姿</u>が見られ、<u>学習場面で自分の考えを表現する姿があった。</u>

学習評価のポイント解説！
この場合の自立活動の取扱いは、各教科等の指導における密接な関連である。国語や道徳での目標を逸脱しない程度に、本人が、主体的に障がいによる困難さを改善・克服できるように指導している瞬間！</td></tr>
</table>

キャリアガイダンスシート
（キャリア発達支援の視点より）
○自己理解・自己管理能力
自らの思考や感情を律し、かつ、今後の成長のために進んで学ぼうとする力の育成。
●学習評価
・登場人物の気持ちを読み取る際に、自分事と捉えながら気持ちを考え、母に対する感謝の気持ちを表現することができた。このことについては、今後の学習や日常生活などで定期的に生徒に言葉を掛けるでより深めるのではないかと考える。

キャリア発達についてポイント解説！

個々人で違う調和的な発達としてのキャリア発達の支援について、学習評価で向き合うことで、さらにどのように支援していくといいのか、次の単元や授業での明確な授業者の目標となる。まさに、学習評価によって授業者の資質や技術が向上する瞬間！！

国語の読み取りでしっかりと学びながら全体をつかみ、「今度は、文章からではなく、どうしてその気持ちになったか自由に考えてみるよ」と教科等のスイッチを入れ替えて、道徳の世界に入って考え始める。

地域の助産師との特別授業の中で、自分がこんなに小さかったということを実感し、この小ささからどうやって大きくなった？と聞くと「お母さん。」と言って、感謝の気持ちを表す様子が見られた。

【授業者としての振り返り】

今回の単元は、軸を特別の教科道徳として考え、軸となる考えをもてるようにするために、国語科では読み取りに関する内容や保健体育科では体の発育や発達を取り扱い、単元の中で各教科等の関連を図りながら効果的に指導できるようにした。実際に取り組んでみて、保健体育科で地域の助産師との特別授業で、実際に体験したことで、軸であった道徳科の家族愛、協力に関する具体的な場面や状況を理解して、道徳的価値や意義を見いだす姿が見られた。常に実践では、エピソード記憶を大切にしている。ただ知識となる言葉を聞くだけでなく、実際にやってみる、経験するから分かりやすいと考えており、生活単元学習での強みの部分の生かすことができたと考える。

今後も、各教科等を合わせた指導において、単元案を活用しながら、生徒にとって自然な流れの中で、教科等の授業の切り替え、スイッチの切り替えができる発問や単元づくり、指導技術を磨いていきたいと思う。

この授業の単元構想のポイント！

特別の教科道徳について、知的障がいのある子どもたちに指導する場合、具体的な場面を活用することもあるが、項目によっては副読教材を取り扱った方が有効な時がある。しかし、読み取ることに難しさがあり、その状況を説明することに時間がかかり、本来の資質・能力が育むことが難しい時がある。藤田教諭は、この点を「国語」と「特別の教科道徳」に分けて、効果的に学ぶことができるように単元構想や１単位時間の合わせた方も工夫していた。

特に１単位時間内の「国語」から「道徳」に、教科のスイッチを授業者が切り替え、生徒の見方・考え方を切り替えた瞬間が見事であった。

その授業中の発言がこれだ！

「ここまでは、「ところが」という接続詞や書いてある文章を基にして、どうしてなんだろうと考えてきたけど、ここからは、スイッチを入れ替えて、（主人公）さんがどうしてそんな気持ちになったんだろうと、自由に考えてみてください。みんなの気持ちだから、自由ですよ。どんな気持ちも、外れはないですよ。たくさん、考えてみましょう。」

と、生徒たちに言葉を掛けた。前半は「言葉による見方・考え方」で迫っていたところから、スイッチを入れ替えて、自分の気持ちに向き合い、その道徳的価値や判断に向き合えるように導いている瞬間である。この後、道徳の学習評価にあるように、まさに目標に迫る姿が生徒たちからあふれ出ることとなった。

各教科等を合わせた指導において、どのように教科の指導のスイッチを入れ替えるか、実践をもって示した単元となった。

（富村 和哉）

14 各教科等を合わせた指導（高等部）作業学習「緊急依頼！ラベルを作ろう」

教諭　室井 郷司

＊令和４年度実践単元

本校の学校教育目標		
知識・技能	思考力・判断力・表現力	学びに向かう力・人間性
基礎的・基本的な知識・技能を習得し、活用できる力	自ら考え、協働し、課題を解決していく力	自ら進んで考え、学ぼうとする力
高等部		
知識・技能	思考力・判断力・表現力	学びに向かう力・人間性
自立と社会参加のために必要な基礎的・基本的な知識・技能を習得し、活用できる力	自分の考えを持ち、他者を理解し、課題を解決していく力	自ら進んで考え、学ぼうとする力

【資質・能力の育成のための教育活動として】

作業学習　単元案	単元・題材名	「緊急依頼！ラベルを作ろう」

＊各教科の段階の目標について省略（主に高等部２段階で設定）

【単元・題材で育成する資質・能力】（内容のまとまりごとの評価規準）

教科	知識・技能	思考・判断・表現	主体的に学習に取り組む態度
職業	勤労の意義について理解を深めている。	目標をもって取り組み、その成果や自分と他者との役割及び他者との協力について考え、表現している。	作業を通して貢献する喜びを感じたり、目標や計画性をもって主体的に取り組もうとしたりしている。
職業	材料の特性や扱い方及び生産や生育活動等に関わる技術について理解を深めている。	生産や生育活動に係る技術に込められた工夫について考えている。	材料の特性や扱い方に関わる技術について理解を深めようとしたり、生産や生育活動により地域社会へ貢献しようとしたりしている。
国語	日常よく使われる敬語を理解し、使っている。		日常よく使われる敬語を使おうとしたり、相手に伝わるように、言葉の抑揚や強弱、間の取り方などを工夫したりしようとしている。
社会	地域の人々と互いに協力することの大切さを理解し、自分の役割や責任を果たすための知識や技能を身に付けている。	社会生活の中で状況を的確に判断し、自分の役割と責任について考え、表現している。	社会生活の中での自分の役割や責任について考えたり、地域の中での自分の役割を果たそうとしたりしようとしている。

情報	身近にある情報デザインから、効果的なコミュニケーションを行うための情報デザインの基本的な考え方や方法を知り、表現する基礎的な技能を身に付けている。	効果的なコミュニケーションを行うための情報デザインの効果的な考え方や方法に基づいて、表現の仕方を工夫している。	身近にある情報デザインの基本的な考え方や方法について知り、基礎的な技能を身に付けようとしたり、表現を工夫したりしようとしたりしている。
道徳	C社会参画・公共の精神 社会参加の意識と社会連帯の自覚を高め、公共の精神をもってよりよい社会の実現に努めている。		

【単元構想のためのメモ欄】＊一部掲載（合わせる時の考えをメモ）

〇作業活動の前後に、単元の流れ、授業の流れに伴う各教科の資質・能力を育む時間を取り入れて、自然な形で指導を行うようにする。

〇各教科等の目標・内容を明確にし、単元の中で扱うことによって、学びの最適化を図る。教科別の指導ではなく、作業学習（各教科等を合わせた指導）で行う意義として、将来の職業生活や社会自立に向けて基盤となる資質能力に関して、「将来の自立した生活」に向けたイメージがしやすい点や、作業活動の中で実践あるいは般化を行うことができることが挙げられるため、それらを意識しながら授業を展開していく。

職業科高２段階Aア　勤労の意義

・自分たちが取り組んでいる生産や生育活動等が社会貢献につながることが分かり、働くことの意義を実感することができるようにすること。製品や作物、作業活動等の社会的な有用性についても着目し、地域での販売や作業を通した地域貢献などの実践的・体験的な学習活動を通して理解を深める。

情報科高１段階Bア（ウ）イ（ウ）

・効果的なコミュニケーションを行うために、目的や受け手の状況に応じたコンテンツの制作過程、情報デザインの基本的考え方や方法について知り、技能を身に付ける。情報デザインの基本的な考え方や方法を用いて、表現の仕方を工夫しながらコンテンツを制作する力を養う。

単元構想メモのポイント解説！

目標に挙げている教科等をなぜ、この単元で合わせているのか、全てメモに記載し、授業者だけでなく、作業学習全員が共有できるようになっている。

キャリア発達を促す教育の視点（基礎的・汎用的能力）

・**課題対応能力**…仕事をする上での様々な課題を発見・分析し、適切な計画を立ててその課題を処理し、解決することのできる力。

単元構想メモのポイント解説！

キャリア発達を促す教育の視点も押さえ、授業の中で意図的な指導に挑戦している。

【本単元で育みたい教科等横断的な資質・能力】

学習の基盤となる資質・能力			現代的な諸課題に対応して求められる資質・能力			相馬支援学校ならではの力
言語能力	情報活用能力	問題発見・解決能力	地域で起こる災害等への緊急時に対応する力の育成	生活力や地域力の育成	感染症、肥満、運動不足等の自身の健康・安全に関する力の育成	自己理解・自己実現の育成

【キャリア発達を促す教育の視点】

人間関係形成・社会形成能力	自己理解・自己管理能力	課題対応能力	キャリアプランニング能力

【「何を、いつ、どのように」育んでいくのか】

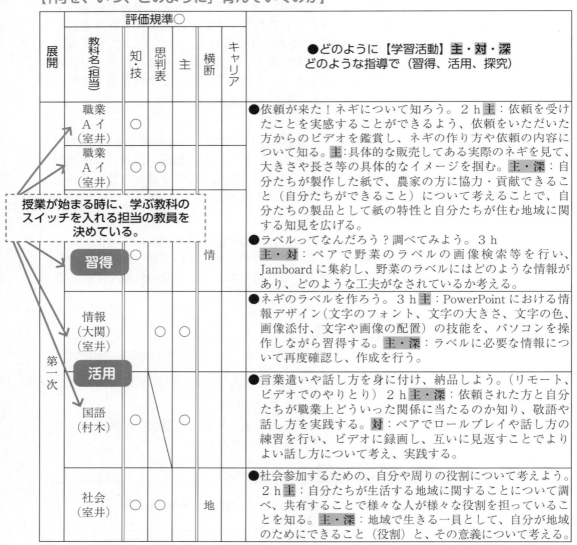

展開	教科名(担当)	知・技	思判表	主	横断	キャリア	●どのように【学習活動】主・対・深 どのような指導で（習得、活用、探究）
第一次	職業 Aイ (室井)	○					●依頼が来た！ネギについて知ろう。２h主：依頼を受けたことを実感することができるよう、依頼をいただいた方からのビデオを鑑賞し、ネギの作り方や依頼の内容について知る。主:具体的な販売してある実際のネギを見て、大きさや長さ等の具体的なイメージを掴む。主・深：自分たちが製作した紙で、農家の方に協力・貢献できること（自分たちができること）について考えることで、自分たちの製品として紙の特性と自分たちが住む地域に関する知見を広げる。
	職業 Aイ (室井)	○	○				
		○			情		●ラベルってなんだろう？調べてみよう。３h 主・対：ペアで野菜のラベルの画像検索等を行い、Jamboardに集約し、野菜のラベルにはどのような情報があり、どのような工夫がなされているか考える。
	情報 (大関) (室井)		○	○			●ネギのラベルを作ろう。３h主：PowerPointにおける情報デザイン（文字のフォント、文字の大きさ、文字の色、画像添付、文字や画像の配置）の技能を、パソコンを操作しながら習得する。主・深：ラベルに必要な情報について再度確認し、作成を行う。
	国語 (村木)	○		○			●言葉遣いや話し方を身に付け、納品しよう。（リモート、ビデオでのやりとり）２h主・深：依頼された方と自分たちが職業上どういった関係に当たるのか知り、敬語や話し方を実践する。対：ペアでロールプレイや話し方の練習を行い、ビデオに録画し、互いに見返すことでよりよい話し方について考え、実践する。
	社会 (室井)	○	○		地		●社会参加するための、自分や周りの役割について考えよう。２h主：自分たちが生活する地域に関することについて調べ、共有することで様々な人が様々な役割を担っていることを知る。主・深：地域で生きる一員として、自分が地域のためにできること（役割）と、その意義について考える。

授業が始まる時に、学ぶ教科のスイッチを入れる担当の教員を決めている。

習得

活用

	情報 （室井）	○	○			課	●試作品の感想を受け、よりよいラベルについて考え、製作しよう。３ｈ　※試作品の中から、依頼された方に５つ程度に絞ってもらい、感想をいただく。（生徒はビデオで視聴） ①ラベルのデザインを工夫・改善しよう。主・対：よりよいラベルにするための課題と改善点についてグループで話し合うことで、行うべきことや指針を明確にする。②ラベルに適した紙をすこう。 主・深：売り物としてのネギの特性や、売っている場面について再度確認し、どのような紙の質であれば良いか考え、紙をすく。
	職業 Ａイ （室井）		○			課	
	社会 （室井）	○	○	○			●納品しよう。３ｈ主・対・深：ラベル作りが地域貢献につながることを踏まえ、今回行った作業（働くこと）の自他の役割や意義について考える。 ●ラベル作りの実践から、社会参画について考えよう。主：今回学んだことや感じたこと等、経験や体験を一人一人振り返りながら、社会的な責任や役割について考える。
	道徳 （富村）		○		地		
第二次	職業 Ａイ （室井）		○	○			●製品製作、ラベル・ポップつくりをしよう。８ｈ※紙すき作業・製品製作・ラベル作りを実態や状況に合わせて行う。主・深：印刷用紙、ハガキ、カレンダー、名刺等、それぞれの製品に適した紙の質について考え、その品質の紙をすくにはどうすればよいか、具体的に考え、紙をすく（パルプ水を何杯入れればよいか、等）主：ラベル作りで得た情報科に関する知識・技能を生かして、自分たちの製品のラベルつくりを行う。また、相農ショップや咲笑祭の販売の経験から、「お客さん」を意識したラベルの製作を行う。 活用 探究
	情報 （室井）		○	○			
	職業 Ａイ （室井）		○	○			
	情報 （室井）		○	○			
	職業 Ａイ （室井）		○	○			
	情報 （室井）		○	○			
	職業 Ａア （室井）	○	○	○			●ラベル作りの経験を通して、働く意義を考えよう。２ｈ 主：目標をもって取り組んだことや、納品した際に依頼された方に喜んでいただいたことをふりかえり、働くことで得られる達成感や喜びを生徒の実態に合わせて表現する。
	職業 Ａイ （室井）		○	○			

【他の単元とのつながり】 対象生徒である１学年通常Ⅰ型の年間指導計画によるものとする。

過去の単元	現在の単元	今後の単元
社会（作業学習）「社会参加しよう」 情報「咲笑祭のポスターを作ろう」 美術「文字のデザイン」 国語「敬語を使おう」	社会（生単）「公共施設の利用」 職業「いろいろな仕事」 情報「データの活用」	家庭（作業学習）「消費生活」 情報「製品販売会のポスターを作ろう」 国語「調べたことを報告しよう」

★実際の単元案はＡ４判で、つながりを示す矢印があるが、ここでは省略している。

【内容のまとまりごとの評価規準と観点別学習状況の評価】

教科	1 知識・技能 2 思考・判断・表現 3 主体的に取り組む態度	観点別学習状況の評価
職業科	①勤労の意義について理解を深めている。	①「働くことはお金をもらうことだけでなく、ネギのラベルのように自分たちが作った物が広がっていくことが大切なことだと思う」と、勤労に意義についてより理解することができた。

学習評価 のポイント解説！

勤労の意義について、学習指導要領の職業科の解説の中では、「生計の維持だけでなく、自分たちが取り組んでいる生産が社会貢献につながっている 」としているところを引き出した瞬間！

教科	評価規準	観点別学習状況の評価
職業科	②目標をもって取り組み、その成果や自分と他者との役割及び他者との協力について考え、表現している。	②「自分は紙すきを担当しているけど、他の人が責任をもって仕事をしてくれているから自分は紙をすくことができる。」と、他者の役割と協力について考え、発表することができた。
	③作業を通して貢献する喜びを感じたり、目標や計画性をもって主体的に取り組もうとしたりしている。	③「自分たちが作っている紙がラベルになるから、品質を高めていかないといけない。」と、いつも行っている作業よりも、向上心や貢献したいという意欲をもって作業に取り組んでいる様子であった。
	①材料の特性や扱い方及び生産や生育活動等に関わる技術について理解を深めている。	①ラベルに適した紙を製作するため、一度に入れるパルプ水の量を調整し、紙の厚さを整えることができた。また、パルプ水の量をどの程度入れればどのくらいの厚さになるか、試行錯誤しながら理解することができた。
	②生産や生育活動に係る技術に込められた工夫について考えている。	②ラベルに適した紙の質について、紙の厚さや色や模様について考え、「ラベルには文字や画像があるから、無地の方が良いと思う。」「薄いとネギに貼った時に折れちゃうから、厚い方が良いと思う」とし、紙の質に関する工夫について考えることができた。

学習評価 のポイント解説！

技術に込められた工夫を考えるように発問することにより、生徒が普段の生活を振り返り、工夫を考えていく姿が見られた瞬間！

教科	評価規準	観点別学習状況の評価
職業科	③材料の特性や扱い方に関わる技術について理解を深めようとしたり、生産や生育活動により地域社会へ貢献しようとしたりしている。	③これまで製作した紙を見比べたり、実際にラベルを印刷したりしながら、紙の特性や工夫について考えようとしたり、「自分がすいた紙がラベルになってセデッテかしまに並ぶのは、嬉しいけど責任があるから、責任をもってやらないといけない」と、地域社会へ貢献しようとしたりすることができた。

<table>
<tr><td rowspan="3">国語科</td><td>①日常よく使われる敬語を理解し、使っている。</td><td>①（依頼主）さんに試作品が完成したことを報告する動画撮影の際に、学校外の人との関わりの中で必要となる「申します」「お申し付けください」など謙譲語を新しく理解し、使うことができた。</td></tr>
<tr><td colspan="2">学習評価 のポイント解説！
実際に依頼主に会うことで、より効果的に学ぶことができる場面であり、その学びの姿がでた瞬間！！</td></tr>
<tr><td>③日常よく使われる敬語を理解したり、使おうとしたりしている。</td><td>③「ご希望がありましたら」など、言葉遣いに気を付けて撮影の際に話そうとするなど、敬語を理解して使おうとしていた。</td></tr>
<tr><td rowspan="5">社会科</td><td>①地域の人々と互いに協力することの大切さを理解し、自分の役割や責任を果たすための知識や技能を身に付けている。</td><td>①「地域の人と普段から協力して取り組むことができれば、いつか自分も助けてもらえる」と地域の人々と互いに協力する大切さを理解し、「アイスショップ（相双地区にある）に紙を提供するために、品質の良い紙を作る。丁寧に作業する。」と自分の役割を理解することができた。</td></tr>
<tr><td colspan="2">学習評価 のポイント解説！
社会科における「社会参加ときまり」の内容は、教科別の指導で行うことより、作業学習での実際の体験を通して、考える教科のスイッチを入れやすく、生徒たちが具体的な場面から気付いている瞬間！！</td></tr>
<tr><td>②社会生活の中で状況を的確に判断し、自分の役割と責任について考え、表現している。</td><td>②「地域のために、紙を頼めることをアピールしていく必要がある。」「ポスターや野馬追グッズにもいかせると思う。」と、地域の特産物などに着目し、その中で自分のできること（役割）について考えることができた。</td></tr>
<tr><td>③社会生活の中での自分の役割や責任について考えたり、地域の中での自分の役割を果たそうとしたりしようとしている。</td><td>③「ラベルだけじゃなくて、自分や紙すき班にできることはまだまだあると思う。」と、自分の役割について肯定的に捉え、意欲的に自分の役割を果たそうとすることができた。</td></tr>
<tr><td colspan="2">学習評価 のポイント解説！
「自分や紙すき班にできることはまだまだある。」しびれる瞬間！！</td></tr>
<tr><td>情報科</td><td>①身近にある情報デザインから、効果的なコミュニケーションを行うための情報デザインの基本的な考え方や方法を知り、表現する基礎的な技能を身に付けている。
学習評価 のポイント解説！
野菜のラベルという身近な情報デザインから、何が効果的なデザインなのか、基本的な考え方や方法を知るための単元構想を図っており、まさに、知識・技能が育まれた瞬間！</td><td>①野菜のラベルの中には「野菜の写真や生産地、アピールポイントが書かれている。野菜の名前を一番大きく書いてある。」と、効果的なコミュニケーションを行うための情報デザインの基本的な考え方や方法を知り、実際にネギのラベルを作成する際には、フォントの大きさや配置、効果、画像の貼り付け方等、表現する技能を身に付け、実践することができた。</td></tr>
</table>

	②効果的なコミュニケーションを行うための情報デザインの効果的な考え方や方法に基づいて、表現の仕方を工夫している。	②改善前の「一本太ネギ」の文字をどう思うか聞くと、「実はお客さんにこれじゃ伝わらないと思ったんです、見にくくて」と言い、「じゃあどうすればより良くなると思う？」という教師の発問に対して「文字の縁取りをしてみます」とし、コミュニケーションの相手が「お客さん」であることを理解した上で、表現の仕方を工夫することができた。
	③身近にある情報デザインの基本的な考え方や方法について知り、基礎的な技能を身に付けようとしたり、表現を工夫したりしようとしたりしている。	③「お客さんに買ってもらえるように、ネギをもっとアピールしたいですよね。ネギは緑色だから、縁取りをした方が良い」と、主題に応じた情報デザインを意欲的に工夫しようとすることができた。
道徳	○社会参加の意識と社会連帯の自覚を高め、公共の精神をもってよりよい社会の実現に努めている。 学習評価 のポイント解説！ 実際の体験を通して、具体的に社会参加と社会連帯の自覚を高めることができた瞬間！！効果的に合わせたから出てきた姿！！	（依頼主）さんが納品時に嬉しい、頑張るという気持ちについて「ラベルをみんなで集中して苦労して作ってくれた嬉しさがあるから。お客さんに買ってもらっておいしいと言ってもらえる嬉しさもある。」「紙すき班を信用したから〝これだったらいっしょにできるな〟と思ったから」と考え、自分たちが、（依頼主）さんがお客さんに売るためのものを作っているという社会連帯の自覚を高める表現が見られた。また、卒業後に向けて、「店に並ぶまでの物をみんなと協力してお客さんなどが嬉しくなることを考えて働きたいです。」と表現し、〝お客さんが嬉しくなる〟という、みんなのためにどう働くかを考え、社会人として、自分がどう、その社会の一翼を担おうとするか、社会参加の意識を高め、その実現に向けて〝働きたいです〟と努めようとする姿が見られた。

各教科等の学習の文脈の中で、これらの資質・能力が横断的に育成・発揮された姿
<教科等横断的な視点に立った資質・能力>

【情報活用能力】○ＩＣＴ等の情報手段を適切に用いて情報を得たり、情報を整理したりする力の育成を図る。

【学習評価】・社会科「社会参加」の学習において、『相双地区』と入力し、「相双の意味が分からないので調べて良いですか。」と本人から申し出があったため、別タブを開く方法を教えると、すぐに覚え、調べ学習をより効率的に行うことができた。また、「相双地区の特産物」と調べ、画像をJamboardに貼り付け、分かりやすいようにコメントを挿入することができた。

枠を越えた力も学習評価！ポイント解説！

各教科等横断的な視点に立った資質・能力について、意図的に指導しているからこそ、育まれた瞬間。社会科で調べている学びの文脈の中で、タブレットの使い方を理解したり、調べ方や整理の仕方を理解したりしている瞬間！！

【キャリア発達を促す視点】

・課題対応能力：仕事をする上での**様々な課題**を**発見・分析**し、適切な計画を立てて**その課題を処理し、解決することのできる力。**

・改善前のラベルについて「全体的に文字が見にくい」要望に対し、「文字を縁取る、文字を太くしてみる。」**「もう少し文章を簡単に、文字を見やすくしてほしい」**要望に対し、**「栄養素がたくさん書いてあっても、お客さんは良く分からないと思うので、『ビタミンＣ等』とまとめてしまってよいと思うんです。」**と考えた。**今回は「仕事をする上での様々な課題」に当たる部分が、「（依頼主）さんの要望」とし、それを分析し（理解した上で）、課題を処理することができていた。**

キャリア発達についてポイント解説！

各教科等の指導を行っている時に、学習の文脈上で育成、発揮される力に近い。授業者が意図的にキャリア発達を支援することで、課題対応能力に向き合っている 瞬間！
＊詳しくは第６章第５節を参照。

【活動の様子】

文字を縁取りした方が伝わりやすいと思う。
サイズこみこみ
一本太ネギ
完成！
依頼内容の確認
情報科
国語科
こちらにお掛けください。
このたびは、ご依頼いただきありがとうございます。

【授業者としての振り返り】

本校の高等部作業学習グループ、紙すき班では、年間で割り当てられている各教科等の時数を基に、指導すべき（学習効果の高い）教科等の内容を精選した年間指導計画を作成し、単元構成を行っている。

本単元は、「職業科」「国語科」「社会科」「情報科」「特別の教科　道徳」を合わせた。また、「教科等横断的な視点に立った資質・能力」「キャリア発達を促すキャリア教育の視点」を取り入れ、それらを含めて、単元の中で、いつ、何を、どのように指導していくか明確にした。

各教科等においては、なぜ教科別の指導ではなく、各教科等を合わせた指導で行う必要があるのか、学習指導要領の文言を読み解き、向き合いながら実践を行ってきた。作業学習に関しては、作業活動の中で実践することができること、働くことを含めた将来の生活に結びつくことが特性であると言える。本単元の教科、例えば、高等部1段階　情報科「B　コミュニケーションと情報デザイン　ア(ウ) 身近にある情報デザインから、効果的なコミュニケーションを行うための情報デザインの基本的な考え方や方法～」における「身近にある情報デザイン」は本単元においては「野菜のラベル」が該当し、野菜のラベルの中には、その野菜の写真、生産地、アピールポイント等が書かれていることを理解し、その上で「イ(ウ) 効果的なコミュニケーションを行うための情報デザインの効果的な考え方や方法に基づいて、表現の仕方を工夫している。」ことに「野菜を手に取るお客さんにとっての効果的なコミュニケーション」について考えることができ、単元の自然な流れの中でより高い学習効果を得ることができる。**つまり、合わせた指導で学習する意義がそこにはある。**

幸い、紙すき班の教師にはその考えが浸透しており、国語や道徳に関しては他教師が担当し、ねらいに迫る授業を展開することができた。

各教科等を合わせた指導は、当然のことながら、教科別の指導と同様に各教科のねらいを明確にし、観点別評価を行わなければならない。「評価をすること」を前提に授業を行うと、「今日は知識・技能のこの文言に向き合おう（教師も生徒も）」「今日は知識・技能に基づいて生徒の考えを引き出そう」等、意識が明確に変わる。意識が変われば、説明や提示の方法、発問も変わっていく。曖昧で教師の恣意的な「教科のねらい」ではなく、今後も学習指導要領の文言と愚直に向き合いながら、実践を積み重ねていきたい。

この授業の単元構想のポイント！

作業学習では、どの教科を教えているのか曖昧になり、さらに学習評価も活動評価になってしまうことが多い。この実践では、効果的に合わせることができる教科について、その自然な流れを演出し、各教科の指導時期を考え、各担当を決めて実践を行っている。生徒から「今は、美術の学びだ」と意識して学び、合わせている教科の意識をもち、活動の流れと関連付けて、つまり自己の経験（キャリア）と関連付けやすく、主体的な学びに突入しやすく、習得・活用・探究の学びの過程が演出しやすく、深い学びになっていることが、実際の学習評価からも見えてくる。

もはや、指導形態を論ずるのではなく、資質・能力に向き合うことが大切であることを気付かせてくれる単元となった。

（富村 和哉）

コラム7　『学習指導要領の着実な実施』をするために　カリキュラム・マネジメントで必須だったアイテムと取組年表の紹介

第２章から第５章まで、いろいろと紹介してきた。ここで、学習指導要領の着実な実施に向けて、本校では何が必要だったか、簡単にまとめてみる。

①単元作り（単元案、学習指導案）で必須だったこと

- □ 自校の育みたい資質・能力から、教科等の資質・能力へのつながりが意識できる。
- □ 単元における育む各教科等の資質・能力の明確にしている。
- □ 単元における評価規準と評価計画は記載されている。
- □ 授業改善の視点が設定されている。
- □ 子どもたちの学びの過程（習得、活用、探究）をデザインしている
- □ 単元間のつながり（教科内、教科等間）が意識できる。
- □ 教科等横断的な視点に立った資質・能力を育む視点は明記されている。
  (教育活動全体とあるが、指導する時は意図的であるため)
- □ 「何が身に付いたのか」観点別学習状況の評価をしている。

②単元研究会（事後研究会）で必須だったこと

- □ 本時の子どもの言動から、複数の視点による学習評価を実施している。
- □ 学習評価の実施から、その学びの様子に基づいて、授業改善の視点で、「どのように学ぶ」とさらに資質・能力が伸びるか、その視点での改善している。
- □ 研究授業の１授業の範囲にとどまらず、単元のまとまりの視点から、さらに資質・能力が育むことができるように単元全体の構想やカリキュラム等のつながりを見通してアイディアを出し合っている。

③カリキュラムで必須だったこと

- □ 学校で、学習指導要領に示されている内容について、１２年間の見通しをもったカリキュラムが作成されている。
- □ 教科内の単元のつながりが系統的になっている。
- □ 学校で、教科等横断的な視点に立った資質・能力（教科等の枠を越えた資質・能力）が地域や児童生徒の実態に応じて、明確になっている。

④マネジメントで必須だったこと

- □ 教科等の関連を図って教育の内容を組み立てたり、指導時期を改善したりするための全体を見渡すツールとして、単元配列表がある。
- □ 教員が単元構想などをすぐに考えられる環境が整備されている。
- □ OJL組織学などの学ぶ機会があり、組織やチームについて考えて、運営していこうとする人材を育成している。

　この視点がシステムとして、定着するまで４年かかった。いろいろと壁にぶつかりながら模索してきた。
　本校のホームページにも各種形式等が掲載されているので、ぜひ活用していただきたい。
　みんなで、最短距離で、よりベターを積み重ねていきたいですね！

　でも、どういう順番で取り組んだの？
　全体を見たい。

＜本校の取組年表＞

R元
- ・各種様式改訂
- ・本校の育成を目指す資質・能力の明確化
- ・教育課程の抜本的見直し

R2
- ・小学校等の教科書や参考資料を全教科購入
- ・単元配列表の完成、運用へ
- ・12年間を見通した年間指導計画の開発
- ・教科等横断的な視点に立った資質・能力の明確化
- ・単元案・単元研究会開発・実施
- ・3年次計画スタート

R3
- ・教師寺子屋スタート
- ・道徳、特活、総合の年間指導計画改善
- ・有志の1段階プロジェクトによる開発
- ・単元研究継続と定着へ

R4
- ・各教科等を合わせた指導の取扱いの明確化
- ・単元案の環境整備・CK作戦の開発
- ・教師寺子屋の改善
- ・単元研究継続と定着へ

単元案による実践を行いながら、単元研究に必要なことを個人の頑張りでなく、システムに落とし込み進んできた。すると、第６章にあるように、単元研究自体の深まりが見られ、それを校内に生かしていく循環になった！

（研修主任　富村 和哉）

コラム8　本校の取組の変化とこれから

この４年の取組を表すのであれば、トンネルを掘っているようだった。新しい学習指導要領を前にして、手探りで研究を進めてきた。

相馬支援学校は、平均年齢が 35 歳の若年層の教員が多く勤務する学校である。特に初任校を終えて、２校目に勤務する教員が多くいる学校だった。そのため、初めての異動を経験したり、所属学部が変わったり、学校行事のキャップになったりして、業務に関して不安を抱えている人が多くいた。

そのため研修部では、OJL 研修を取り入れて組織学を学び、心理的安全性を確保していくことでみんなが安心して業務に取り組めるような学校の風土づくりをしたり、疑問が生じた時に直接聞いて解決できる「教師寺子屋」を開催したりした。また、特別支援学校に入学してくる子どもたちの実態の多様化や、学習指導要領の改訂により教える内容が変化してきていることも踏まえ、学習指導要領の着実な実施に向け、小学部入学から高等部卒業までの 12 年間を見通して「どの時期に、何を学ぶか」が明確で、「どう学ぶか」に教師が最大限の力をかけられるようなカリキュラム作りや「単元案」の作成に取り組んできた。

それに伴って、教育課程も日々の授業も、研修のスタイルも大きく変化し、愚直に授業に向き合い、学習評価し、改善するというサイクルを回す教員が増え、その学びを受けた子どもたちの発言も変わってきている。授業者の実践感覚が研ぎ澄まされているのを感じる。

たくさんの方々の力をお借りしながら、４年かけてようやくトンネルの出口の光が見え始めている。教科等横断的な視点に立った資質・能力やキャリア発達の視点、合理的配慮などまだまだ突き詰めていくべき部分は多くある。日々の業務が多く、忙しいのは事実であるが、教員の一番の仕事である「授業」に愚直に向き合うことができ、子どもたちの学びが充実し、教員の働く環境もちょっとベターになる、そんな未来を目指してこれからも取り組んでいきたいと思う。

（研修部副主任　根本 麻美）

第6章

これからに役立つ研究紹介

～未来のマネジメントのヒントに～

研究テーマ 1

児童の資質・能力を育成する単元を見通した授業づくり

（令和２年度）教諭　青木 梨紗

1　研究テーマ設定の理由（研究の趣旨）

前年度の初任者研修を通して、１時間の授業だけでは児童の資質・能力を育成することが難しいことを痛感した。一方で、４回目の研究授業では、単元全体で資質・能力を育成するという視点をもち、１時間ごとの授業やそのつながりを考慮した単元展開を意識したことで、目指す資質・能力に近づこうとする児童の学びの姿を見取ることができた。しかしながら、単元全体を見通し、それぞれの学習内容に関連をもたせた単元構成、そして、学習評価から授業改善へとつなげる単元展開を日々の授業の中で実践できなかったという課題がある。そのため、授業を単元全体でデザインし、PDCA サイクルの視点に立った授業づくりを日々の授業の中で実践することが、本年度の課題であり、児童の資質・能力の育成において重要であると考え、本テーマを設定した。

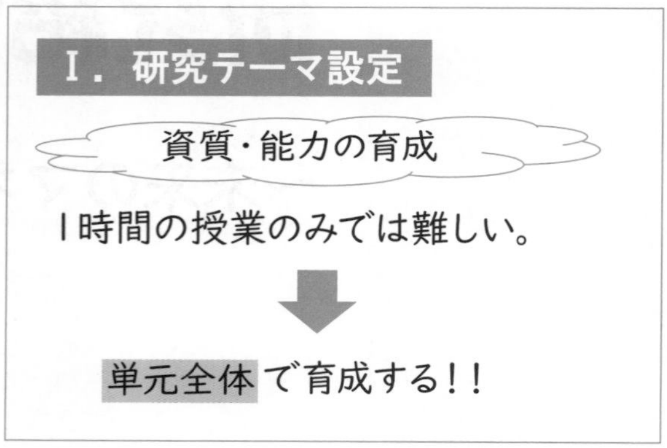

Ⅰ．研究テーマ設定
資質・能力の育成
1時間の授業のみでは難しい。
単元全体で育成する！！

以下、研究報告をまとめた資料を一部編集して紹介する。

2　研究仮説

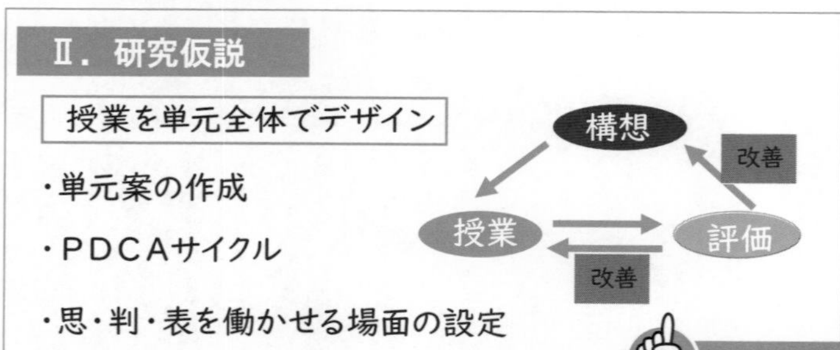

Ⅱ．研究仮説
授業を単元全体でデザイン
・単元案の作成
・PDCAサイクル
・思・判・表を働かせる場面の設定
構想
改善
授業
評価
改善

研究のポイント解説！

令和２年度という早い時期から、資質・能力を単元全体で育むことに気付き研究を始めている。

3　研究の実際と考察

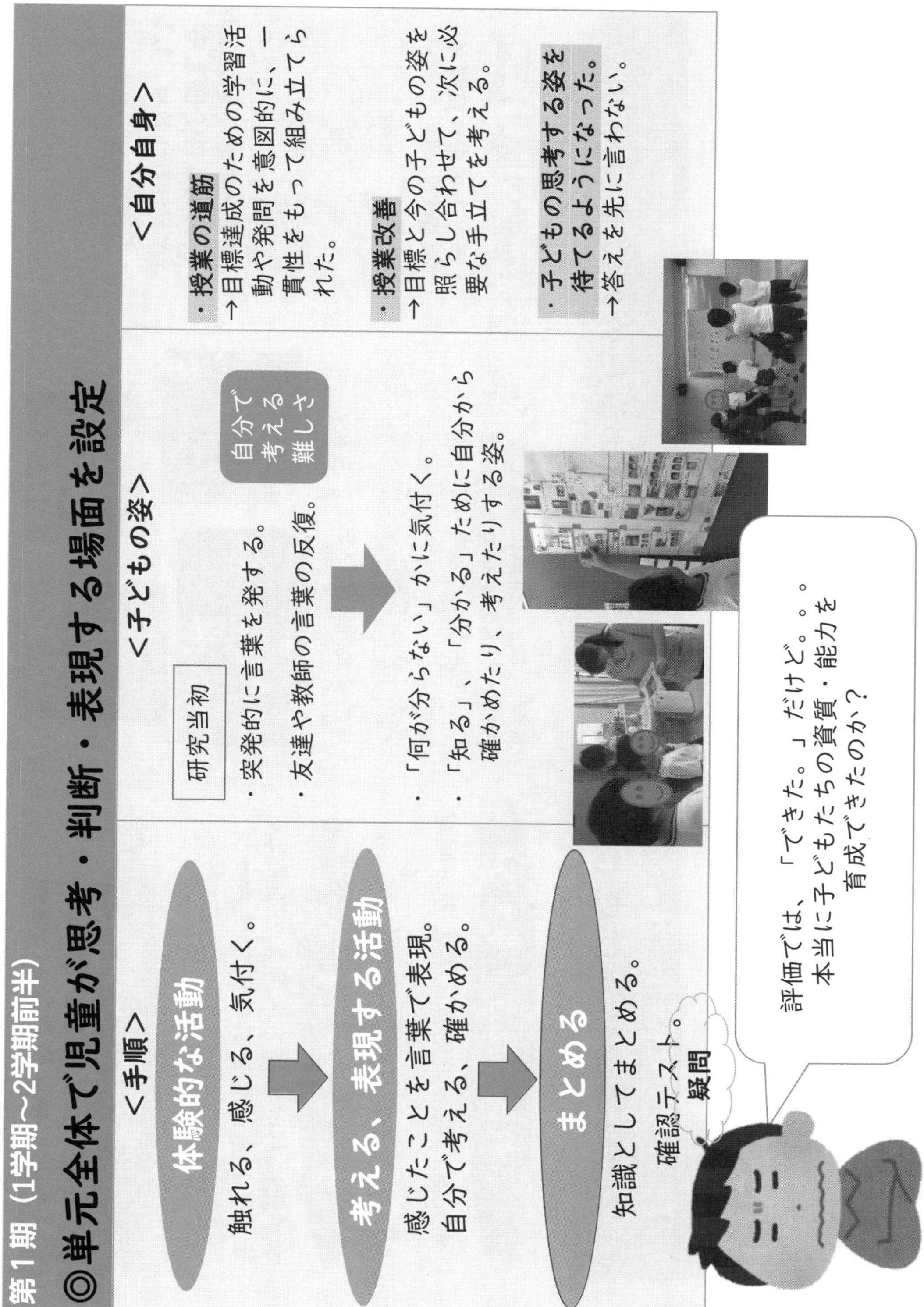

第１期（1学期～2学期前半）
◎単元全体で児童が思考・判断・表現する場面を設定
＜手順＞
体験的な活動
触れる、感じる、気付く。
考える、表現する活動
感じたことを言葉で表現。
自分で考える、確かめる。
まとめる
知識としてまとめる。
確認テスト。
疑問
＜子どもの姿＞
研究当初
・突発的に言葉を発する。
・友達や教師の言葉の反復。
自分で考える難しさ
・「何が分らない」かに気付く。
・「知る」、「分かる」ために自分から確かめたり、考えたりする姿。
＜自分自身＞
・授業の道筋
→目標達成のための学習活動や発問を意図的に、一貫性をもって組み立てられた。
・授業改善
→目標と今の子どもの姿を照らし合わせて、次に必要な手立てを考える。
・子どもの思考する姿を待てるようになった。
→答えを先に言わない。
評価では、「できた。」だけど。。。
本当に子どもたちの資質・能力を育成できたのか？

学習指導要領によると

資質・能力の育成
→主体的・対話的で深い学びの実現
↓
各教科等の特質に応じた見方・考え方を働かせる必要性

研究のポイント解説！

深い学びの実現のためには、見方・考え方に迫る必要があり、単元構想に取り入れて実践を深めていっている。

第2期（2学期後半～）

◎各教科等の特質に応じた見方・考え方を働かせるための授業づくり

<手順>

各教科の見方・考え方

単元案に教科の見方・考え方を明記

↓

子どもの姿をイメージ

本単元における見方・考え方を働かせた子どもの姿を具体的にイメージ

↓

単元構想、発問

引き出すための学習活動、発問
教材・教具等を考え、準備

<子どもの姿>

- 気付いてほしい点に着目しながら、教師や友達の姿を見たり、自分でもやってみようとしたりする姿
- 考えてやってみたことを表現する姿
- 生活場面等で学びを生かす姿

<自分自身>

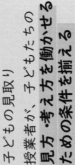

- 漠然としたイメージ
- 子どもの中に自然発生的に働くもの

↓

- 子どもの見取り
- 授業者が、子どもたちの**見方・考え方を働かせるための条件を揃える**（学習活動、教材・教具、発問等）

各教科等を合わせた指導

【「何を、いつ、どのように」育んでいくのか】

展開	時数	評価規準○ 教科名	知・技	思判表	主	●どのように【学習活動】[主]・[対]・[深] どのような指導で（習得、活用、探求）
第一次	1 2	生活			○	●学校の周りにはどのようなお店があるか考えよう。 [主]：買い物の動画や色々なお店の写真等を提示し、買い物やお店への関心を高められるようにする。 [主・対]：普段どのようなお店で買い物をしているのかを考える。 [対]：動画や写真の中から見付けたお店について発表し合いながら、学校の周りにはどのようなお店があるのかを予想する。 準備：iPad、テレビ、お店の写真、イラスト、地図、プリント
		国語				
		算数				
		＊自立活動（個々）				
第二次	3 4 5 6 7（本時）	生活	○	○	○	●学校の周りのお店を探検しよう ～どのようなお店に何が売っているのかを知ろう（1）～ [主]：実際に校外に出て、どのようなお店があるのかを調べる。 [主・対]：フレスコキクチやツルハドラッグ、セブンイレブンの写真を見ながら、どのような商品が売っているのかを考える。 [主・対]：それぞれのお店に探検に行き、どのような商品が売っているのかを知る。 [対・深]：フレスコキクチやセブンイレブンの広さの違いについて、感じたことや考えたことを話し合い、お店の広さの違いについても考えることができるようにする。 [対・深]：探検したお店にどのような商品が売っていたのかを振り返りながら、どのような時に行くお店かを販売されている商品に着目しながら考える。 準備：iPad、テレビ、写真、イラスト、地図、プリント 習得・活用
		国語		○	○	
		算数	○	○	○	
		＊自立活動（個々）				
	8 9 10 11 12	生活	○	○	○	～どのようなお店に何が売っているのかを知ろう（2）～ [主]：自分たちが探検しに行ったお店以外にもどのようなお店があるのかを考え、探検に行く意欲を高める。 [主・対]：駅の近くの商店街に行き、どのようなお店があり、どのような商品があるのかを知る。 [対・深]：探検したお店にどのような商品が売っていたのかを振り返りながら、フレスコキクチ等とのお店や商品の違いについて考える。 準備：iPad、テレビ、写真、イラスト、地図、プリント
		国語		○	○	
		算数	○	○	○	
		＊自立活動（個々）				
第三次	13 14	生活				●探検したお店をみんなに伝えよう [主]：今まで探検したお店を振り返りながら、自分がみんなに知ってもらいたいお店を選び、お店や商品の写真を貼ったり、名前を書いたりしながら、プリント等にまとめる。 [主・対]：友達の発表を聞いて、自分たちが探検したお店以外にもたくさんお店があることを知ることができるようにする。 準備：iPad、テレビ、写真、地図、プリント 探求
		国語	○	○	○	
		算数				
		＊自立活動（個々）				
	15 16 17	生活	○	○	○	●友達がおすすめしたお店を探検しよう。 [主・対]：友達の発表を振り返り、友達が探検したお店の中で自分たちが探検したいお店を決める。 [主・対]：友達が探検したお店に行き、どのような商品が販売されているかを確かめる。 [対・深]：探検したお店にはどのような商品が売っていたのかを振り返りながらまとめたり、今まで自分たちが探検したお店との違いや同じ点について考えたりする。 準備：iPad、テレビ、写真、地図、プリント
		国語	○	○		
		算数				
		＊自立活動（個々）				

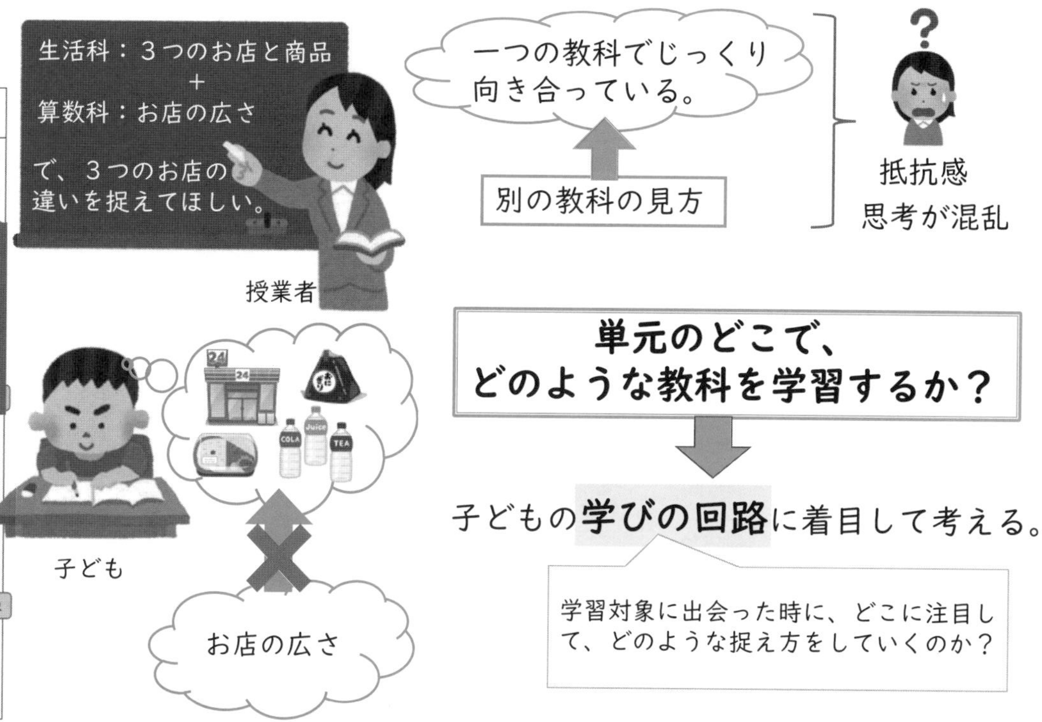
生活科：３つのお店と商品
＋
算数科：お店の広さ
で、３つのお店の違いを捉えてほしい。
授業者
子ども
お店の広さ
一つの教科でじっくり向き合っている。
別の教科の見方
抵抗感
思考が混乱
単元のどこで、
どのような教科を学習するか？
子どもの学びの回路に着目して考える。
学習対象に出会った時に、どこに注目して、どのような捉え方をしていくのか？

研究のポイント解説！

各教科等を合わせた指導の場合、どの時期が効果的に合わせている教科等の資質・能力が育むことができるかを考えている。その際、子どもたちが学習対象に出会った時に、その事象をどんな教科での見方で見るのかを予想し（「学びの回路に」に着目し）、単元構想をどう考えるかに迫るなど、これからの単元構想の向き合い方のヒントを示唆している。

単元構想の流れ

（１）**実態把握**：学びの段階、興味・関心

（２）**目標設定**：単元、個別の目標

（３）**単元構成**

①**学びの姿の想像**：
反応、注目点、
見方・考え方を働かせた姿。

②**単元展開**：
どの教科や学習活動を
単元のどこで行うか。
思い切り浸れる活動。

③**教材・教具等の準備**

（４）**授業実践**

（５）**学習評価**

改善

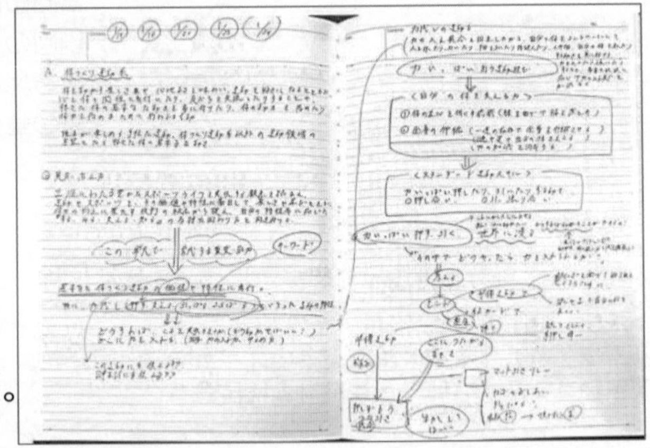

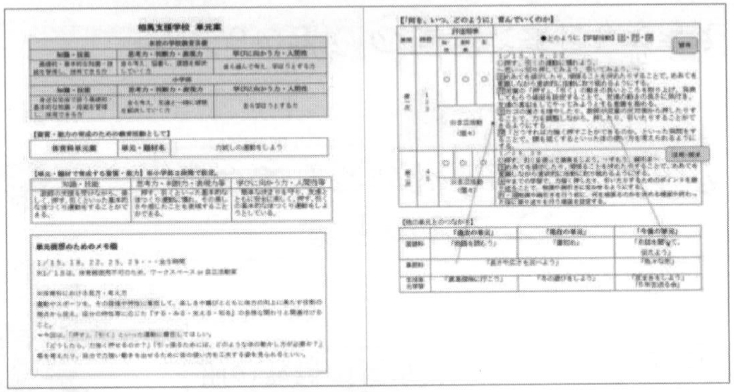

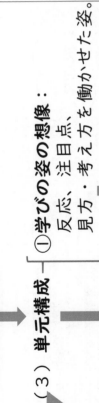

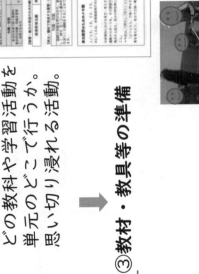

4　今後の課題

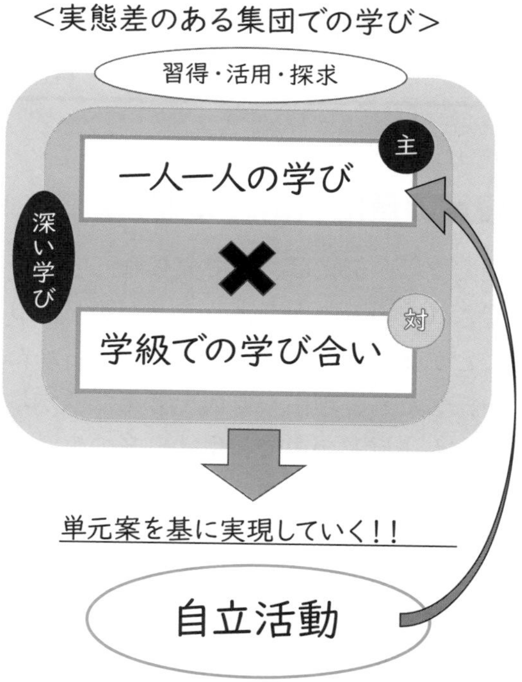

研究のポイント解説！

この研究は、単元構想をする時の手順を示した貴重な研究である。各教科等の特質に応じて学びの過程を考え、知的障がいのある児童の学びの特性に応じた主体的・対話的で深い学びを実現することを示唆している。

令和２年度の研究当初の段階で、単元案を実施し、繰り返していく中で、青木教諭自身が、単元構想について深く学び、まさに単元を研究する見方・考え方に迫っている研究である。

その後の本校が、各教科等の「見方・考え方」に迫っていく研究が広がっていった最初のスタートとなった。単元構想の手順や考え方について、令和４年度の今でも、今後の方向性を示した研究であり、本校でも、この研究をヒントに新たな扉を開いていきたい。

研究テーマ ②

知的障がいのある生徒の“社会的な見方・考え方”を働かせた授業づくり

（令和３年度）教諭　樋口 裕香

1　研究テーマ設定の理由（研究の趣旨）

前年度の社会科の授業では、例えば、店で売られている野菜について、産地だけでなく、なぜそこで生産されているのか考えることが難しかったり、地域や気候等を見比べて理由を考えることが難しかったりする様子が見られた。そこから、授業の中で子どもたちに「違いを探したり、理由や原因を考えたりする力」を育むことが難しいと感じた。また、私自身も、授業の中で、生徒自身の生活と学習を結び付けて考えるための教材や発問を考えて授業実践していくことに課題が残った。

これらの課題を解決していくために、“社会的な見方・考え方”に着目した授業づくりを通して、生徒の「分かった！から、そういうことか⁉」と納得して学ぶ姿を引き出すことができると考え、本テーマを設定した。

生活と学習を結び付ける
予測・資料の読み取り
→ 教員も生徒も難しい！

↓

教員　見方・考え方を働かせた授業作り
生徒　そういうことか!? という納得した学び

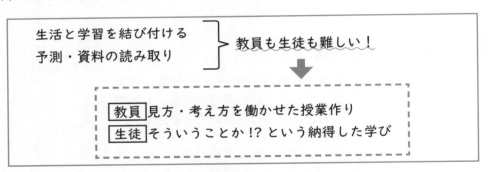

2　目標及び見方・考え方の整理

再度、社会科の「目標」と「見方・考え方」を整理し、知的障がいにおける「社会科」について改めて考えることから始めた。

3　学習指導要領の比較から

社会科の年間指導計画に書かれている単元名を基に、特別支援学校高等部学習指導要領解説に書かれている内容を確認し、小学校の同じような単元を取り扱う内容と比較したところ、高等部１段階２段階で示している内容は、小５・６年生で示している内容とほぼ同じ（扱わない部分や分解されている部分があった）であることが分かった。そこで、示している内容が同じであることから、小学校社会科の教科書や『板書で見る全単元・全時間の授業すべて社会科』等の構成を確認した。すると、社会科の中での単元同士のつながりに気付き、既習内容が考えの土台となり次の単元に移っており、単元を単独で考えたり、飛ばして扱ったりすると、原因や理由を考えたり比較して考える「見方・考え方」を育むことが難しくなることが分かった。知的障がいのある生徒にとって、物事の概念の捉えづらさやイメージのしづらさのある生徒であれば、なおさら、関連性がない学習では、断片的な知識になってしまい、社会的な見方･考え方を働かせることが難しくなると考える。

そのため、高１段階に該当する小５の「私たちの国土」では、『「世界の中の国土」→「国土の地形の特色」→「低い土地の暮らし」→「国土の気候の特色」→･･･』の教科書に沿って順に進めていくようにし、必要に応じて高２段階の内容（「世界の中の国土」等）は２段階であってもそのまま単元として扱い、子どもたちが学びを展開しやすく、学びやすいように教科の年間指導計画の単元配列を改善して取り組み、教育課程の年間指導計画の改善にもつなげることができた。

特別支援学校支高等部学習指導要領と小学校社会学習指導要領で比較
高１段階２段階＝小５・６年・・・示している内容が同じ

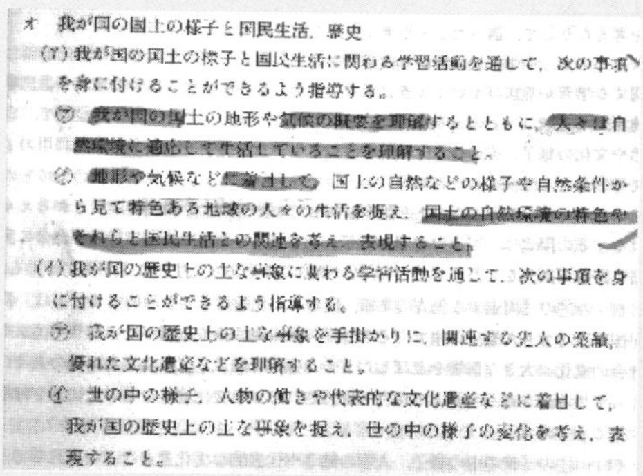
オ　我が国の国土の様子と国民生活，歴史
(ア) 我が国の国土の様子と国民生活に関わる学習活動を通して，次の事項を身に付けることができるよう指導する。
㋐ 我が国の国土の地形や気候の概要を理解するとともに，人々は自然環境に適応して生活していることを理解すること。
㋑ 地形や気候などに着目して，国土の自然などの様子や自然条件から見て特色ある地域の人々の生活を捉え，国土の自然環境の特色やそれらと国民生活との関連を考え，表現すること。
(イ) 我が国の歴史上の主な事象に関わる学習活動を通して，次の事項を身に付けることができるよう指導する。
㋐ 我が国の歴史上の主な事象を手掛かりに，関連する先人の業績，優れた文化遺産などを理解すること。
㋑ 世の中の様子，人物の働きや代表的な文化遺産などに着目して，我が国の歴史上の主な事象を捉え，世の中の様子の変化を考え，表現すること。

特別支援学校の学習指導要領

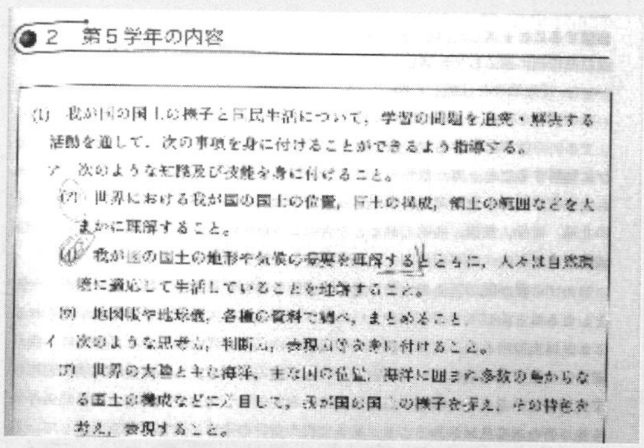
2　第５学年の内容
(1) 我が国の国土の様子と国民生活について，学習の問題を追究・解決する活動を通して，次の事項を身に付けることができるよう指導する。
ア　次のような知識及び技能を身に付けること。
(ア) 世界における我が国の国土の位置，国土の構成，領土の範囲などを大まかに理解すること。
(イ) 我が国の国土の地形や気候の概要を理解するとともに，人々は自然環境に適応して生活していることを理解すること。
(ウ) 地図帳や地球儀，各種の資料で調べ，まとめること。
イ　次のような思考力，判断力，表現力等を身に付けること。
(ア) 世界の大陸と主な海洋，主な国の位置，海洋に囲まれ多数の島からなる国土の構成などに着目して，我が国の国土の様子を捉え，その特色を考え，表現すること。

小学校の学習指導要領

つまり・・・小社会の教科書等が参考になる⁉

研究のポイント解説！

小学校の社会の学習指導要領が示す内容と、特別支援学校の知的障がいにおける教科の社会の学習指導要領を見比べた結果、従前までの授業者が感覚で教えるのでなく、明確に教える内容を把握・実践し、その問題点にまで着目して、単元構成を工夫している。

4　見方・考え方について

見方・考え方については、社会的事象の意味や意義、特色や相互の関連を考察したり、社会に見られる課題を把握して、その解決に向けて構想したりする際の視点や方法であることが分かった。また、その視点と方法について、小学校学習指導要領の解説の中では、さらに具体的に示していることに気付き、位置や空間的な広がり、時期や時間の経過、事象や人々の相互の関係に着目するために、「どのように広がっているか」「なぜ始まったのか」などを問う視点と、社会的事象を捉え、比較・分類したり総合したり、地域の人々や国民の生活と関連付けたりするために、「どのような共通点があるか」「どのような役割を果たしているか」などの方法を押さえることで、子どもたちの社会的な見方・考え方を働かせ、鍛えられることが分かり、単元案等で授業者が明確にすることで、社会科の見方・考え方を働かせた授業作り、そういうことか！？と関連させて納得して学ぶ姿を引き出すことができると考えた。

課題解決に向けた視点と方法

視点	視点
位置や空間的な広がり、時期や時間の経過、事象や人々の相互関係などに着目	社会的事象を捉え、比較・分類したり総合したり、地域の人々や国民の生活と関連付けたりすること

視点や方法を用いて、社会的事象について調べ

考えたり、選択・判断したりする学び方

例えば・・・

○どのように広がっているのか（広がり）

○なぜ始まったのか（相互関係）

○どのような共通点があるのか（比較）

研究のポイント解説！

教科等の特質に応じた「見方・考え方」は、特に小学校の学習指導要領では、そのポイントを押さえている。感覚で語るのではなく、学習指導要領の確かな根拠を導き出し、明確にすることで、単元構想や発問等に生かせることを発見し、実践して確かめている。

5　単元案・授業実践上の工夫

単元案作成時に、どのような社会科の見方・考え方が必要かを明らかにして（＝「視点」と「方法」）、授業を行うようにした。また、授業等では「視点」「方法」を働かせるために、発問や板書を意図的に考え、授業者である私自身が明確にできるように実践してきた。さらに、生徒が授業内で考えたり比較したりする際に振り返りをしやすいよう、ノートを活用することにした。ノートを使うことによって、その時の発言だけでは分からない、素直な意見や思考の痕跡を見ることができ、分析的に学習評価（観点別学習状況の評価）して、授業作りや改善のヒントにつなげることができた。

《授業実践》

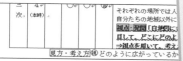

「視点」か「方法」を考え、その際の発問について明確にした。

研究のポイント解説！

見方・考え方を働かせる「視点」や「方法」を単元構想に取り入れ、授業者が意識できるようにした。

三次	4（本時）		○	○	言	それぞれの場所では人　のような生活を営んでいるのかを考え、自分たちの地域以外に　けられるようにする。 視点・発問「自地図に　んだ文字や色から、山脈や川について着目して、どこにどのよ　がっているか。」 ⇒視点を用いて、考え　判断したりできる学びの場を設定する。

見方・考え方 ㊗ どのように広がっているか　どのような違いや共通点があるか等

学習の基盤となる資質・能力			現代的な諸課題に対応して求められる資質・能力			相馬支援学校ならではカ
言語能力	情報活用能力	問題発見・解決能力	域で起こ災害等へ緊急時に応する力育成	生活力や地域力の育成	感染症、肥満、運動不足等の自身の健康・安全に関する力の育成	自己理解・自己実現の育成

「何を、いつ、どのように」育ん　いくのか】

展開	時数	知・技	思・判・表	主	横断的な力	●どのように【学習活動】 どのような指導で（習得、活用、探求） **社会の見方・考え方のキーワード** ⇒視点・方法・発問設定の部分は**下線**
第一次	1	○	○		言	●ランドサットマップから地形の特色を読み取る。 主読み取る前に、どんな特色があるか予想してから学習に移る。 主・対ランドサットマップを見て色の違い、形など日本の国土について気づいたことをノートに記入し、発表する。他者の発表を聞き、再度ランドサットマップを確認するようにする。 視点・発問「ランドサットマップから、日本の地形の特色として、何がどのように広がっているか、予想してみよう！」 →生徒の発言した内容から学習問題を設定する。

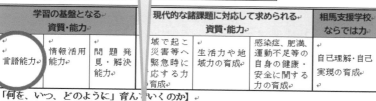

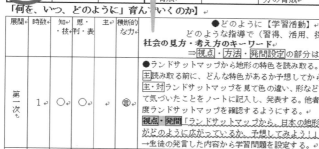

我が国の国土の地形について、どのように広がっているか、社会の見方・考え方を働かせながら考えている。

【実際の生徒の様子】（単元：国土の地形の特色）

㊇「山脈や川に着目して、どのように広がっているのか。」

⇒「山脈がピラミッドのように日本の真ん中に広がっている。」

「山脈が県と県の境目になっている。」

「奥羽山脈が、東北地方の真ん中にはしっている。」

「あれ、川って・・・」

「それ理科で高いところから低いところって言ってた！」

「じゃあ、山から平野に向かって川が流れてるってこと⁉」

理科の学びを生かした思考

学習前の予想

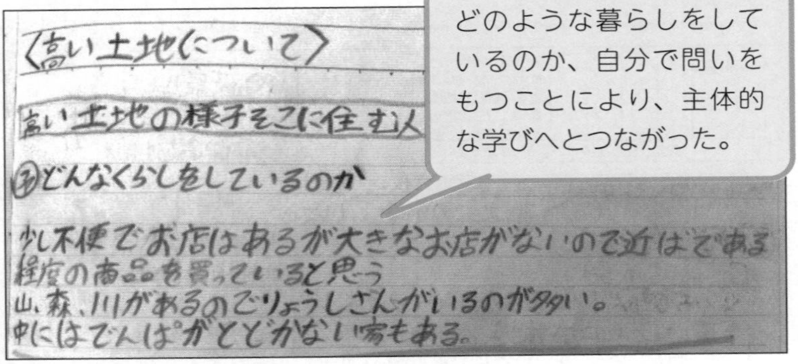
〈高い土地について〉
高い土地の様子とそこに住む人
㋐どんなくらしをしているのか
少し不便でお店はあるが大きなお店がないので近くである程度の商品を買っていると思う
山、森、川があるのでりょうしさんがいるのが多い。
中にはでんぱがとどかない家もある。

どのような暮らしをしているのか、自分で問いをもつことにより、主体的な学びへとつながった。

ノートを使用し、素直な意見や思考の痕跡から学習評価を行った。

学習後の感想

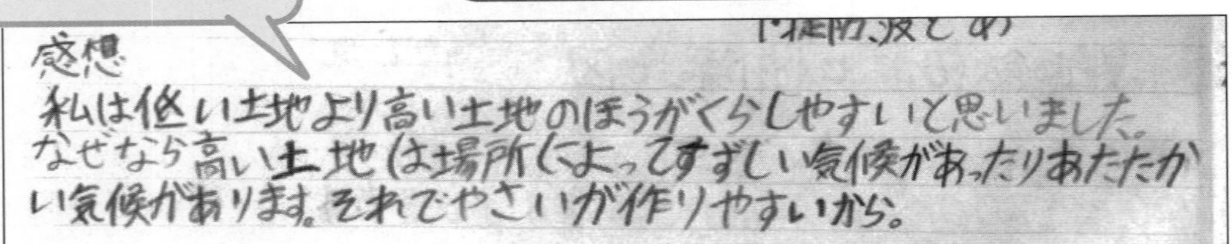
感想
私は低い土地より高い土地のほうがくらしやすいと思いました。なぜなら高い土地は場所によってすずしい気候があったりあたたかい気候があります。それでやさいが作りやすいから。

研究のポイント解説！

「視点」と「方法」を取り入れた結果、従前までの「〜が分かりました。」という感想から、「どのようにつながっているのか」という社会の見方・考え方の視点を働かせて、社会的な事象に向き合っている生徒の姿を引き出した。

6　今後の課題

本研究では、日本の地理に関する単元を中心に授業実践をし、生徒が社会的な見方・考え方を働かせた「あれ？そういうことか！？」という姿を見ることができたが、単元や題材が変わっても同様に見方・考え方を働かせて予測したり考察したりする段階までは到達していないのではないかと感じる。知識の積み重なりが重要な社会科だからこそ、様々な社会的事象について予想したり考えたりする学習を繰り返し行っていきたい。また、研究授業時は、理科で学んだ知識を引き出し考える様子が見られたが、同様に他の単元や他教科で学んだことを使ったり、結び付けて考えたりする場面での知識の引き出し方や他教科での学びの根拠について課題を感じた。他教科との関連、つながりを意識した単元構成や授業作り、それに伴う各担当者との情報の共有をより多く行い、生徒にとって「あれ？そういうことか！？」と納得して学ぶ姿をさらに引き出せるように、他教科の学習がつながる授業作りを行っていきたい。

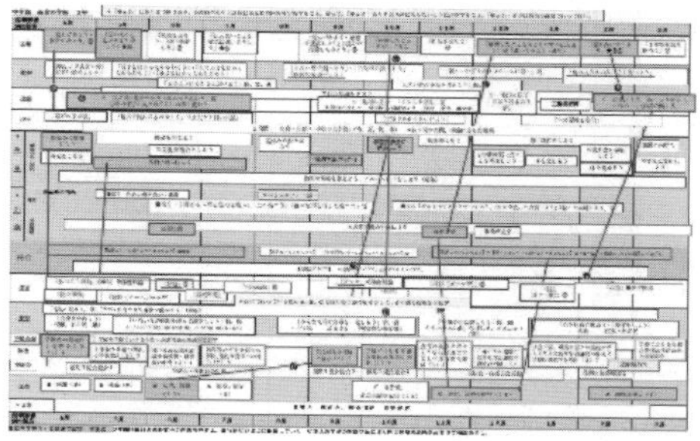

単元配列表

7　まとめ

○他教科の知識の活用や学習同士を結び付けるためには・・・
　研究授業時、事前に理科の学習内容を授業担当者に確認してキーワードや発問をできた。
　どの単元においても他教科との関連はあるのではないか。
　　⇒年計などによる**教科間の関連を把握**すること。
　　　他教科の**学習状況**や**生徒の様子**を共有してもらうこと。

「あれ？そういうことか !?」と生徒自身が納得して学ぶ姿を増やすための授業づくり

研究のポイント解説！

教科等の見方・考え方について、明確に迫った研究となった。また、小学校の学習指導要領と実際に比較することで、学習指導要領を着実に実施するための内容にも迫り、その後のホームページにある「ちょっと聞きたいシリーズ」の見方・考え方につながる研究となった。また、他教科等の関連についても言及するなど、単元配列表を用いた有効性などを示唆し、教育活動の質の向上であるカリキュラム・マネジメントについて、授業者が取り組める方向性を与えた研究となり、今後の取組においても、大いにヒントにしていきたい。

<参考資料>

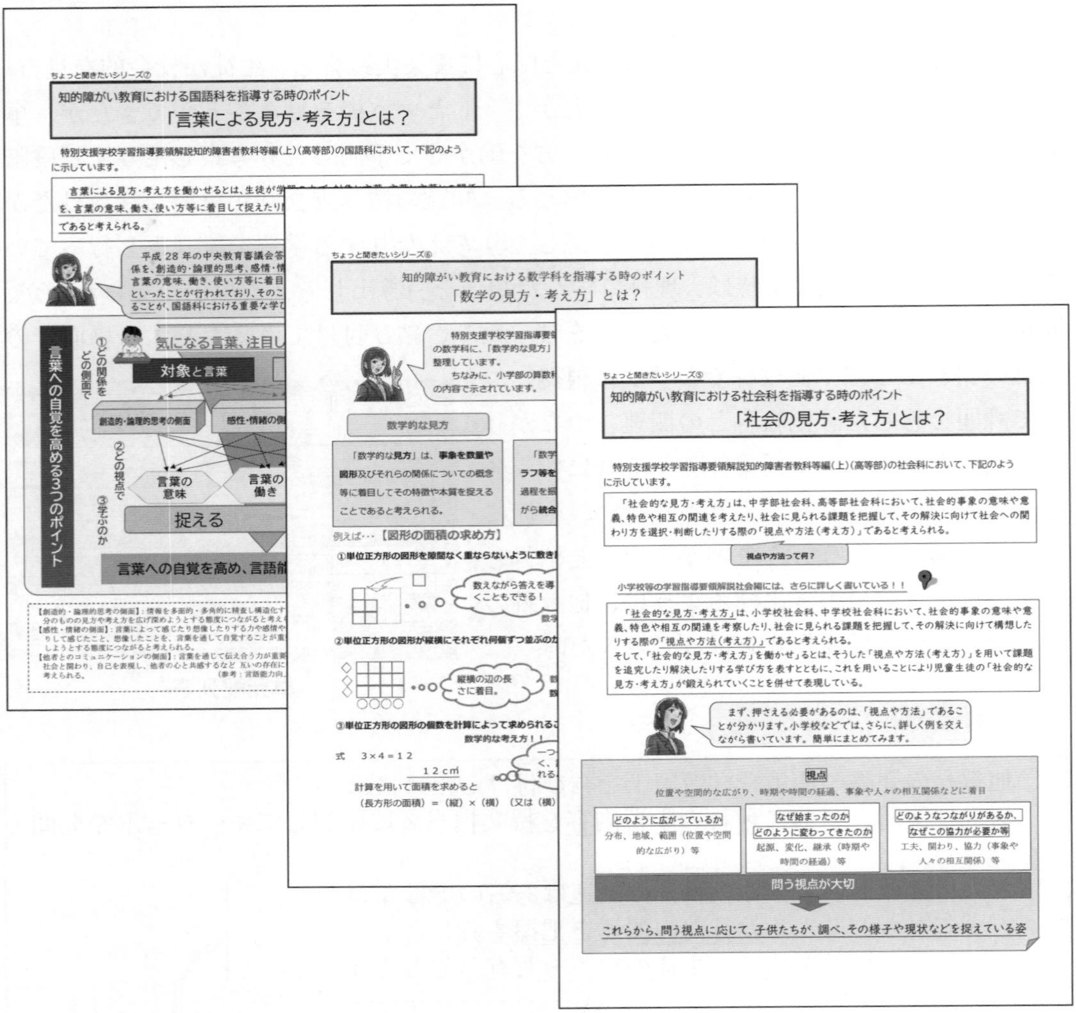
ちょっと聞きたいシリーズ⑦

知的障がい教育における国語科を指導する時のポイント

「言葉による見方・考え方」とは？

特別支援学校学習指導要領解説知的障害者教科等編(上)(高等部)の国語科において、下記のように示しています。

ちょっと聞きたいシリーズ⑥

知的障がい教育における数学科を指導する時のポイント

「数学の見方・考え方」とは？

数学的な見方

「数学的な見方」は、事象を数量や図形及びそれらの関係についての概念等に着目してその特徴や本質を捉えることであると考えられる。

例えば…【図形の面積の求め方】

式　3×4＝12

ちょっと聞きたいシリーズ⑤

知的障がい教育における社会科を指導する時のポイント

「社会の見方・考え方」とは？

特別支援学校学習指導要領解説知的障害者教科等編(上)(高等部)の社会科において、下記のように示しています。

「社会的な見方・考え方」は、中学部社会科、高等部社会科において、社会的事象の意味や意義、特色や相互の関連を考えたり、社会に見られる課題を把握して、その解決に向けて社会への関わり方を選択・判断したりする際の「視点や方法（考え方）」であると考えられる。

視点や方法って何？

小学校等の学習指導要領解説社会編には、さらに詳しく書いている！！

「社会的な見方・考え方」は、小学校社会科、中学校社会科において、社会的事象の意味や意義、特色や相互の関連を考察したり、社会に見られる課題を把握して、その解決に向けて構想したりする際の「視点や方法（考え方）」であると考えられる。
そして、「社会的な見方・考え方」を働かせ」るとは、そうした「視点や方法（考え方）」を用いて課題を追究したり解決したりする学び方を表すとともに、これを用いることにより児童生徒の「社会的な見方・考え方」が鍛えられていくことを併せて表現している。

まず、押さえる必要があるのは、「視点や方法」であることが分かります。小学校などでは、さらに、詳しく例を交えながら書いています。簡単にまとめてみます。

視点

位置や空間的な広がり、時期や時間の経過、事象や人々の相互関係などに着目

どのように広がっているか	なぜ始まったのか どのように変わってきたのか	どのようなつながりがあるか、なぜこの協力が必要か等
分布、地域、範囲（位置や空間的な広がり）等	起源、変化、継承（時期や時間の経過）等	工夫、関わり、協力（事象や人々の相互関係）等

問う視点が大切

これらから、問う視点に応じて、子供たちが、調べ、その様子や現状などを捉えている姿

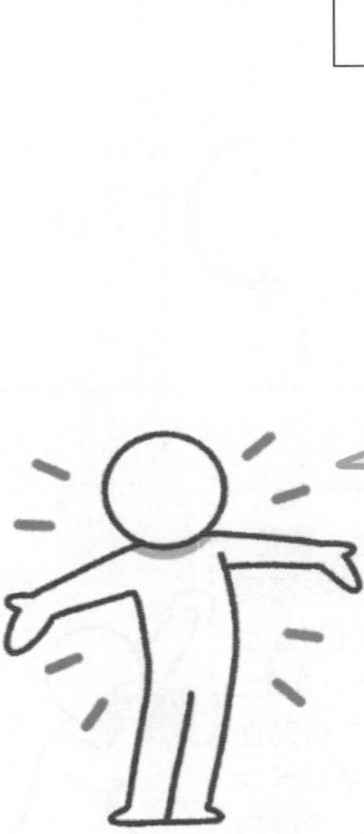

この研究がきっかけで、本校のホームページの「見方・考え方シリーズ」が始まったよ。

国語、算数・数学、社会、家庭科、図画工作・美術、音楽などが、実践例を交えて書いてあるので、アクセスしてみてね！

研究テーマ ３

作業学習における教科等間の指導の関連付けと教科等横断的な指導の工夫について

（令和３年度）教諭　濱尾 康史

１　研究テーマ設定の理由（研究の趣旨）

前年度の３回目の研究授業で作業学習を実施したが、その際に単元案を作成したことにより、どの時間にどんな内容に取り組むのかを明確にすることができた。また、他の教科の育成する資質・能力の目標を設定したり、他の単元のつながりを明記したりしたことで、他の教科･単元で学んできたことを生かす場面や、これから他の教科･単元で学んでいく学習のきっかけになる場面があることを自分の中で理解することができた。しかし、それをどれだけ授業に落とし込んで子どもたちに気付かせたり、意識させたりすることができたかを考えると、それらを引き出すような言葉かけや発問は少なかったのではないかと思う。そのため、作業学習における職業科等の目標を大事にすることはもちろんのこと、他の教科・単元のつながりにも焦点を当て指導していくことが子どもたちの成長をより促進させるものであると考えるため、この研究テーマを設定した。

研究のポイント解説！

作業学習の中で、職業科の目標だけでなく、他の教科等において、しっかりと資質・能力に向き合っているのか、また、教科等横断的な視点に立った資質・能力の存在について気付き、その当時、誰もはっきりしていないその分野に、真正面から向き合おうと挑む研究であった。

２　研究の方法及び見通し

作業学習は学年や発達段階が様々であるが、年間指導計画を確認し、各担任の先生や各教科の担当の先生と情報共有を図り、生徒の学習内容や発達の段階を把握したうえで、単元案を作成することが重要となる。また、教科で生徒に行っている支援方法（言葉かけ・補助教材等）を活用することで、一貫性のある指導ができ、資質・能力のよりよい成長につなげていくことができる。今年度より単元案に、教科等横断的なつながりをより強く意識できる様式が組み込まれたため、新しい形での単元案を作成し、教科等横断的な視点でのねらいを具体化して、日々の授業で実践・評価・改善していくことで、幅広い学習や生活の場で活用できる力を育んでいき、本研究に迫っていくようにしたい。

【教科等横断的な視点に立った資質・能力】

学習の基盤となる資質・能力			現代的な諸課題に対応して求められる資質・能力			相馬支援学校ならではの力
言語能力	情報活用能力	問題発見・解決能力	地域で起こる災害等への緊急時に対応する力の育成	生活力や地域力の育成	感染症、肥満、運動不足等の自身の健康・安全に関する力の育成	自己理解・自己実現の育成

令和３年度より単元案に明記され、意図的な指導が始まった。

3　研究の実際と成果

作業学習の紙すき班で、全ての単元（実習期間を除いた）の単元案を作成し、単元の目標と計画を担当教員で情報共有し、指導の一貫性に努めた。授業では、単元案を準備しどこの目標にアプローチするのかを確認しながら進めた。最初は目標を達成するために、こちらで答えを出してしまったり、言ってしまったりすることがあった。しかし、目標達成のために授業を準備はするが、必ずしも達成できなくても良いことに授業や学習評価していくうちに気付いた。大事なのは、生徒が目標に向き合えているのか、どう考えているのかということで、その先に目標達成があるのだと思った。生徒は正しい答えや求められている答えを出そうとするあまり、発言に消極的になる傾向があった。もちろん聞かれていることに対して答えになっていない場合や聞かれている意味が分からない場合もあるが、その時は正しく認識できるように詳しく説明したり、場面を想像しやすい簡単なロールプレイをしたり、何を伝えたいのか質問したり、聞き返したりすることで、本人の考えを引き出すことができた。このような、やりとりや称賛を繰り返し行っていくことで、生徒の発言が増え、表現が豊かになったように思う。

しかし、単元案の目標を評価する際に、知識・技能や学びに向かう姿・人間性は比較的に評価することができるが、思考力・判断力・表現力の部分は教師が意図的に何か設定しなければ、評価できる場面を見落としてしまうことがあると分かった。そのため、生徒の発言や考えたことなどはワークシートや板書に残しておくことで、生徒も教師も後で見返すことができ、教師は評価の一部として、生徒は考えたことを確認できるツールとして活用することができた。このような生徒が考える時間を大切に取り組んでいくうちに、生徒の考える力や考えたことを自分の言葉で表現しようとする姿が多く見られた。

特にそのような姿を感じることができたのは、数学科のデータ活用の分野（思考力･判断力･表現力等）を引き出していく「市役所販売に向けて、ポチ袋をいくつ持っていくか」を考える授業だった。データを見て、一人一人が自分なりに持っていく個数を考え、その理由も自分の言葉で表現していた。咲笑祭（文化祭）の時を思い出して、それを基に考える生徒や、在庫が残っているから全部買ってほしいという自分の願いでもあることを表現する生徒など、学んでいる数学だけでなく、職業科や社会科などの、様々な観点から考え、説明できるようになっていることを実感した。

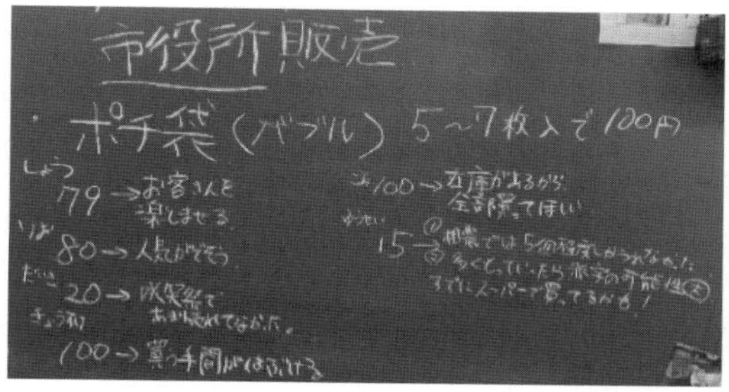

これがまさに教科等横断的な資質・能力の言語能力の部分であるのだと思った。その他の資質・能力も思考を働かせて発揮する場面があった。

研究のポイント解説！

学習指導要領には、各教科等の関連から、教科等横断的な視点に立った資質・能力の育成につながると示しているが、濱尾教諭が、各教科等の資質・能力に真剣に向き合い育まれているからこそ、他の場面で活用できる力となっており、それが「言語能力」として発揮されていることに気付いた瞬間だった。

4　教科等横断的な視点に立った資質・能力を育むための実践ポイント

（1）言語能力

実態：反省する内容の表現力が乏しい。

→日頃から何でそう思ったのか、どこに気を付けたのか理由の追求や、単元の導入部分や授業の冒頭部分でポイントを生徒の表現を引き出し、言葉で考える伝える力の育成を図ってきた。また、発言を板書に残しておくことで、反省の際に板書をヒントに考えて書く様子が見られてきた。

（2）問題発見・解決能力

実態：なかなかきれいな紙がすけない。

→どこに問題が生じているのか、失敗を教師と一緒に確認し、考えさせる言葉をかけ続けることによって、指差し確認をしたり独自の方法を導きだしたり、どの工程でのミスなのかを理解することができるようになってきている。それを言語化したりジェスチャーで表現しようとしたりする様子が見られてきた。

（3）問題発見・解決能力

実態：文化祭で売る商品の個数は今まで教員が決めていた。

→今回、売れた個数の割合と、売れ残った個数の割合を理解し、カレンダーBでは売れた個数の割合が64%だった。そこから、今年は50個作ったが来年は今年よりも「少なく40個」に減らすと考え、多く作りすぎてしまうと残ってしまうからと理由も考えることができた。

ある生徒の実際の学習評価（ここでは、その当時の合わせた指導の数学と教科等横断的な視点に立った資質・能力のみ）を紹介する。

5　内容のまとまりごとの評価規準と観点別学習状況の評価

①知識・技能 ②思考・判断・表現 ③主体的に学習に取り組む態度	観点別学習状況の評価
①数量の関係を割合で捉え、円グラフや帯グラフの意味や用い方を理解することができる。	・公式に作った個数や売れた個数を当てはめ、電卓を使い正しく割合を求めることができた。円グラフにすることで、その製品がどれだけ売れたのかについて、売り上げ表よりも見やすいと考え答えていた。
②目的に応じてデータを集めて分類整理し、データの特徴や傾向に着目し、問題を解決するためにグラフを読み取り、考察することができる。	・カレンダーを担当してもらい、売れた量と売れ残った量を理解して、64%が売れた量ならば来年は今年よりも作る数を減らし40個にした方が良いと考えていた。また、理由として「今年は多く作りすぎて売れ残ってしまった」と考えてもいた。データの傾向に着目し、問題が何かを考え解決するためにどうしたら良いのか考察することができていた。
③数量の関係を割合で捉えたり、問題を解決するためにグラフを読み取ろうとしたりしようとしている。	・電卓を使って正確に割合を出そうとする姿が見られ、粘り強く、グラフを見てどのようすればいいのかを考える様子が見られた。
＜教科等横断的な資質・能力＞【問題発見・解決能力】 物事の中から問題・疑問を見出し、学習で得た知識から解決方法を探して、結果を予測し試行錯誤をしながら、問題の発見・解決に必要な力を身に付ける。 【評価】売れた個数の割合と、売れ残った個数の割合を理解し、カレンダーBでは売れた個数の割合が64%だった。そこから、今年は50個作ったが来年は今年よりも「少なく40個」に減らすと考え、多く作りすぎてしまうと残ってしまうからと理由も考えることができた。	

研究のポイント解説！

濱尾教諭は、普段から単元案を作成し、学習評価に向き合ってきた。だからこそ、教育評論家ではなく、実践家として、授業に、単元に、資質・能力に、どのように向き合のか、その感覚についてこの後、深く切り込んでいく。

6　研究の考察

教科等間の指導の関連付けと、教科等横断的な視点に立った資質・能力の指導のためには、単元案の作成が重要であることを１年間通して実感した。作業学習は、職業科を要として国語科・数学科・美術科など複数の教科の目標が設定される。どの教科のどの目標をいつ狙うのかを計画しておかなければ、何を目指しているのか分からなくなってしまうが、単元案を作成することで授業への迷いが激減した。また、教科等間の関連付けや教科等横断的な視点に立った資質・能力をどの時間に育むのかも明記するため、どこでそれらが発動するのかおおよその見当をつけながら、授業をコントロールすることができた。また、各教科の関連付けを図ることを意識すると、それぞれの教科でどんなことを学んできているのかを担当教科の先生と情報共有することが必要となる。そうすることで、目標を踏まえた授業の構成や教材などについて専門的なアドバイスをいただくことができ、自分の専門教科以外のところでの教え方や授業の進め方についてとても勉強になる部分がたくさん見つかった。今までは、自分の専門教科である体育の学習指導要領を開くことはあったが、他の教科の学習指導要領を開く機会は多くはなかった。教科等間の関連だけでなく、教科等横断的な指導を図るために、学習指導要領解説の総則や国語、社会、数学、美術、家庭など専門教科以外のところで開くようになった。それぞれの教科の指導内容を把握しておくことで、教科等における指導と関連付けを図りながら、幅広い学習や生活の場面で活用できる力を育むことにつながると気付くことができた。

また、当初、教科等横断的な視点に立った資質・能力を育む指導をどのように進めていけば良いのか分からない部分もあったが、現段階で分かったことは、生徒にいかに考える場面を準備・設定できるかではないかと考える。

〇枠越え発動スイッチ

【言語能力】 なんて表現すればいいんだ？何を聞かれているんだ？どうして聞き返されるんだ？

【問題発見・解決能力】 なんで失敗したんだ？次どうすればいいんだ？

【情報活用能力】 どこを見ればいいんだ？どの情報を選べばいいんだ？

【自己理解・自己実現】 自分ができることは何なんだ？自分はどうなりたいんだ？

これらのように、教科等横断的な視点に立った資質・能力を育むためには、生徒自身が考える場面を設定することがポイントであり、考えさせる発問や問いかけを意識することが重要であると言える。各教科の目標の特に思考力・判断力・表現力の部分を突き詰めていくと、教科等横断的な視点に立った資質・能力の育成に近づいていけるのではないかと考える。

研究のポイント解説！

「各教科の目標の特に思考力・判断力・表現力の部分を突き詰めていくと、教科等横断的な視点に立った資質・能力の育成に近づいていけるのではないかと考える。」

この表現は、まさに、濱尾教諭が、教科等の学習の文脈の中で、教科等横断的な視点に立った資質・能力が育成・発揮されていく瞬間を、つまり、枠を越えた力の育成について、本質的な部分について、実践を通して、令和３年度に言い当てているように感じる。

なぜなら、中教審答申（H28.12）[*4]の中でも、「知識・技能中心的な社会から、今後の2030年とその先の社会の在り方を見据えた時に必要な柱とするべき力（思考力・判断力・表現力等）」を示している。まさに、本校の育成を目指す資質・能力の木の幹のことであり、教科等横断的に貫きやすい「思考力・判断力・表現力等が高まってきた先に、学習上の文脈として、枠を越えた力が発生してくる可能性を示唆している。

＊4　中教審答申（H28.12）：「幼稚園、小学校、中学校、高等学校及び特別支援学校の学習指導要領等の改善及び必要な方策等について（答申）」中央教育審議会（H28.12）のこと

7　今後の課題

今回、紙すき班では単元案を作成し、様々な教科の目標を立てて授業を進めてきた。しかし、単元案の作成と、授業準備、教材準備、学習評価といったところでの時間の確保が難しかった。また、評価に関して、各教科で目標を設定して単元を進めるが、目標に対するスイッチを入れきれないことがあり、評価する場面が少なく苦労することもあった。そのため、単元案を活用するために授業の際にはどの教科のどの目標に焦点を当てるのか単元案を手元に置き、確認しながら進め、生徒の良い発言はメモをとり、記録として残しておくようにしたい。また、他の授業でも実践するとともに、作成した単元案を踏まえて、効果的な指導を進めるための教材やワークシートを準備していきたい。作業学習において教科の教員と連携していくことも大事だが、他の作業班ではどのようなことをしているのか、どのように合わせた授業を進めているのかを作業班全体で共有していくことも必要だと考える。作業班で活動が違ったとしても、各作業班の指導の工夫や取組は、自分たちの作業班の授業づくりのヒントとなる。このように、多くの指導・支援方法を学びながら、私自身も保健体育や紙すき班という

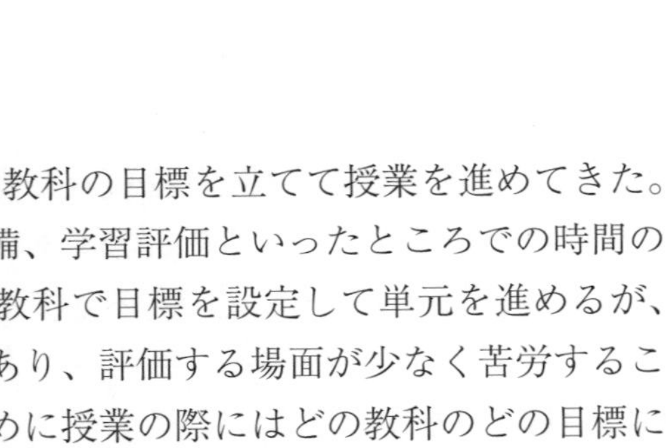

枠にはまることなく、様々な教科や授業について横断的に指導できるような教員を目指していきたい。

研究のポイント解説！

作業学習において、どのように教科の資質・能力等に向き合うのか、その時にどのような感覚になるのか（本人曰く「目標に対するスイッチ」、これが後の本校の「教科のスイッチ」と広く使われることになるきっかけとなる）、それを示した貴重な研究となった。ちなみに、濱尾教諭は、研究授業（作業学習）の時に、作業製品販売のデータを使って、数学の教科のスイッチを入れて、生徒と向き合うなど、「作業学習＝作業の場面を見てもらう」という固定概念を崩し、数学科の教員と連携し、数学で勝負をするなどの画期的な研究授業を提供してくれた。

令和２年度に本校で明確にした教科等横断的な視点に立った資質・能力の育成について、授業者としてどのように向き合っていくのか、その点についても挑戦した研究であり、今後もさらに高めていける場所を提供してくれた研究となった。

研究テーマ 4

生涯にわたって心身の健康を保持増進し、豊かなスポーツライフを継続するための資質・能力の育成を目指した授業

（令和４年度）教諭　黒澤 圭太

1　研究テーマ設定の理由（研究の趣旨）

初任者研修において、保健体育科における各段階の目標を基に「知識・技能」の習得、「思考力、判断力、表現力等」の育成、「学びに向かう力、人間性等」の涵養を実現するべく、単元や内容、時間のまとまりを見通しながら、生徒の主体的・対話的で深い学びの実現に向けて授業実践・評価・改善を行ってきた。単元における学習評価の充実を図る一方、保健体育科における目標である、「生涯にわたって心身の健康を保持増進し、豊かなスポーツライフを継続するための資質･能力の育成」については、具体的な評価を行ってこなかった。

そこで本研究では、単元の構想や学習評価だけでなく、「生涯にわたって心身の健康を保持増進し、豊かなスポーツライフを継続するための資質・能力」の視点をもちながら生徒の資質・能力を育成するために、普段の授業や単元において、授業者がどのように意識して指導し、どの時期に、どのように評価していくのか、その手順や方法等を明確したいと考え、研究テーマを設定した。

○前年度の成果⇒単元案を活用した単元実践及び評価

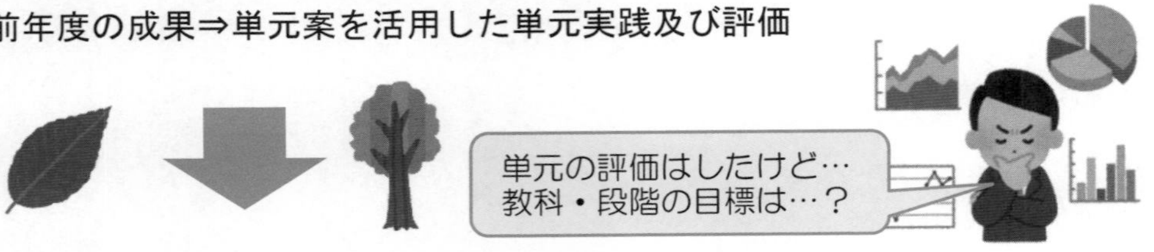

単元の評価はしたけど…
教科・段階の目標は…？

◎教科・段階の目標は、普段の授業・単元において、授業者がどのように？
どの時期に、どのように評価する、どんな手順や方法があるのか？

2　研究方法・研究の見通し

以下に示す取組を研究することにより、１年間を通して保健体育科の目指す資質・能力の育成を目指した授業について、指導と評価の一体化を図りながら、どのように授業を組み立てていくのか、どのような成果があるのかを考えることで、授業における必要な方略を導き出すことができるのではないか。

１年間を通して、保健体育科の目標が目指す資質・能力の育成を目指した授業について、指導と評価の一体化を図りながら考える。

【指導内容（単元のまとまり）としての向き合う場面】
○主体的・対話的で深い学びの三つの学びをより意識した**単元構想**及び指導
○評価規準及び評価計画、**指導と評価の一体化**
【保健体育科としての資質・能力に向き合う場面】
○保健体育科の目標としての資質・能力の育成に関する**指導者としての理解の深化**
○**保健体育の目標を押さえた**評価規準及び評価時期、評価方法の検討

研究のポイント解説！

令和３年度が終わり、本校でも、内容のまとまりごとの観点別の学習評価の取組の実施が定着し始めた。そこで、黒澤教諭は、内容のまとまりごとの評価規準だけでなく、保健体育科そのものの目標、各段階の目標にどう向き合っていくかという研究が始まった。
当たり前のようで、この部分について、どのように取り組むか、取り組んでいくとどうなるのか、そういった視点で面白い研究であった。

3　研究の実際と考察

（１）問題及び目的の明確化～保健体育に関するアンケート結果～

研究前の生徒の実態を把握すべく、保健体育科の「見方・考え方（する・みる・支える・知る）」を踏まえ、「運動（スポーツ）に関すること」「保健に関すること」それぞれについてアンケートを行った。アンケート結果を基に、下記の実態が見えてきた。

運動に関すること	保健に関すること
○スポーツが好き、楽しいと答えたグループは、プライベートにおいても、実際に行ったり見たりしている。 ○スポーツが嫌いと答えたグループにおいて、動くことは嫌だが見ることは好きな生徒もいる。楽しいことは分かるがやりたくないなど、積極性がない。また、好きでも楽しくもなく、見ることもしないと答える生徒もいた。 ○スポーツを見ること、調べることは全体的に少ない。 ○スポーツに関する自分の課題について、興味関心が薄い。	○健康に気を付けているようだが、小さいころから言われてきたであろう「規則正しい生活や食事、手洗いやうがい」等だけであること。根拠となることが希薄である。 ○健康については、ほとんどの生徒が軽視していると考えられる。 ○保健に関する自分の課題について、興味・関心が薄い。

見えてきた実態
学習指導要領でも示されているように、「運動する子供とそうでない子供の二極化傾向、また、健康課題を発見し、主体的に課題解決に取り組む学習が不十分」という点において、本グループの生徒においても同様の課題が見られることが分かった。さらに体育の見方・考え方を働かせることができておらず、「スポーツ」＝「行うこと」として捉えている傾向があり、「みること・支えること・知ること」などが、豊かなスポーツライフにつながっておらず、現状では豊かなスポーツライフの実現にはほど遠い。保健についても、既存の知識が先行してしまい、「単に病気にならないことが健康」と捉えている傾向が見られた。

（1）問題及び目的の明確化～保健体育科に関するアンケート結果より～

○学習指導要領に示されている保健体育科としての課題が、研究対象グループにおいても同様にみられる。
○「保健」において、科学的根拠のある知識が乏しい。

（2）方法～単元構想ー実践ー評価するにあたって～

指導内容として向き合う場面		保健体育科としての資質・能力に向き合う場面	
単元構想	指導と評価の一体化	目標の理解・深化	保健体育科としての評価
○「見方・考え方」を働かせることができるような単元構想及び体育理論との関連。 ○教科＋各教科等を合わせた指導の中で「保健」を取り上げた単元実践。	○学習評価に関する参考資料を基にした、内容のまとまりごとの評価規準の設定及び評価。 ○学習評価と単元の反省を踏まえた、次単元の構想。	○３観点＋保健体育科としての目標を意識した単元構想及び実践。	○単元毎の学習評価及び段階の評価。 ○学期終了後のアンケートを基にした、保健体育科としての目標を押さえた学習評価。

（３）単元の実践及び評価

【指導内容として向き合う場面】

○「見方・考え方」を働かせることができる単元構想

- 自分の課題を見付け解決方法を考える（「する・みる・知る」を意識する）姿。
- 自分の体の状態、関心に合わせて場を「支える」姿。

この位置だと窮屈そうだから、ボールの置く位置をもう少し前にするといいんじゃないかな？

○保健の授業の充実

- 健康に関する原則や概念に着目できるような指導。
- 「健康」を卒業後の生活と結び付けて考える姿。

未成年の飲酒は健康被害が大きくなるし、依存症にもなりやすいから…、飲まない方がいいよ!!

（２）単元後の学習評価と学期末のアンケート

運動に関すること	保健に関すること
○７名中、６名の生徒がスポーツが好き、楽しいと答えた。理由として、「みんなと楽しめるから」が多く、「体育など、みんなとやると楽しいことを知った。」と答える生徒もいた。 ○スポーツをすることが嫌いと答えた生徒において、「動いたり見たりすることは楽しいが、やっぱり絵を描く時間の方が楽しい。」と答えた。 ○「日本が勝ってうれしい。」「応援しているチームが負けると悔しい。」など、ほとんどの生徒が身近なスポーツを意識的に見て一喜一憂している様子があった。 ○全員がスポーツに関する自分の課題について意識している。「授業で教わったことを実践したらできるようになって良かった。」と答える生徒も増え、さらなる自分の課題に気付く生徒もいた。 ○「サッカーにおける体の使い方」などを調べる生徒も見られた。	○健康に生活するために必要なこととして、授業で学んだ「ストレスへの対処」や「栄養素に気を付けた食事」など、保健体育だけでなく、家庭科の内容について触れていた。 ○健康について実践していることとして、「受動喫煙にならないように、たばこを吸う人の近くにはいかないようにしている。」「ストレスを解消している。」と答える生徒がいたが、「早寝早起きや手洗いうがい。」と答えた生徒もいた。 ○保健の授業で役に立ったこととして、「飲酒や喫煙、薬物の怖さ。」「ストレスへの対処法。」と答えていた。 ○ほぼ全員の生徒が、何らかの健康課題があると答え、解決したいと考えている。

見えてきた実態
「運動（スポーツ）」との関わり方について、４月の段階ではスポーツが「嫌い」だった生徒が、「みんなとやると楽しい。」「楽しさを知った。」と答えたり、スポーツに関する関心が高まり自己の適性に応じた「する・みる・支える・知る」と関連付けたりするなど、多様な関わり方ができるようになってきた。また、スポーツに関する課題に気付けるようになり、解決したいという思いも強くなってきている。 「保健」に関することについて、「健康的な生活を送るために必要なこと」を根拠ある知識として身に付け、４月と比べると「身体の健康」と「心身の健康」について社会生活と結び付けて考えられるようになってきた。「ストレスへの対処」など、身近な話題については学習したことを実践し、効果を感じている生徒も増えている。また、健康課題についても意識できるようになり、改善したいと思うようになってきた。

学期末のアンケート結果から、「豊かなスポーツライフ」という点において、学校生活だけでなく普段の生活が充実してきているように感じる。部活動の参加していなかった生徒が、運動部に入部したり、何気ない会話の中においてもスポーツに関する話題が出たりするなど良い傾向である。「心身の健康の保持増進」については、実生活においても、学習したことを意識しながら健康と結び付けている反面、単元で育まれた知識・技能と取り上げた題材との結び付きが断片的であり、未修の分野についての関心は低いままであった。

【保健体育科としての資質能力に向き合う場面】
○単元後の学習評価と学期末のアンケート
- スポーツが嫌い　⇒　「皆とやると楽しい！」「楽しさを知った！」
- 部活動未参加生徒　⇒　運動部に入部
- 普段の何気ない会話の中でスポーツに関する話題が出て楽しみながら会話する姿。
- 「保健」について単元で得た知識・技能が断片的であり汎化されていないところも…。
- 未修分野の関心は低い。

先生！
サッカー日本代表、スペインに勝ちましたね！

研究のポイント解説！

保健体育科の目標や段階の目標を評価することにより、生徒への変容が見られてきた。

（3）段階での評価

単元の評価を行った際、段階の目標の達成状況についても考えた。その際、単元では達成できなかった項目（3観点）については、次の単元において意識的に指導を行うことで、前単元では見られなかった姿が、次の単元において見られるようになるなど、単元のまとまりとしてだけでなく、段階として三つの柱を偏ることなく指導できた。

4　研究の考察と課題

（1）研究の成果

保健体育科の目標となる資質・能力を確実に育むために、【単元のまとまりとして向き合う場面】や【保健体育科としての資質･能力に向き合う場面】に向き合ってきた。

実際に生徒の学習やアンケートの発言の中で

- ○運動が苦手な生徒であっても、スポーツの魅力に気付き皆と楽しんだり、課題解決する喜びを実感したりする姿
- ○テレビ等で見たスポーツについて、応援したり応援したチームを話題にして友達と話をしたりして楽しむ姿
- ○運動課題の解決方法をインターネットを通して自ら調べる姿
- ○健康的な生活を送るために、単元で身に付けた力を実生活において実践する姿

等が見られた。「それぞれの生徒が豊かなスポーツライフを継続する」という点において、個々人の身近な実生活で「する」楽しさ、「みる」楽しさ、応援することや準備をするなどの「支える」関わり方、自分の運動課題について調べて解決しようとする「知る」関わり方など、自己の適性等に応じた多様な関わり方と関連付けながら、主体的に楽しさや喜びを味わうことができていた。また、「心身の健康の保持増進」という点において、「健康」について科学的に理解することを通して、健康課題に対して科学的に思考し、判断しながら社会生活に結び付けて実践しようとするなどの変容が見られるようになった。

今回の研究を通して目標に迫る姿と、今後の授業におけるポイントとして、次の４点が考えられ、以下のようにまとめることができる。

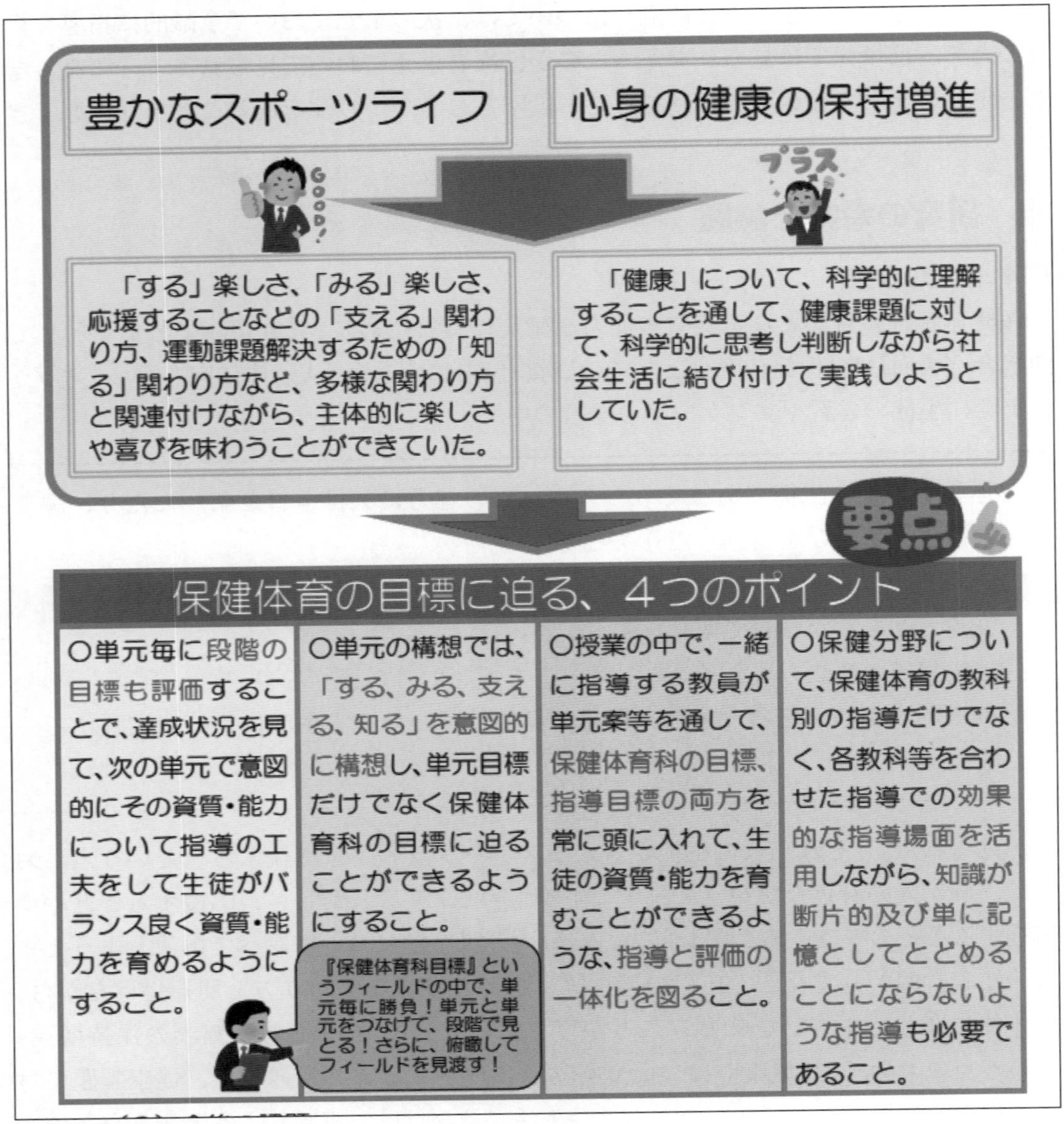

豊かなスポーツライフ
心身の健康の保持増進
GOOD!
プラス
「する」楽しさ、「みる」楽しさ、応援することなどの「支える」関わり方、運動課題解決するための「知る」関わり方など、多様な関わり方と関連付けながら、主体的に楽しさや喜びを味わうことができていた。
「健康」について、科学的に理解することを通して、健康課題に対して、科学的に思考し判断しながら社会生活に結び付けて実践しようとしていた。
要点
保健体育の目標に迫る、４つのポイント
○単元毎に段階の目標も評価することで、達成状況を見て、次の単元で意図的にその資質・能力について指導の工夫をして生徒がバランス良く資質・能力を育めるようにすること。
○単元の構想では、「する、みる、支える、知る」を意図的に構想し、単元目標だけでなく保健体育科の目標に迫ることができるようにすること。
『保健体育科目標』というフィールドの中で、単元毎に勝負！単元と単元をつなげて、段階で見とる！さらに、俯瞰してフィールドを見渡す！
○授業の中で、一緒に指導する教員が単元案等を通して、保健体育科の目標、指導目標の両方を常に頭に入れて、生徒の資質・能力を育むことができるような、指導と評価の一体化を図ること。
○保健分野について、保健体育の教科別の指導だけでなく、各教科等を合わせた指導での効果的な指導場面を活用しながら、知識が断片的及び単に記憶としてとどめることにならないような指導も必要であること。

研究のポイント解説！

保健体育科だけでなく、教科の目標に迫るためには、内容のまとまりごとにのみ集中するのでなく、教科や段階の目標を意識し、学習評価することで、全体的な達成状況を見ることができ、思考力・判断力・表現力等が課題であれば、その点について、次の単元で指導を工夫していくことを示唆するなど、年間を通してコントロールしながら、段階の目標、教科の目標に迫る考えた方を示唆している。

（2）今後の課題

　本研究全体を通して、保健体育科としての「体育」分野でもある、「豊かなスポーツライフを継続するための資質・能力」の育成という点においては、順調に育成されてきていると感じる。しかし、「保健」分野においては、単元のまとまりとしての目標に迫ることはできていたと考えらえるが、実社会及び実生活に活かすという点で課題が残る。「保健」と「体育」について、相互に資質・能力が育成されてこそ、保健体育科としての究極的な目標に迫ることができる。本研究を通して、生活に般化できていない点も多々あることから、年間の単元配列や指導方法を工夫しながら、「保健」の授業をさらに充実させていきたい。

研究のポイント解説！

　現在、同じ単元の間でのつながりや、他教科等の関連を図り、教育活動の質の向上を図っているが、今回、黒澤教諭が示唆した、教科等の目標を達成するために、取組状況、実施状況から、どのように年間の単元配列や指導方法を工夫していくか、カリキュラム・マネジメントの新しい視点を提供してくれている。実際に、必要な視点であり、今後、本校でも考える視点として取り入れていきたい。

研究テーマ 5

キャリア発達を促す教育の視点を取り入れた授業づくり

～学習指導要領の着実な実施と、基礎的・汎用的能力の育成を明確にした実践を通して～

（令和４年度）教諭　室井 郷司

1　問題・目的

知的障がいをもつ児童生徒に対するキャリア教育に関しては、今回の学習指導要領の改訂に当たって、「特別支援学校学習指導要領解説　総則等編（高等部）」の中で、「生徒が、学ぶことと自己の将来とのつながりを見通しながら、社会的・職業的自立に向けて必要な基盤となる資質・能力を身に付けていくことができるよう、特別活動を要としつつ各教科・科目等又は各教科等の特質に応じて、キャリア教育の充実を図ること。」とあるように、新学習指導要領においてもキャリア教育の重要性は明記されている。

前年度まで、学習指導要領の着実な実施を行うため、本校の単元配列表や単元案において各教科等のねらいを明確にしつつ、カリキュラム・マネジメントの視点から、より効果的な単元展開を実践してきた。キャリア教育については、生徒の調和的な発達の支援の視点として捉え、「キャリアガイダンスシート」（キャリアパスポートと同じ機能のシート）を用いて一人一人に応じたキャリア教育を行うよう計画しているものの、どの授業でどのように基礎的・汎用的能力を育成すればよいのか、「単元」というまとまりの中でどう構成していくか、ということが明確に行うことができなかったことが課題であった。そこで、キャリア教育における基礎的・汎用的能力４つの能力について読み解き、明確化し、単元の中で教科等の学びと基礎的・汎用的能力のどちらについても学習効果を高める実践を行っていくことで、生徒の自立と社会参加に向けた学びを実現できるのではないかと考えた。

2　方法（取り組み方、希望する研修等も含めて）

①担当する授業で単元案を作成、実践と評価を通じてカリキュラム・マネジメントを行う。

②単元案の中に「キャリア教育の視点に立った資質・能力」の欄を取り入れ、単元構想の際に、いつ、どのように学ぶか明記する。授業実践と学習評価を行い、指導と評価の一体化を図る。

③キャリア教育における基礎的・汎用的能力について、平成23年１月に中央教育審議会「今後の学校におけるキャリ教育・職業教育の在り方について（答申）」等の資料から知識を深め、実践に生かす。

④「一人一人の進路実現を支える日常の指導における工夫」や、「特別支援学校における授業の充実」等を通して進路実現と授業の充実に関する知識や専門性を高める。

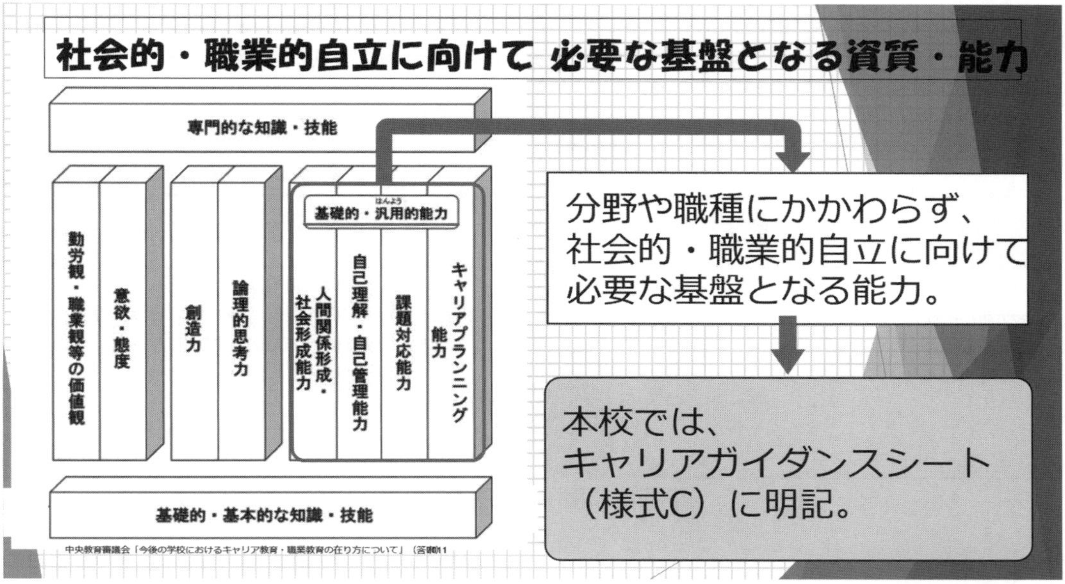

3　期待できる効果

・（生徒）単元の学びの中で、キャリア教育の視点を取り入れることによって、抽象的事象を想像することが難しい生徒たちであっても、卒業後の生活を想像し、自身のキャリアを主体的に形成しようとする姿と、各教科等の学びが、「日常生活に生かす」のみでなく、「将来の生活に生かす」という視野の広がりが期待できると考える。
・（授業者側）年間を通じて、キャリア教育の視点を意識し、授業実践することで、基礎的・汎用的能力を確実に育み、生徒の将来の生活に対する思いや希望をより見取ることができるとともに、キャリアガイダンスシートの活用を行うことができると考える。

4　結果〜取組の実際〜

単元の中で「キャリア教育の視点に立った資質・能力」を意図して育むことができるよう、基礎的・汎用的能力の４つの能力の中から、単元案に明記し、意図的に単元構想に取り入れながら、次のように実践と学習評価を行った。

キャリア教育の構想ができる
単元案（一部）

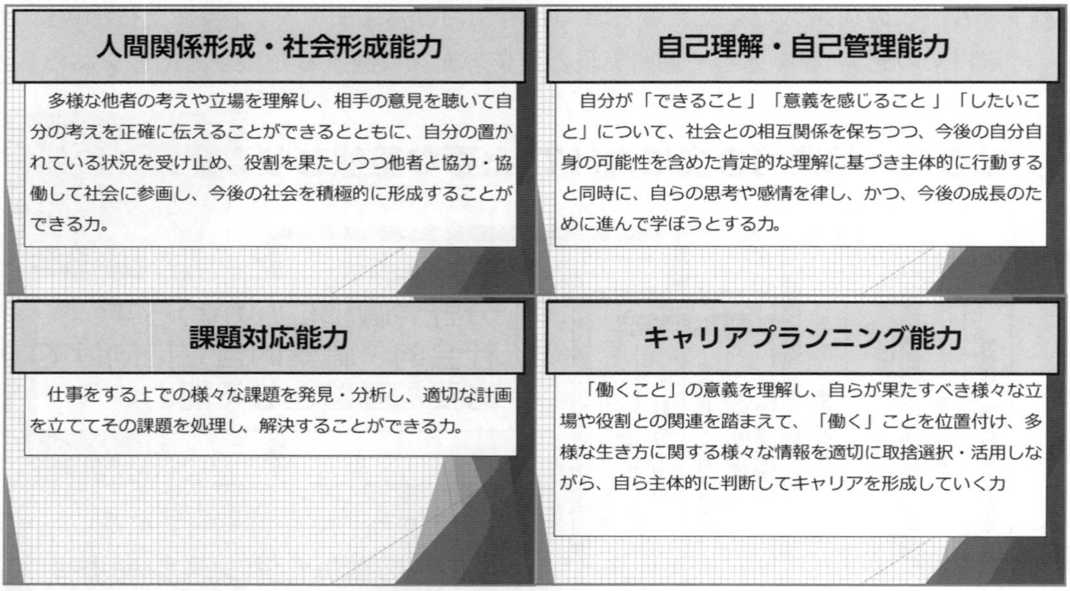

基礎的・汎用能力の４つの力

研究のポイント解説！

室井教諭は、単元案の中で、どんなキャリア発達を意識し、取り組んでいくのかを明確にすることで、意図的にキャリア発達の支援ができるようにした。意図的にすることが、学習評価や授業改善の第一歩につながる、貴重な研究である。

①自己理解・自己管理能力：職業科　高等部１段階「自己理解」

高等部１学年の生徒を対象に、自分が「得意なこと」と「やりたい仕事」について、自己を見つめ直す学習が将来の職業生活の「適性」につながることを意識付けるよう指導を行った。「３年後には卒業し、社会人になる（働く大人になる)」という自分の置かれている状況に受け止め、そのためにできることについて、「苦手なものは克服・改善していく」「得意なことは伸ばしていく」という、社会生活と自分との関わりについて考えるきっかけを作ることができたと考える。生徒からは「運動が好きだから、身体を動かす仕事に就きたい」「きまりを守らないと社会人に慣なれないから、きまりを守りたい」等、自分の得手不得手と向き合っている姿が見られた。

②キャリアプランニング能力：職業科　高等部１段階「将来の生活」

高等部１学年の生徒を対象に「雇用形態（フルタイム／パートタイム)」や「労働条件（平日休み／土日休み)」等の、職業に係る実践的な知識を得た上で、卒業後の自分の生活を想像し、現段階での自分の希望について取捨選択を行い、キャリア形成を行う学習を行った。１学年ということもあり、あくまで「現段階での」という点に留まったが、３年間かけ、キャリアプランを見直し、修正しながら実現していく素地となった。生徒からは、「家族を養うためにたくさんお金を稼ぎたいから、古ライムで働きたい」「実家（牛舎）で働きたいから、実家に住みたい」等、取捨選択を行う様子が見られた。

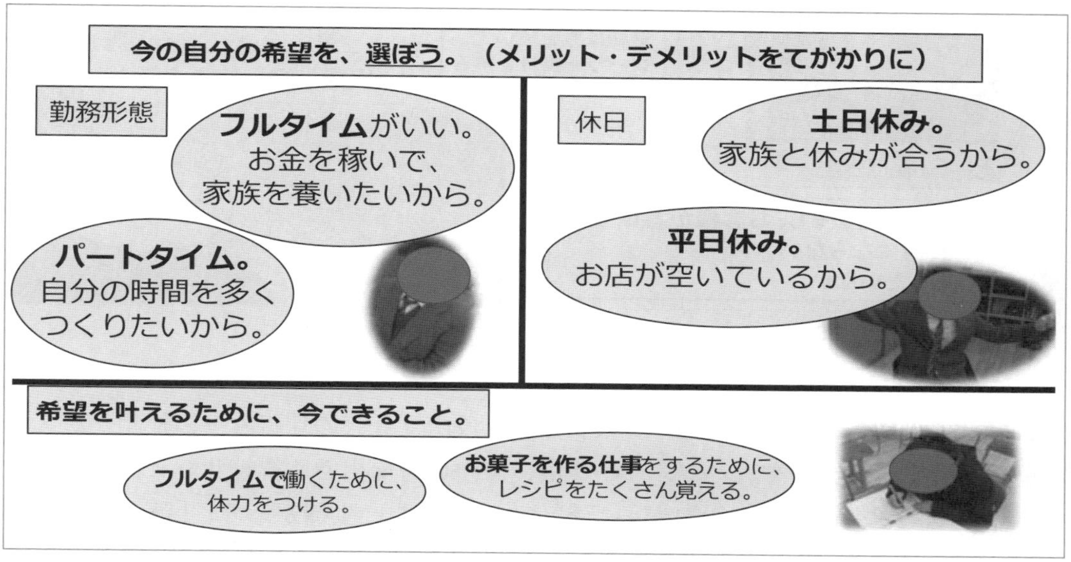

指導の様子

③課題対応能力：作業学習（職業科　高等部１段階）「後期現場実習」

高等部１～３学年の紙すき班に在籍する生徒を対象に、「紙すき」「ラミネートはがし」「パック切り」日頃分担して行っている作業の失敗例を提示し、「何が失敗なのか」「何が原因なのか」「どうすれば解決できるのか」について考え、実際に作業を行い、実践と評価を自分で行う学習を行った。日頃自分たちが行っている作業が題材だったため、「紙にシワがある。ローラーを強くかけすぎていると思う。ローラーをゆっくり丁寧にかける」「（ラミネート）はがし残しがある。はがした後に確認する」等、課題を見つけ、解決策を考えることができた。

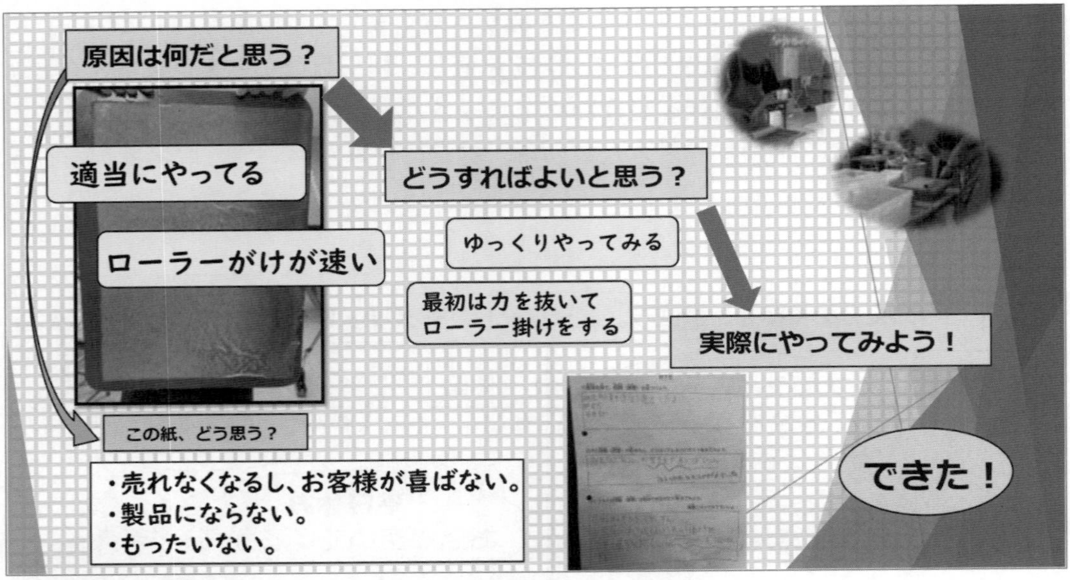

原因は何だと思う？
適当にやってる
ローラーがけが速い
どうすればよいと思う？
ゆっくりやってみる
最初は力を抜いて
ローラー掛けをする
実際にやってみよう！
この紙、どう思う？
・売れなくなるし、お客様が喜ばない。
・製品にならない。
・もったいない。
できた！

指導の様子

④人間関係形成・社会形成能力：職業科　高１段階「社会の仕組み（福祉サービス）」

就労移行支援事業所や、ハローワーク等、障がい者雇用や、福祉サービスについて扱う単元であったが、自分の障がい受容が進んでいない生徒がおり、「障がい」という伝え方ではなく、「多様性の一つであること」として障がいを受け入れることができるよう、多様な価値観に関する学習を行った。その中で、「書字が苦手」「話を聞くことが苦手」等の障がいのある方の経験や生き方に関する映像を見て、人によって異なる価値観に関して理解を促しつつ、自身の障がいにも目を向けられるよう、自分が苦手なこと等について考える学習を行い、福祉サービス等、主体的に利用するための学習につなげることができた。

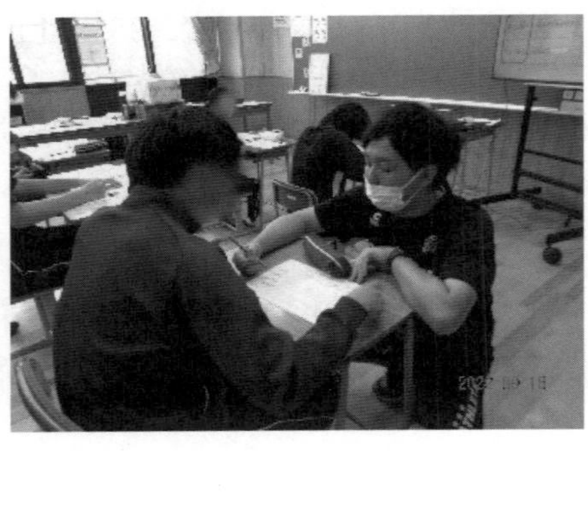

「いろんな価値観がある人と良い関係を築くためには？」という発問に対しては、「その人を理解すること」「手伝えることを探すこと」等、他者の思いや考えを理解しようとする姿が見られた。

【考察】生徒の自立と社会参加に向けた学びの声

○「人間関係って、その人のことを理解することが大切だと思う。」
○「お菓子作りの仕事がしたい。だから、レシピをたくさん覚えないと。」
○「困った時に相談することが苦手だから、相手の様子を見て、話しかけたい。」
○「家族を養うために、フルタイムで仕事がしたい。そのためには、朝のトレーニングで体力をつける。」

○「自分の将来って、自分が決めていいんだ。知らなかった。」

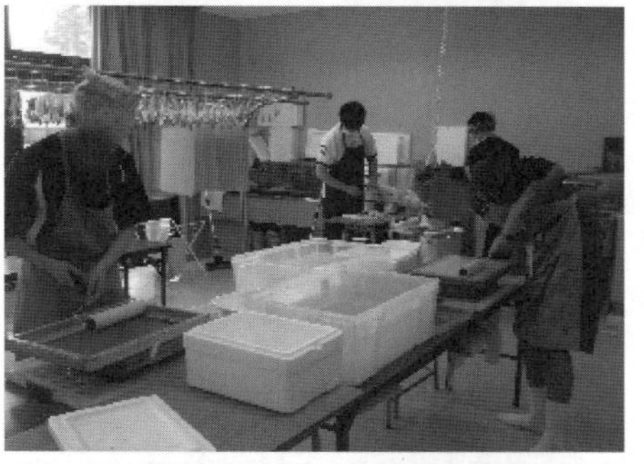

学習前には、自分の進路にもかかわらず他人事のように捉え、「お金をたくさん稼ぎたい」等の漠然とした表現していた生徒たちが、キャリア発達を促す視点を授業の中で取り入れることによって、生徒が自分自身の将来の生活に対して、上記の発言のように「具体性」と「主体性」が帯びてきた。個別懇談では、生徒が考えた自分の将来のことや、将来のために目標設定し、取組を通して身に付いた力を保護者に伝えることによって、「将来のことについて、こんなふうに考えているなんて知らなかった」と多くの保護者が言っており、保護者と本人が将来の生活について話し合ったり、家族を含めて進路実現に関する合意形成したりするきっかけを作ることができたと考える。

各教科等の単元の学びの中で、基礎的・汎用的能力を育む場面を取り入れることで、まさに「学ぶことと自己の将来のつながりを見通しながら、社会的・職業的自立に向けて必要な基盤となる資質・能力を身に付けていく」姿を目の当たりにし、調和的発達を支える支援の一つとしてのキャリア教育の必要性を強く感じた。我々が現在の職業を主体的に選択し、自分や家族の生活を含めてキャリア形成を図ってきたように、障がいの有無にかかわらず、生徒一人一人に応じたキャリア形成、つまり、「自分らしく生きること」は権利として当然有しており、そのための資質能力を育むことは我々の責務であると痛感した。場当たり的な「この力は働いてから使えるから」という教師の恣意的で偏りのある指導では、彼らが主体的にキャリア形成を図ろうとする姿を見取ることはできなかった。また、その「見取り」を学習評価という形で、どのような基礎的・汎用的能力が身に付いたのか、そして、その生徒に合わせた次のステップは何になるのか、ということについて明確にすることができた。

<キャリア発達を促す教育の視点を取り入れた授業づくりとは>

○各教科の学びを深め、その文脈の中で育成していくための単元構想

単元の中でキャリア教育の視点を取り入れることで、各教科等の学びを深めながら、その文脈の中で基礎的・汎用能力をさらに育成することができることを実感した。例えば、職業科「将来の生活」において、基礎的・汎用的能力のキャリアプランニング能力の「様々な情報を適切に取捨選択・活用しながら、自ら主体的に判断してキャリアを形成する力」の育成をねらうことにより、今の自分は、「フルタイム／パートタイム」のどちらを選ぶか→その理由は何か→フルタイムで働くために、今の自分に何ができるかという、職業科の思考力・判断力・表現力のねらいである「将来の職業生活を見据え、必要な事柄を見いだして課題を設定し、解決策を考え、表現している」という学びとともに、深まりを感じた。また、自立活動や職業科、特別活動等の指導内容に関連あるいは類似したりするものもあったが、それぞれの能力の文言を読み取り、設定することが、キャリア発達を促す教育であり、その重要性を実践を通じて感じることができた。

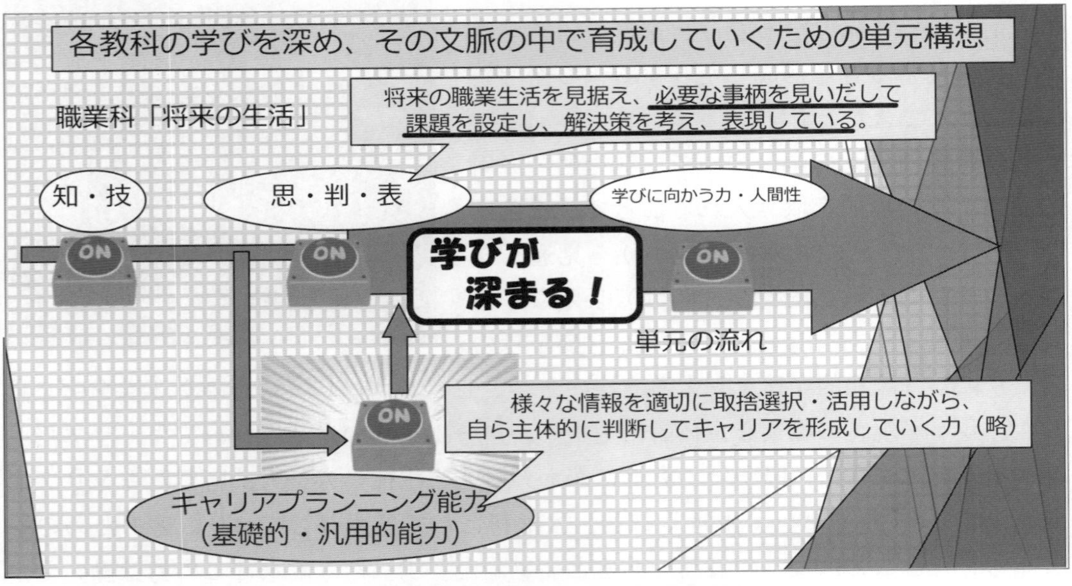

キャリア発達の支援をしていく指導感覚

○一人一人の基礎的・汎用的能力の学習評価

小・中学部段階から、基礎的・汎用的能力について明確に扱い、学習評価として明記することで、担任が変わったり学部が変わったりした際に、キャリアの視点でどのような学びや経験をしてきたかが分かり、子ども一人一人に応じたキャリア形成に関して、積み上げの視点で指導を行うことができ、担当する教師が変わるたびに「教師が思う当該生徒のキャリア形成」だけでの実践ではなくなる。また、基礎的・汎用的

能力は「特に順序があるものではなく、また、これらの能力をすべての者が同じ程度あるいは均一に身に付けることを求めるものではない」と平成23年中央教育審議会答申では示している。つまり、児童生徒一人一人に応じた基礎的・汎用的能力の学びがあることから、学びの履歴シートのように均一化して計れるものではなく、だからこそ生徒の調和的な発達の支援として連続性・系統性のある学びが必須であると考える。本校のキャリアガイダンスシートは、まさにこの一人一人の連続性や系統性のあるキャリア発達を促すものである。

一方で、キャリアガイダンスシートに明記してある内容、特に「本人の願い」は、年度内であっても変容があって然るべきものであるとも感じた。教師が計画、評価のみをして完結するものではない。その時点で子ども一人一人がもつ知識・技能や、置かれている状況、現実との折り合い等から、本人が何を願い、どんな生き方をしたいかということは変わる。それは決して消極的な意味合いのものではなく、必要だと思うことを生徒が主体的に判断したものであれば、教師も受容し（必要な知識技能をその時点で身に付けさせていることが前提だが）、進路や将来の生活に関する変更であっても、アップデートとして捉えるべきだと考える。そのためには、将来にする本人の意思を引き出すことができる信頼関係や、将来に関することを「選択する」ことができる知識を授けることが必須であり、今後もキャリアガイダンスシートは、生徒主体で生徒とともに活用していきたい。

研究のポイント解説！

一人一人のキャリア（経験）が違うように、一人一人のキャリア発達が違うからこそ、本人の自立と社会参加に向けて、成長を促すキャリア発達の部分は異なる。その部分を室井教諭は実践の実感から示唆している。キャリアガイダンスシートがあるから取り組むのではなく、一人一人の調和的な発達が必要だから取り組む大切さを示唆している。

キャリア発達の視点における実践を繰り返すことで、生徒の「在り方生き方」そのものに向き合うことができた1年間であった。彼らが主体的にキャリア形成を行うことができるよう、意図して基礎的・汎用的能力の視点を取り入れることで、当然ではあるが生徒一人一人のこれまでの生き方や今の生き方の多様性、キャリア発達の違いを感じた。現段階におけるそれぞれの「どう生きたいか」を肯定的に引き出し、「そのために今の自分に何ができるか」という視点で生徒と合意形成を行いながら学習を進めることで、「できた」「わかった」経験が将来の自分のためにあることを生徒自身が感じることができたと考える。一方で、外部の関係機関とのつながりについては課題が残る。「働く」という観点から、産業現場等における実習に関しては外部の福祉

事業所等とつながりを築き、生徒が日々の学習の成果を実感することができていたが、知的障がいを有し、具体的なイメージをもつことが困難な生徒だからこそ、日々の単元の中でハローワークや障がい者就業・生活支援センター、相談支援事業所等の校外学習や出前事業等を計画的に進めていく必要があったと考える。

生徒一人一人の未来を担う一教師として、そして「キャリア教育」に関する実践を行う一教師として、校内校外関わらず、様々な人や諸機関と協力しながら、生徒の「自分らしい生き方・在り方」に関する指導支援をさらに充実させていきたい。

研究のポイント解説！

本校では、資質・能力（各教科等の資質・能力及び教科等横断的な資質・能力）を育成する意識が高まってきたが、室井教諭は、調和的な発達の支援としてのキャリア発達を促すキャリア教育の視点の取り入れ方について、具体的に提案し、その方向性を切り開いてくれた。

学習指導要領の着実な実施について、何か流行のように取り組むのでなく、普段の単元において、どう取り組むのか、年間でどのように計画するのか、さらに一歩前進するきっかけを与えてくれた。

パイオニア研修の研究発表では、多くの先生方が自主的に参加し、キャリア発達について室井教諭の研究をもとに話し合い、学校としてさらにその取組が促進されることとなった。

研究テーマ 6

小学部１段階をじっくり学ぶ児童生徒のための１段階プロジェクト

（令和３年度）教諭　岡 千愛

プロジェクト概要

重度重複障がいのある児童生徒の学習内容について、学習指導要領小学部１段階の効率的な繰り返しかつ同じ題材の繰り返しを防ぐための単元配列表及び年間指導計画事例集を作成し、障がいの重い子どもたちの学びを学習指導要領に沿って保障する。

1　問題・目的

障がいの重い児童生徒は、学習指導要領の目標・内容の小学部１段階を繰り返すことが多い。担任が替わるたびに同じ内容や目標の設定が繰り返され、自分から発信や拒否をすることが難しい子どもたちは、「それは去年もやったよ。」「またそれやるの。」「違う勉強がいいな。」等の声を発信できず、また教員はそれに対し“注視できない”“自分から手を伸ばすことができない”などと評価をしてしまうことなどが繰り返されてきたと考えられる。

１段階プロジェクトは、上記のような問題を少しでも解消し、障がいの重い子どもたちが“毎回同じことの繰り返し”から脱却し系統的に学習していくため、また教員の“何を教えれば良いのだろう”、“目標・内容設定の困り感”を解消するために、単元配列表や年間指導計画を作成していくプロジェクトである。

2　方法と実際

（1）学習指導要領小学部１段階の目標・内容の配列の考察と活用の仕方

小学部１段階の教科（生活、国語、算数、音楽、図工、体育）の内容を**３年間で学びきると仮定**し、どの順番で学ぶとより学びやすいか、どの順番で取り組むと学習内容が重複しないかなどに重点を置きながら考察し、配列した。なお、生活は学年が上がると社会、理科、職業家庭へとつながるため、その分野ごとに分けて配列した。

また、**３年間で学びきれなかった場合は、再度配列表を繰り返し取り組むが、その際に題材や方法を１回目のサイクルの時と変更して取り組む**。小学部１～３年、小学部４～６年、中学部１～３年、高等部１～３年の４サイクル実施が可能。また、１段階が達成できたと評価できれば２段階へ進むことも可能。その際は、通常の小学部２

年の単元配列表へ。

→『重度重複小学部１段階　単元配列表（３年計画）案』

（２）各教科で配列表に即した指導内容の具体例の検討

学習指導要領小学部１段階の内容の具体的な指導例や題材の具体例を、配列表に沿って学ぶとした時にどのようなものが考えられるか、また今までどのような指導をしてきたかを年間指導計画として教科ごとに作成。

→『１段階年計（生活、国語、算数、音楽、図工、体育）』

※原案であるため、今後実施した教員がその児童生徒ごとに追加入力していく形で作成。また、これが今後「学びの履歴」として活用できるように形式等を考察していきたいと考える。

【引用・参考資料】

これらの研究を参考に、小学部１段階の資質・能力に合わせて、指導事例を整理した。

- 『特別支援学校学習指導要領　小中学部　各教科』
- 鹿児島県総合教育センター令和２年度長期研修研究報告書『「できることが増えた。」を実感する重度・重複障害児の教科指導』鹿児島県立皆与志養護学校教諭　前岡 圭太
- 広島県立福山特別支援学校『重度･重複障害児のアセスメントチェックリスト―認知･コミュニケーションを中心に― ver.8.0 対応　学習内容表』

小学部　1段階　算数　年間計画	
指導内容	**考えられる指導例**
「A 数量の基礎」 ア 具体物に関わる数学的活動	「あるかな、ないかな」 「どれでしょう」
（ア）知識及び技能 ㋐ 具体物に気付いて指を差したり，つかもうとしたり，目で追ったりすること。 ⇒混沌としたものの中から、注視することによって特定の事物を取り出せる。 ㋑ 目の前で隠されたものを探したり，身近にあるものや人の名を聞いて指を差したりすること。 ⇒ものは見えていなくても存在し続けることを理解、ものの名称を聞きそのものを見る、指を差す、取り上げるなど	○手に物が触れ，握ろうとすること。 ○提示された物（光刺激，動画，絵本など）に気付き，見ようとすること。 ○絵本や画面，光る玩具などを目で追うこと。 ○話し掛けられる声や音楽などに気付き，反応で表すこと。 ○食べ物が近付くと口を開けること。 ○手に持った物を見ること。 ○目的の物を意識し，触れようと手足を動かすこと。 ○目的の物を捉えて，握る，放す，たたく，押す，投げる，抱えるなどをすること。 ○自分でたたいたり，振ったりして楽器の音を出し，その音に気付くこと。 ○スイッチ入力のフィードバック（光，振動，音など）に気付くこと。

1段階の学びをしっかりと履修できるように、3年計画で単元を配列している。

		コ:学校 / コ:家族・親戚・近所の人
	理科	サ:自然との触れ合い / サ:植物の栽培 / シ:風の力の働き
国語	聞く・話す	ア(ア)身近な人の話し掛けに慣れ,言葉が事物の内容を表していることを感じること。(知技) / Aイ 身近な人からの話し掛けに注目したり,応じて答えたりすること。(思表判) / ア(イ)言葉のもつ音やリズムに触れたり,言葉が表す事物やイメージに触れたりすること。(知技) / イ(イ)遊びを通して,言葉のもつ楽しさに触れること。(知
	読む	Cエ 絵本などを見て,次の場面を楽しみにしたり,登場人物の動きなどを模倣したりすること。(思判表) / イ(ア)昔話などについて,読み聞かせを聞くなどして親しむこと。(知技)
	書く	イ(ウ)書くことに関する次の事項を理解し使うこと。㋐いろいろな筆記具に触れ,書くことを知ること。(知技)
算数	数量の基礎	㋐具体物に気付いて指を差したり,つかもうとしたり,目で追ったりすること。(知技) / ㋑目の前で隠されたものを探したり,身近にあるものや人の名を聞いて指を差したりすること。(知技)
	数と計算	㋐ものの有無に気付くこと。(知技)
	図形	㋐具体物に注目して指を差したり,つかもうとしたり,目で追ったりすること。(知技)
	測定	㋐大きさや長さなどを,基準に対して同じか違うかによって区別すること。(知技)

(3) 高等部で学習指導要領小学部1段階を学ぶ子どもたちの学習指導要領高等部1段階の内容の検討

高等部の学習指導要領では、以下のように示している。

> 高等部の各教科・科目(知的障害者である生徒に対する教育を行う特別支援学校においては各教科。)の目標及び内容の一部を、当該各教科・科目に相当する中学部又は小学部の各教科の目標及び内容に関する事項の一部によって、替えることができること。

つまり、高等部に入学した生徒は、重度重複障がいがあり、小学部1段階の内容をじっくりと繰り返し学ぶ生徒にとっても、全てを小学部の目標及び内容を替えることができない点を指摘している。

そこで、本校では、以下のように考えて例を挙げている。

＜高等部　国語の場合＞

高等部用　＊一部高等部内容(目標及び内容を全部下学部内容に替えられないため) 小学部　1段階　国語　年間計画	
指導内容	考えられる指導例
一部取り扱う内容　高等部1段階 **ウ　我が国の言語文化** (ウ)幅広く読書に親しみ,読書が,必要な知識や情報を得ることに役立つことに気付くこと。	小3上:P30~図書館へ行こう 小3上:P102~本は友だち 小4上:P28~図書館へ行こう 小4上:P100~本は友達
ア　言葉の特徴や使い方 (ア)身近な人の話し掛けに慣れ,言葉が事物の内容を表していることを感じること。 ○身近な人(教師、大人や兄弟、友達)からの話し掛けに耳を傾け、人との関わりの中で言葉が用いら	※特別支援学校独自 ○声や音がする方向を見たり,耳を傾けたりすること。 ○特定の人の声や音,音楽などを聴き,快の反応や表情で応えること。(苦手又は不慣れな人の声や

<高等部　社会・理科の場合>

高等部用　＊一部高等部内容（目標及び内容を全部下学部内容に替えられないため） 社会・理科・職業・家庭 小学部　1段階　生活　年間計画	
指導内容	考えられる指導例
社会 **一部取り扱う内容　高等部１段階** カ 外国の様子　教科別の指導 （ア）グローバル化する世界と日本の役割に関わる学習活動 ㋑ 外国の人々の生活の様子などに着目して，日本の文化や習慣との違いについて考え，表現すること。	「世界の中の日本」 ①日本とつながりの深い国々 ＊小６、「世界の未来と日本の役割」については、取り扱わず
理科 **一部取り扱う内容　高等部１段階** B 地球・自然　教科別の指導 イ　天気の変化：天気の変化の仕方について，雲の様子を観測したり，映像などの気象情報を活用したりする中で，雲の量や動きに着目して，それらと天気の変化とを関係付けて調べる活動 （ア）次のことを理解するとともに，観察，実験などに関する初歩的な技能を身に付けること。 ㋐ 天気の変化は，雲の量や動きと関係があること。	参考 「雲と天気の変化」＊小5 ①雲のようすと天気の変化 ②天気の変化のきまり ＊小の5年指導要領と同じ。「調べる」が「追究」になっているだけ。

普通、資質・能力を育む特性上、ほぼ３観点で、バランスよく育まれることになっているが、高等部の１段階～２段階の内容については、小学校４年生～６年生の程度の学びがあり、小学部１段階の学びの生徒が、同じように知識・技能や思考力・判断力・表現力等を活用し合いながら学びを高めていくことは難しい状況にある。全ては替えられないので、一部を取り扱っている。この場合は、高等部の段階に応じた指導というよりは、その領域を触れて親しんだり、触れたりするイメージである。

今後、この在り方についても研究を進めていかなくてはならない。

3　まとめ

障がいの重い子どもたちは、自分から伝えることが難しいことが多い。だからこそ、私たち教員側の細やかなで丁寧な読み取りや長期的に見通した学習の計画が重要となってくる。

１段階プロジェクトは、まだまだ現在進行形である。私たち特別支援学校の教員は、誰もが障がいの重いお子さんを受け持つ可能性がある。その時に「分からないから。」とは言えないはずである。しかし、重度重複のお子さんを受け持つ時には、不安や分からないことが非常に多いのも事実である。そんな時に、共通で活用できるもの、目標や評価、学習内容のヒントとなるものがあれば、「この子を受け持ってみよう」という前向きな気持ちになるのではないか。

まだ継続的な取組が必要であり、今後も、愚直に考え、カリキュラムとして整備できるようにしていきたいと考える。

【１段階プロジェクトの協力者】

富村和哉	飯田里佳子	根本麻美	青木梨紗	堀内洋子	佐々木玲奈
遠藤砂絵	相原聖美	大関克也	黒澤圭太	冨山淳史	渡邉栄子

研究のポイント解説！

重度重複障がいのある子どもたちにとって、学習指導要領の着実な実施とは、繰り返し学ぶ場合の系統性や単元配列表はどのようになるのか。カリキュラムとして整えることで、誰もが安心して指導を受けられ、誰もが安心して指導をすることができる。子どもも、教師も困ったという視点に対して、任意でプロジェクトが立ち上がり、研究を進めた。現在も進行形、検討中であるが、今後の取組として必要な視点とその方向性を本校に示唆した研究である。

研究テーマ 7

一人一台端末に向けた取組
～ICT 活用目的の整理と実践事例～

（令和４年度）教諭　大関 克也・教諭　安島 孔史郎

1　校内環境について

小・中学部はGIGA スクール構想により、一人一台端末の整備完了しており、各授業でタブレット端末iPad を使用している。

高等部に関しては、１年生が10月より自身の端末を持てるようになり、２・３年生は学校のパソコンやタブレット端末の貸し出しを行いながら授業を実施している。また、最近整備が完了した物の一つとして、校内配信の整備を行ってきた。本校の文化祭ではリモートで、保護者向けの配信をYouTube を用いて行っていたが、画像の乱れやフリーズといった課題が見られた。

そこで、校内のネットワークを使ってできないものかとICT 支援員に相談したところ、YouTube のように一度外部のネットに接続しなくても、校内のみでできる方法があるということで、授業参観等で試し成果を上げた。

2　校内研修「教師寺子屋」について

本校はいろいろな校内研修があるが、その中でもICT に関する教師寺子屋を今年度は３回実施した。

１回目は、業務効率化のためのPC 研修。デスクトップの整理やショートカットキーの使い方について実施した。デスクトップを整理すると、業務効率化、ケアレスミスの防止、セキュリティの向上、パソコンの動作を軽くするというメリットを得られるだけでなく、「あなたの心に余裕を作る」ことができるなどを伝えた。また、ショートカットキーなどの便利な機能も紹介した。

研究のポイント解説！

デジタル推進部は、指導技術だけでなく、業務改善の視点で研修を行い、本校の働き方改革に貢献した！

２回目は、「授業を生かすICT ①」ということで、JAMBOARD の使い方について研修した。

JAMBOARD は、生徒の意見の集約のためQR コードを使った簡単な接続方法や付箋、写真の貼り方など生徒の視点で取り組めそうな内容である。

実際に操作しながら行うことで、授業でのアイディアが広がったように思う。

３回目は「授業に生かす ICT ②」ということで、学校のタブレット端末に入っている Google レンズや MIYAGI TOUCH というアプリを使った研修を行った。

Google レンズはカメラ機能を使って物を撮影することで、その名前などの情報を教えてくれる。理科などの授業で実際に扱った事例などを紹介した。

MIYAGI TOUCH については、このように手元を写真で撮影することで、⇒を記入したり、◎を付けるなど電子黒板のような使い方ができると紹介した。

②校内研修「寺子屋」について

Ⅲ「授業に生かすICT〜授業形式で学び使おう!!〜」

学校のタブレット端末に入っているアプリの授業場面での活用方法

GOOGLE レンズ

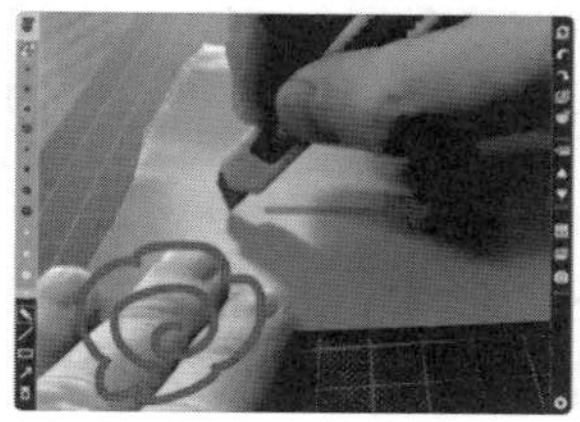

MIYAGI TOUCH

研究のポイント解説！

具体的な指導技術が高まる教師寺子屋の実施で、「授業に活かしました！」という声が多く聞かれるようになった。

教師寺子屋の様子

3　実践事例について

理科「水溶液の性質」では、Jamboradを用いて学習を行った。既存の知識やインターネットを活用して調べたことを共有することで、今後の学習の予備知識を得ることができる。

初めて知る事柄や単語に興味をもつことができ、そこから新たな疑問が生まれ、さらに学習を深めようとする姿勢が見られた。

課題として、インターネットを活用して得た情報は精査が難しいことが挙げられた。調べた内容が学習段階から大きく外れていたり、理解していない事柄をコピーペーストしていたりすることもあるため、それらを補完しようとすると時間がかかってしまい、授業の進行が滞る場面があった。

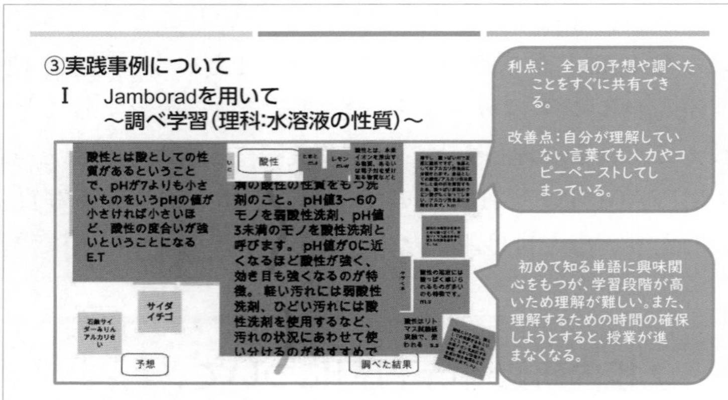

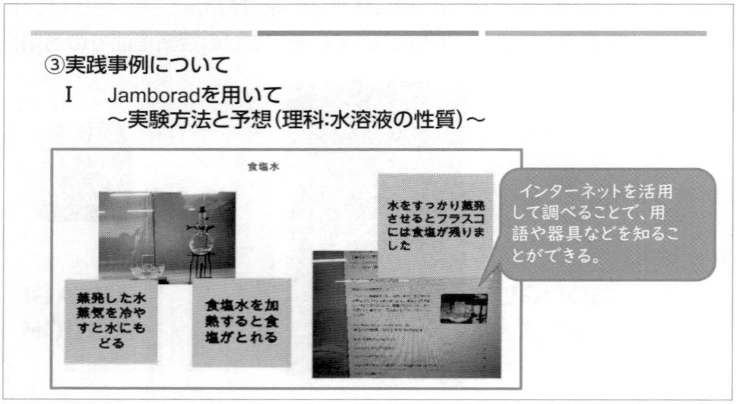

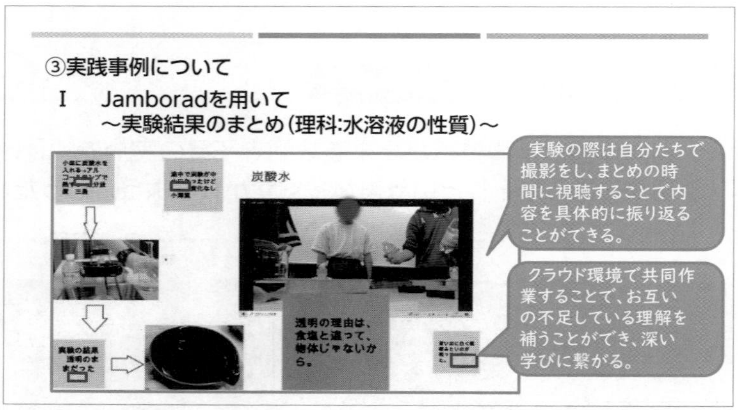

続いて同単元で、食塩水から食塩を取り出す実験を行った。

それぞれが調べた実験方法を共有することで、細かな違いがあるものの、「火を用いて加熱することで食塩を取り出すことができる」という共通点を見出し、実験の要点・結果への具体的なイメージや見通しをもつことができた。

また、今回の目的は「食塩を取り出すこと」だったが、「蒸発した水を元に戻す方法」

を発見をした生徒もおり、新しい学びにつなげ、共有する姿も見られた。

実験中は生徒それぞれがカメラ機能を用いて動画や写真を撮影しました。撮影する角度が異なるため、水の蒸発している様子だったり、食塩が浮かび上がる様子だったり、それぞれが何に注目していたかが記録として残る。それを見て振り返ることで、当日の様子を思い出しスムーズにまとめを行うことができた。
また、それらを用いてクラウド環境を用いて共同で編集することで、お互いが気付いたこと共有したり、不足している部分を補ったりして対話的な学びの場面を見ることができた。

このように、実践を積み重ねてくると、ICT 機器の活用といっても、その意図によって活用場面が明確に異なることが見えてきた。

本校では、ICT を活用するに当たり、次のように整理しながら、授業を行ってきた。

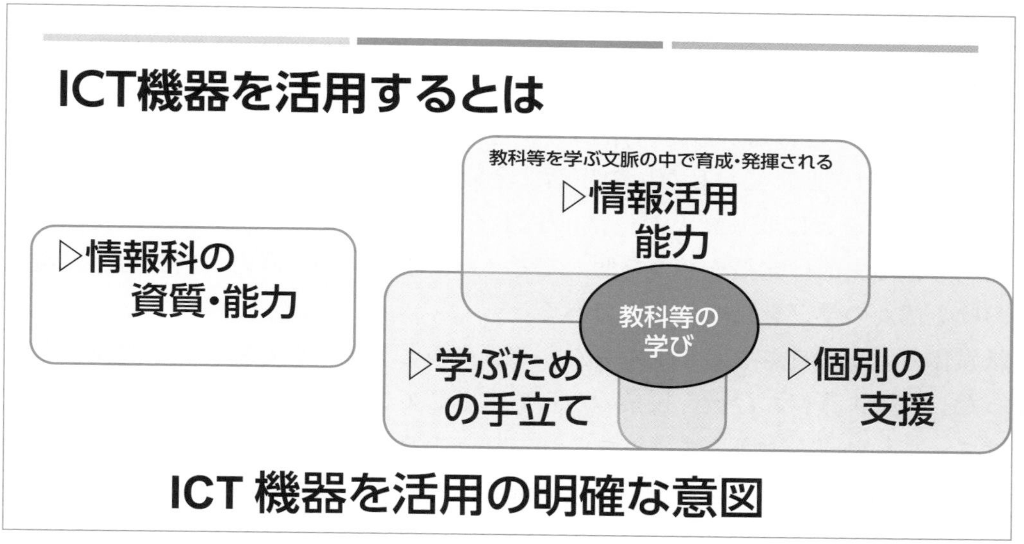

一つ目は、シンプルに情報科の資質・能力を育む場面、二つ目は、教科等の学びを深めるために、情報活用能力・学ぶための手立て・個別の支援という３つの整理ができ、ICT 機器を活用する側の明確な意図を持ちながら授業を行う事が大事であり、ICT ありきの授業にならないようにするためのポイントと考えている。

例えば、高等部の１年生社会の授業では、沖縄の支援学校と先生とリモート授業を行った。そこで、『学ぶための手立て』として、実際に、暖かい地域に住んでいる人から、その地域の話を聞いて学ぶなどの Google meet でつながり、本物の情報に触れるなどをした。

また、『学ぶための手立て』や『情報活用能力』として、相手の話を聞きながら、ジャムボードに、気になったことをメモし、お互いに気付きを共有し、学びを深める。などのジャムボードにて、考えの幅を広げ、活用の方法も学べるようにした。

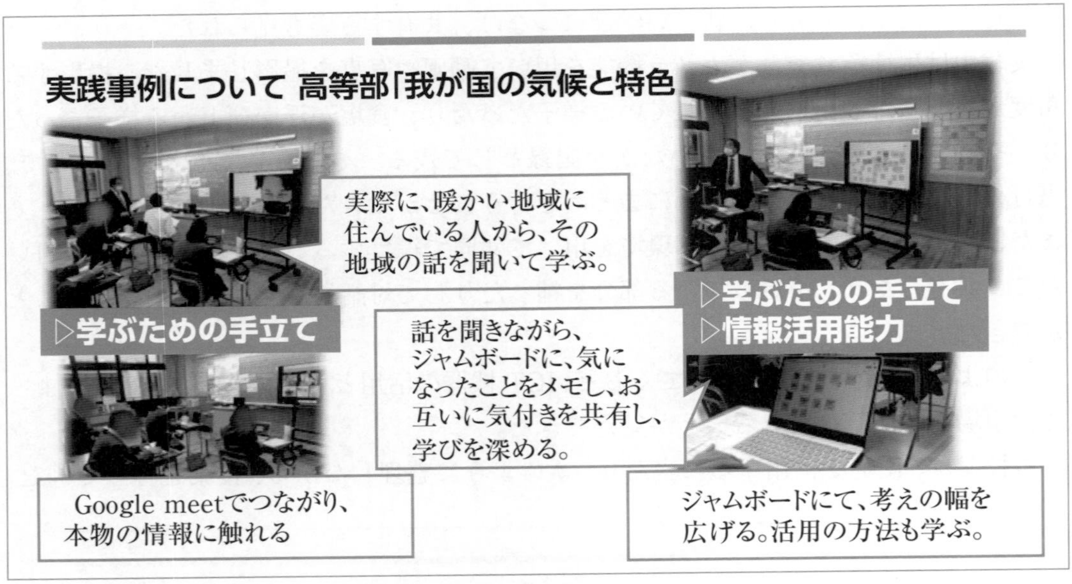
実践事例について 高等部「我が国の気候と特色
実際に、暖かい地域に住んでいる人から、その地域の話を聞いて学ぶ。
▷学ぶための手立て
▷学ぶための手立て
▷情報活用能力
話を聞きながら、ジャムボードに、気になったことをメモし、お互いに気付きを共有し、学びを深める。
Google meetでつながり、本物の情報に触れる
ジャムボードにて、考えの幅を広げる。活用の方法も学ぶ。

次に高等部の紙すき班の事例である。『学ぶための手立て』として、ジャムボードにて、考えの幅を広げる。また、QR コードを読み取る技術、活用の方法も学ぶことや、『情報活用能力』として、私たちの生活で金銭を払ってサービス、購入している物の考えを集めることに取り組んだ。常に ICT を使えばいいというわけではなく、すぐに印刷し、優先的に支払うものを個人で考える。家庭科の思考力・判断力・表現力等における個別の学びを見取るためである。

紙媒体で考える良さなどを生かした、デジタルとアナログの融合させた授業をおこなった。このように、今後、授業のねらいに応じて、デジタルとアナログをどう使い分けて、より効果が上がるようにするか、様々な高校での実践でも指摘されている部分であり、本校でも取り組んでいきたい部分である。

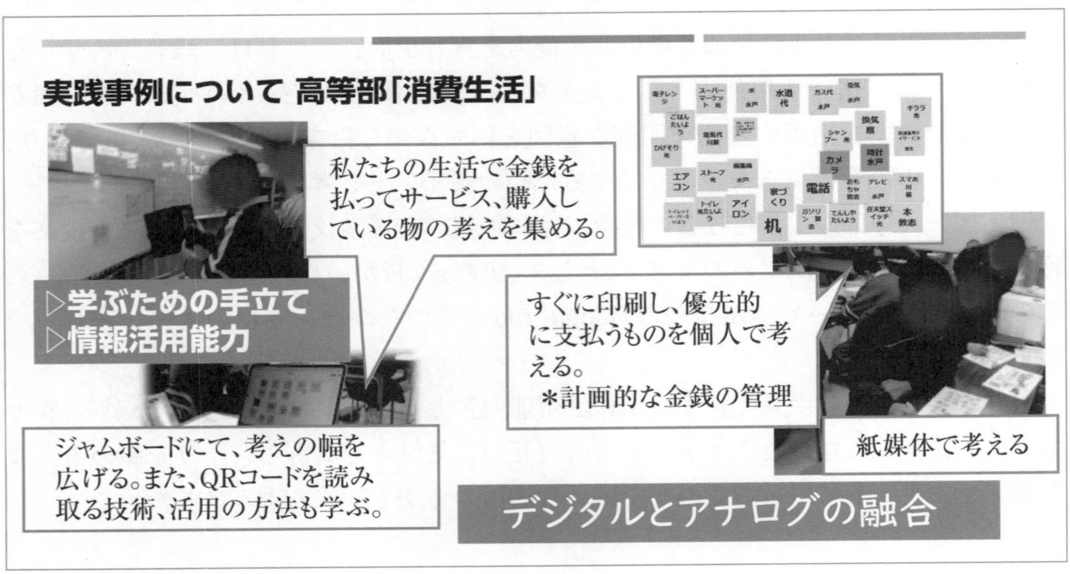
実践事例について 高等部「消費生活」
私たちの生活で金銭を払ってサービス、購入している物の考えを集める。
▷学ぶための手立て
▷情報活用能力
すぐに印刷し、優先的に支払うものを個人で考える。
＊計画的な金銭の管理
紙媒体で考える
ジャムボードにて、考えの幅を広げる。また、QRコードを読み取る技術、活用の方法も学ぶ。
デジタルとアナログの融合

研究のポイント解説！

ICT ありきの授業にならないように、アナログの方が、資質・能力として、より育むことができる場合は、デジタルにこだわらない。これからは、あえて、デジタルとアナログの融合が鍵になってくることを示唆している。

4　まとめ

ICT を活用するということは、次のように整理することができると考える。

○学ぶための手立て

教科等の学びを深めていくために、Google meet、ジャムボード、各種資料等の活用していく際に活用

○情報活用能力

基礎的な情報に関する知識・技能（検索の仕方、方法）を学んだり、文脈の中で情報モラルやアプリの活用方法を学ぶ際に活用

○個別の支援

例えば、感想文で、音声出力で考えを入力して、文書に書いていく等の支援の際に活用

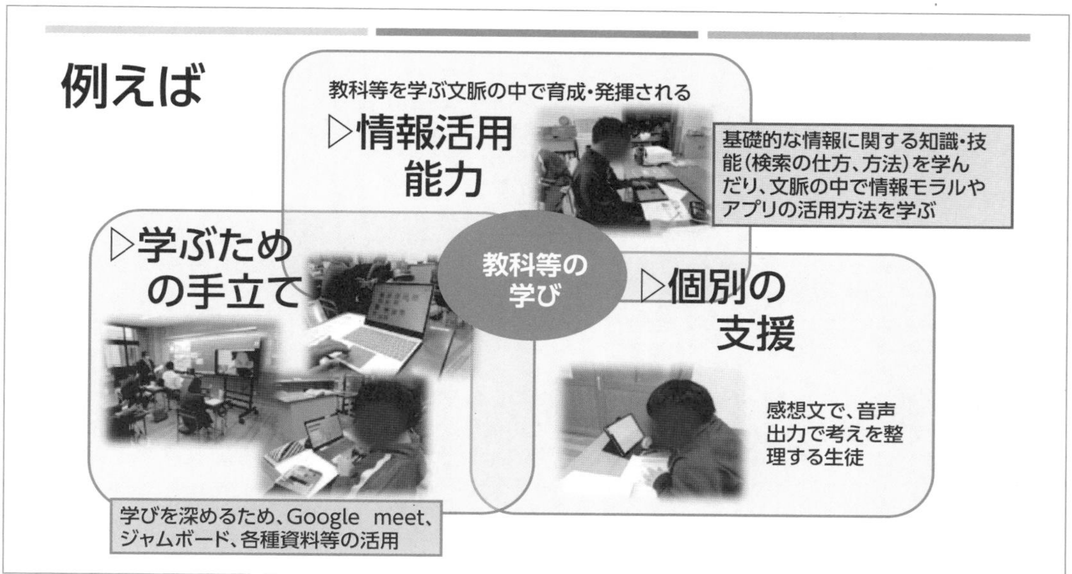

ただタブレットを使うのではなく、教師側がきちんと整理し、明確な意図をもつことで、さらに学びが深まると考えている。

研究のポイント解説！

本校のデジタル推進部は、日常的な取組の中で推進を図っている。だからこそ、令和４年度、学校全体でICTの活用事例が増えたと考える。

さらに、ICTの活用は、教育活動ではどのような場面なのかを整理することで、ICTありきでの授業ではなく、授業者が整理して取り組むことができるので、「情報活用能力」を育んでいるのか、「教科等の学び」を深めるために活用しているのか、意図的に活用することができる。逆に、意図がはっきりしていれば、デジタルより、アナログを活用した方がいい場面もある。ICT活用という言葉が多い中、本校では、資質・能力の育成という本質に向かって、場面に応じて活用していこうということを考えさせる取組となった。

令和４年度にホームページに掲載したICT活用実践例はこちら！

終章

単元研究やカリキュラム・マネジメントの成果

単元研究や
カリキュラム・マネジメントの成果

この資質・能力に向き合った単元研究や教育活動の質の向上を図るためのカリキュラム・マネジメントの成果はどうだったのか。

それは、そこで学ぶ子どもたちが、私たちの最大の評価者である。

高等部２段階の学びで「古文に親しむ」の単元で、枕草子を取り扱っていた時の話である。指導内容は、古文を音読しながら言葉の響きやリズムに親しむことである。

【授業場面①】

「春はあけぼの、やうやう白くなりゆく、山ぎはすこしあかりて、**むらさき**だちたる雲のほそくたなびきたる。」

生徒Ａ　「あ、先生、分かった！！なんで、むらさきになるか。太陽の赤と空の青が混ぜた感じが紫になる！！美術で習った、色の三原色！」
生徒Ｂ　「僕は、作業学習で習った！」
教　師　「これさ、美術で習っていなかったらどうなの？」
生徒Ａ　「これは、思いつかない。（ハッとした様子で）だから、美術を学ぶんだ！」

正直、この発言を聞いた時は、私も授業をしていて本当にしびれた。

まさに学習指導要領の内容ベースでカリキュラムを整え、教科等の関連を単元配列表で意図的に改善したり、修正したりすることによって、教科で学んだことが活用の幅を広げている瞬間が出た発言だった。また、「あ、先生、分かった‼」との発言から、美術の学びを活用して解決できるという“問題発見・解決能力”につながっていく瞬間が垣間見えた。

つまり、カリキュラム・マネジメントが実現できていることを生徒たちが教えてくれたのである。

この授業だけでなく、「○○の授業で学んだことを使って・・・」という発言が自然と生徒から聞くことが多くなってきた。この学びのつながりは、教員同士のつながりも生み、私たちが授業という仕事の本質において喜びを感じ、次の授業、次の単元を研究していくサイクルにつながっていった。

また、生徒たちは本校で学んだ実感についても語り始めた。

＜本校での学びについて（高等部２年生）＞

生徒Ａ　「**これまでは（中学校までは）理科は理科で学べばいい、美術は美術で学べばいいと思っていた。**ここにきて・・・」
生徒Ｂ　「**入学当初は、そんな感じと思っていた。**」
生徒Ａ　「**授業で学びがつながっている。**」
教　師　「学びがつながると何がいいの？」
生徒Ａ　「**学んだことを振り返ることができる。**」
生徒Ｂ　「なんて言えばいいんだろう。教科、美術とか理科とか、**いろんな教科がまざりあっているんだなぁって。**」
生徒Ｃ　「つながればつながるほど、**つながればつながるほど、想像ができる。**」
生徒Ａ　「**つながればつながるほど、学習が面白くなってくる。**」
「この取組を（続けていけば）生徒も広がって、**どんどん大人になっても学べる。**」

「授業で学びがつながっている」

これが私たちの取組に対する評価である。生徒自身が実感していることをとても嬉しく思う。

また、生徒たちの言葉の中には、なぜカリキュラム・マネジメントに取り組む必要があるのか、その意義や重要性を表す、本質に迫る言葉にも出会うことができ、正直嬉しく思う。

このような成果につながってきたのも、研究授業等の特別な授業だけでなく、本校の教師一人一人が単元案等を活用しながら、愚直に取り組んできた積み重ねだと感じている。

単元構想が充実するからこそ、子どもたちの新たな学びを引き出し、学びに浸る姿、学びを味わう姿に教師が出会うことができる。それは、私たち教師の充実感や喜び、生きがいにもつながっていくと感じる。だからこそ、今後も、本校の育成を目指す資質・能力に向かって、私たち教師も日々学び続け、愚直に単元に向き合い、日々、実践していきたいと考える。

本校の取組のゴールは常にシンプル！
「本校の育成を目指す資質・能力」
を充実するための研究・研修！

【引用・参考文献／サイト】

浅田すぐる（2016）『トヨタで学んだ「紙１枚！」にまとめる技術』三省堂印刷

新しいカリキュラムを創造するプロジェクトチーム（2019）「相馬支援学校の教育課程の抜本的見直しに係る改善及び必要な方策等について（答申）」

遠藤哲哉・小野寺哲夫（2007）「自治体経営における学習する組織－福島県内自治体のデータを用いた組織戦略と組織心理学的観点との統合－」『青森公立大学経営経済学研究』第13巻第１号

遠藤哲哉・小野寺哲夫（2008）「自治体経営における『学習する組織』尺度の基礎研究－ソーシャルキャピタルを含む10因子モデルからOJL研修の有効性を実証的に検討する－」『青森公立大学経営経済学研究』第13巻第２号

大分県教育委員会Webサイト「『育成を目指す資質・能力』の三つの柱を踏まえて行う教育目標の設定・見直し」について

https://www.pref.oita.jp/uploaded/life/2006565_2034484_misc.pdf

小田理一郎『「学習する組織」入門』(2017) 英治出版

髙木展郎（2016）『「これからの時代に求められる資質・能力の育成」とは－アクティブな学びを通して－』東洋館出版社

髙木展郎（2015）「変わる学力、変える授業。21世紀を生き抜く力とは」三省堂印刷

髙木展郎（2019）「評価が変わる、授業を変える　資質・能力を育てるカリキュラム・マネジメントとアセスメントとしての評価」三省堂印刷

中央教育審議会（2016）「幼稚園、小学校、中学校、高等学校及び特別支援学校の学習指導要領等の改善及び必要な方策等について（答申）」

中央教育審議会（2011）「今後の学校におけるキャリア教育・職業教育の在り方について（答申）」

中央教育審議会（2021）「「令和の日本型学校教育」の構築を目指して～全ての子供たちの可能性を引き出す、個別最適な学びと、協働的な学びの実現～（答申）」【概要】

東京都立光明学園（2018・2019）「全国公開研究会資料」

東京都立光明学園（2018）『授業者支援会議を活用した「授業改善」の勧め』

奈須正裕（2018）『「資質・能力」と学びのメカニズム』東洋館出版社

福島県教育委員会（2019）「平成31年度学校教育指導の重点」

福島県教育委員会（2019）「頑張る学校応援プラン」（一部改訂）

福島県特別支援教育センター（2018）「小・中学校、高等学校におけるインクルーシブ教育システム推進のためのコーディネートハンドブック」

福島県特別支援教育センター（2020）「もっといいチームになるヒント－OJL－」

文部科学省（2018）「特別支援学校幼稚部教育要領 小学部・中学部学習指導要領 平成29年４月告示」海文堂出版

文部科学省（2018）「特別支援学校教育要領・学習指導要領解説総則編（幼稚部・小学部・中学部）」開隆堂出版

文部科学省（2018）「特別支援学校学習指導要領各教科等編（小学部・中学部）」開隆堂出版

文部科学省（2018）「特別支援学校教育要領・学習指導要領解説自立活動編（幼稚部・小学部・中学部）」開隆堂出版

あとがき ～感謝を込めて～

相馬支援学校の校舎内には、「学校として育成を目指す資質・能力」と、その達成を目指す「学校教育目標」を大きな木の絵で示したパネルが、数カ所に掲示されている。そして、現在行われている実践の根拠は、全てこの「木」で説明ができる。

この本で紹介されている相馬支援学校の実践を端的に表現すると、「愚直」で「大胆」で「スピード感」のある実践と言える。「なぜ、何のために」という本質を常に意識し、説明ができる実践を積み重ねた結果、子どもたちへの確実な「資質・能力の育成」と教員の「専門性向上」、そして学校としての「組織力」が高まったと言える。

私は平成30年4月に、新任校長として相馬支援学校に着任した。その2年後には南相馬市への校舎新築移転が予定されており、私に課されたミッションは、「移転作業を円滑にこなし、新たな学校としてのスタートを切ること」であった。

当時の相馬支援学校の学習環境は、決して良いとは言えなかった。昭和40年代に建てられた校舎は老朽化・狭隘化がひどい上に、体育館はなく、校庭も隣接する中学校の校庭の一部を借用していた。特別教室も不十分で、体育の授業やほとんどの学校行事等も、普通教室よりわずかに広いスペースで行われていた。当然、教師が思う授業ができる環境ではなく、子どもたちにとってもストレスを感じる環境であった。

言い換えれば、校舎が新しくなり、広く、必要な施設設備が整えば、授業の質は確実に向上する。しかし、それだけで本当に学びの充実につながるのだろうか。新しい建物、新しい地域、そして何よりも子どもたちの教育的ニーズに見合った学習が提供されるのだろうか…。今回の実践のスタートは、まさにここであった。

相馬支援学校が創立された昭和46年当時の社会状況を見れば、まだまだ知的障がい者の権利は十分に保障されておらず、「自立と社会参加」が謳われることもほとんど無かった時代である。そのことは、「学校教育目標」や「校歌の歌詞」などからも読み取ることができた。そこで、全職員で学校教育目標の分析を行ったところ、「学力」に関する文言が不足していることが明らかになった。新しい学校のスタートに当たっては、まず「学校教育目標」の見直しから着手することとした。

折しも、学習指導要領が全面的に改訂された時期と重なったことや、新しい土地でスタートすること、そして移転する令和2年度は学校創立50周年の節目に当たること、この3点は、抜本的な見直し（改革）をする上で大きな後押しにもなった。

平成31年度（令和元年度）に、まずは「学校として育てたい姿（資質・能力）」を明らかにした上で、その実現のための「新たな学校教育目標」を設定し、その目標に基づく教育課程の整理をするという手順で作業を進めることとした。私は校長としてこの方向性を示し、基本となる考え方の整理は、日々子どもたちと向き合っている最前線の先生方の考えを反映させるために「プロジェクトチーム」を編成し、審議を一任（諮問）した。

校長の諮問を受けたプロジェクトチームは、メンバーがその名称を「新たなカリキュラムを創造するプロジェクトチーム」と名付け、数カ月にわたって複数回の審議を重ねた。校長は進捗状況の報告を受け、一度だけ、「キャリアの視点も忘れないで」と意見したが、それ以外は最終報告までチームに全てを任せた。８月末にチームから審議の結果を、36ページにわたる「答申」として受け取り、それ以降は、その答申を基に全職員での教育課程の見直しを進めることを指示し、作業に取りかかった。

並行して、校務分掌の在り方についても見直しも行った。各部、各学部の主事・主任には、それぞれが所管する部・学部の事業内容を１枚のポンチ絵にまとめ、業務を可視化するよう指示した。それを外部有識者にプレゼンし助言を受けた上で、全てのポンチ絵を並べ、業務の関連性を明らかにした。生徒指導部・進路指導部・保健部などの業務と授業を関連付けたり、教務部と研修部の連携により、日常の研修内容をより授業に近付けたりすることができた。また、渉外部や地域支援センターの役割も明確になり、分掌全てが子どもたちの学びに直結することを実感できる編成ができた。

さらに、授業研究会を「授業者支援会議」の視点で実施するとともに、授業参観や事後の協議の視点を明確にして実施することで、授業者のみならず、参加者全員の学びの場とすることができた。この取組から見えた様々な課題について、研修部が中心となって改善策等を作成･提案し､全員で実践･評価していく形が自然に生まれてきた。

他校の好事例も積極的に取り入れた。その実践がなぜ行われたのか、どのような成果につながったのかを分析し、自校にあった方法にアレンジして取り組むことで､「オリジナル」に進化した実践も多い。相馬支援学校の実践は、単なるカリキュラム・マネジメントではなく、学校マネジメントとして進めてきたものであり、まさに先生方が作り上げてきたものである。

「校長は何もしていないのではないか」…全くその通りである。私は校長として､「目指す姿」としての軸を示しただけで、その具現化は全て先生方の力によって実現してきた。常に指導の最前線に立つ先生方の思いやポテンシャルを「信じて任せる」ことが、私が行った唯一のことである。強いて言えば、「○○っていいよねぇ。」などのつぶやきは多かったかもしれないが…。

令和２年４月に、新校舎での学習がスタートした。新型コロナウイルス感染症の拡大が始まった時期と重なり、様々な学習に制限が設けられたことは残念であるが、子どもたちの学びは確実に変化した。新しい校歌は、子どもたちや教員の言葉で歌詞を紡ぎ、子どもたちをよく知っている教員が作曲をした、未来への可能性を感じる素敵な曲である。

この実践はまだ「完成形」ではなく、更に進化する余地がある。相馬支援学校が一つの形を示した意義はとても大きく、少しでも関われたことを嬉しく思うとともに、先生方には感謝の思いでいっぱいである。各学校において、子どもたちのよりよい学びを「愚直」に追求する組織にさらに発展する参考として、この実践が役立ってくれれば幸いである。

令和５年３月
福島県特別支援教育センター　所長　鈴木　龍也

最 後 に ～この4年間を振り返って～

この4年間は、学習指導要領の着実な実施に向けて、様々な挑戦の連続でした。

“従来”の考え方の踏襲ではなく、学習指導要領を読み込み、“本当にやるべきことは何か”を洗い出し、それが持続可能になるように本質を見極めて取り組んできました。ただし、仕事のビルド＆ビルドでは現在の多忙な業務の中では持続可能にならないと考えます。そのために、これまでの慣習だけで取り組んできた研修や形式等については、思い切って廃止するなどして、学習指導要領の着実な実施に向けて研修関係の業務改革にも取り組んできました。

その中で開発された単元案は、研究開始から３年間で400以上の単元で活用されました。単元をコントロールすることで、子どもたちの学びを引き出し、単元が充実することにつながっていることを実感し、研究授業だけでなく、普段の単元の中でも自然と広がってきました。まさに、相馬支援学校の教員の授業や単元に真摯に向き合うプロとしての姿勢だと思います。私も同じ授業者としていつも刺激を受けています。そして教員同士で、子どもたちを新しい学びに導いた瞬間を語り合う、楽しむ会話も多く聞かれるようになり、授業に、単元に浸る雰囲気が広がってきていることも嬉しく思います。単元研究や教師寺子屋等を通して、**授業のプロになるために、高め合っていこうとする相馬支援学校の教員は正直すごいと思います。**

しかし、ここに至るまで、カリキュラム等で解決しなければならない様々な問題点にもぶつかってきました。私たちが向き合ってきた問題は、そもそも全国的に調べても明確な答えや見本が示されていない問題が多かったのですが、令和２年度、令和３年度、令和４年度の研修部の教員たちが「誰かがやってくれる」を待つのではなく「自分たちがやるしかない！」と自ら立ち上がり、課題解決のために突破する力強さがありました。まさに、研修部の教員たちが、子どもたちだけでなく、働く同僚のために、全国で悩んでいる先生方のために、well-beingの気持ちをもって働いていたように思います。このようなメンバーたちと一緒に働けたことに本当に幸せを感じます。

今後も、一人一人が単元研究をして互いに学び合い、「ちょっとベター」を積み重ねながら「教育活動の質の向上」を図り、本校の育成を目指す資質・能力を着実に育むことができるように愚直に取り組んでいきたいと思います。

本校の実践が、全国の多くの先生方の少しでも明日への一助になれば幸いです。

最後になりましたが、本校の研究や発刊にご協力いただきました、田中裕一様、加藤宏昭様、丹羽登様、小野寺哲夫様、独立行政法人国立特別支援教育総合研究所、福島県特別支援教育センター、そして子どもたちの授業のために語り合った全ての先生方、ジアース教育新社の皆様には、多大なるご支援、ご協力をいただきました。

改めて感謝申し上げます。今後ともご指導の程、よろしくお願いします。

令和５年３月

福島県立相馬支援学校　研修主任　富村　和哉

執筆者・研修関係者等一覧

＊令和５年３月31日現在

◯公益財団法人兵庫県青少年本部　兵庫県立山の学校校長　田中裕一
◯福島県特別支援教育センター所長（令和元年度、令和２年度校長）　鈴木龍也
◯東京保健医療専門職大学准教授　小野寺哲夫

◯令和２年度「新しいカリキュラムを創造するプロジェクトチーム」
座長：富村和哉　教頭：持舘康成　教務主任：鈴木新太郎　研修主任：齋藤嘉昭
小学部主事：菊池敬　中学部主事：岡部純一　高等部主事：菅原直子
特別支援教育コーディネーター：大和田布佐子

◯令和４年度福島県立相馬支援学校
校長　和知学
教頭　石垣真樹子
小学部：遠藤砂絵　佐藤千愛美　堀内洋子　根本麻美　相原聖美　大坂興裕
和田拓也　相樂汐莉　佐々木玲奈　渡辺結　中村由依子　岡崎あゆみ
髙橋美琴　小林みちる　長谷川裕樹　関本つぐみ
中学部：岡部純一　三浦千晶　西村祐司　志賀潮　黒羽秀　村上まゆみ
二上真也　藤田秦人　関口まみ　紺野美和子　濱須直文　永山さくら
橋本　玲　菱沼楓
高等部：庄司智子　黒澤圭太　阿部安代　佐藤美月　室井郷司　渡邉美穂
濱尾康史　奥山美穂　伊藤真吾　八巻美貴　樋口裕香　村木亮太
渡邉栄子　齊藤明日香　安島孔史郎　五十嵐早織　山田敦子
大関克也　冨山淳史　山本祐一　富村和哉　菊田源　勝倉康平
岡千愛　永岡富紀子　志賀美音　髙橋優太　加藤優良　田中恵美子
大浦将

◯研究計画の第一次～第三次までの研修部（令和２年度～令和４年度）
（◎主任　◯副主任）
【令和２年度】小学部：立石茉由子　◯根本麻美　大和田布佐子
中学部：荒井郁絵　川俣つぐみ
高等部：岡千愛　飯田里佳子　室井郷司　◎富村和哉
【令和３年度】小学部：青木梨紗　◯根本麻美　相原聖美
中学部：岡千愛　川俣つぐみ
高等部：飯田里佳子　◯室井郷司　冨山淳史　馬目昭典　◎富村和哉
【令和４年度】小学部：相原聖美　◯根本麻美
中学部：藤田秦人
高等部：黒澤圭太　加藤優良　◎富村和哉

知的障害特別支援学校の

カリキュラム・マネジメントと単元研究

「学習指導要領の着実な実施を目指して」

2023年9月30日　初版第1刷発行

■　著　福島県立相馬支援学校
（令和元年度～令和4年度）

■発行者　加藤　勝博

■発行所　株式会社 ジアース教育新社
〒101-0054　東京都千代田区神田錦町1-23 宗保第2ビル
Tel：03-5282-7183
Fax：03-5282-7892
E-mail：info@kyoikushinsha.co.jp
URL：https//www.kyoikushinsha.co.jp/

■表紙デザイン　宇都宮　政一

■イラスト　みふねたかし（いらすとや）

■本文デザイン・DTP　株式会社 彩流工房

■印刷・製本　三美印刷 株式会社

ISBN978-4-86371-669-8
定価はカバーに表示してあります。

Printed in Japan